文化之城

九天开出一成都

康震　冯婵　等 著

中国社会科学出版社

图书在版编目（CIP）数据

文化之城：九天开出一成都 / 康震等著 . —北京：中国社会科学出版社，2022.10

（新发展理念的成都实践）

ISBN 978-7-5227-0966-6

Ⅰ.①文⋯ Ⅱ.①康⋯ Ⅲ.①城市文化—文化史—研究—成都 Ⅳ.① K297.11

中国版本图书馆 CIP 数据核字（2022）第 195345 号

出 版 人	赵剑英
责任编辑	范晨星
责任校对	任晓晓
责任印制	王 超

出　　版	中国社会科学出版社
社　　址	北京鼓楼西大街甲 158 号
邮　　编	100720
网　　址	http://www.csspw.cn
发 行 部	010-84083685
门 市 部	010-84029450
经　　销	新华书店及其他书店
印刷装订	北京明恒达印务有限公司
版　　次	2022 年 10 月第 1 版
印　　次	2022 年 10 月第 1 次印刷
开　　本	710×1000　1/16
印　　张	17.5
字　　数	260 千字
定　　价	145.00 元

凡购买中国社会科学出版社图书，如有质量问题请与本社营销中心联系调换

电话：010-84083683

版权所有　侵权必究

撰写组成员

康　震　北京师范大学副校长、教授
冯　婵　成都市社科院历史与文化研究所所长、副研究员
胡越英　成都市社科院历史与文化研究所研究员
余梦秋　成都市社科联学会部副主任、副研究员
孙　艳　成都市社科院历史与文化研究所副研究员
李单晶　成都市社科院历史与文化研究所副研究员
张　冀　成都市社科院信息中心副研究员
谭　阳　成都市社科院历史与文化研究所博士
张羽军　成都市社科院历史与文化研究所博士
李思成　国家图书馆科研工作站博士后
陈科有　绵阳广播电视台编辑
郑　妍　成都市委党校文化建设教研部副教授
张蓝兮　读城杂志记者

顾问组专家

（按笔画排序）

王　川　四川师范大学副校长、教授
王　苹　中共成都市委党校副校长、研究员
刘兴全　西南民族大学艺术学院院长、教授
苏　宁　四川省社会科学院资深研究员
何一民　四川大学城市所所长、教授
陈世松　四川省社会科学院杰出研究员
陈廷湘　四川大学历史文化学院教授
诸葛丹　成都传媒集团高级编辑
蔡尚伟　四川大学文学与新闻学院教授
谭继和　四川省社会科学院杰出研究员

目 录 CONTENT

总 论 努力增强践行新发展理念公园城市示范区的文化软实力 // 1

 第一节 新时代中国人文城市建设的理论探索 // 2
 第二节 "文化城市"理论的国际国内研究探赜 // 5
 第三节 成都当代文化建设的灿烂历程 // 9
 第四节 成都建设世界文化名城的宏伟目标 // 13

第一章 绚丽悠远的文化记忆 // 17

 第一节 神秘的古蜀 // 18
 第二节 富庶的秦汉三国 // 27
 第三节 繁华的两晋南北朝隋唐 // 36
 第四节 "天下繁侈"的五代两宋 // 45
 第五节 "首领西南"的元明清 // 51

第二章 丰富多彩的文化风貌 // 59

 第一节 文化视野下成都的气候、水系及地理 // 60
 第二节 文化视野下成都的动植物资源和生态多样性 // 67
 第三节 文化视野下成都的生活方式 // 76

第三章　和谐进取的文化精神 // 87

第一节　创新创造 // 88

第二节　优雅时尚 // 98

第三节　乐观包容 // 106

第四节　友善公益 // 112

小　结 // 118

第四章　美美与共的文化氛围 // 121

第一节　高品质的文化设施 // 122

第二节　高层次的文化生态 // 129

第三节　高格调的文化场景 // 139

第四节　高水平的文化活动 // 151

小　结 // 156

第五章　多元新颖的文化创意 // 157

第一节　文化创意经济 // 158

第二节　文化消费体验 // 174

第三节　对外文化贸易 // 185

第六章　互惠共生的"文化+"融合 // 195

第一节　文化与科技融合 // 196

第二节　文化与生态融合 // 204

第三节　文化与产业融合 // 214

第七章　提振软实力的文化实践 // 227

第一节　世界文创名城 // 228

第二节　世界旅游名城 // 232

第三节　世界赛事名城 // 237

第四节　国际"美食之都" // 242

第五节　国际"音乐之都" // 248

第六节　国际"会展之都" // 252

结　语 // 259

参考文献 // 261

后　记 // 268

总 论

努力增强践行新发展理念
公园城市示范区的文化软实力

"文化是一个国家、一个民族的灵魂。"于城市而言,文化是其根脉,是其魅力之关键,是其形象之源泉,是其品牌之内核。随着经济社会的发展,文化不再只是资源,而是转变为一种动力源,组织并赋能各项城市活动,不断激发着全社会各领域的活力和创造力,日益显著地发挥着推动城市经济社会高质量发展的引擎作用。历史的厚度往往决定着城市的高度,文化逐渐成为决定城市竞争力的核心软实力。

第一节
新时代中国人文城市建设的理论探索

习近平总书记立足博大精深的中华优秀传统文化，在深沉坚定的文化自信中，念之再三要像爱惜生命一样，保护好城市的历史文化遗产，延续城市文脉，留住"乡愁"。唯有以文化为魂、以历史为根，方能在时代的大潮中守住城市特色，保留文化多元性，有效避免"千城一面"的现代"城市病"。

一 习近平总书记关于城市文化建设的重要论述

历史传承、区域文化与时代要求三者，一同汇聚为城市精神，对外树立城市形象，对内凝聚百姓人心。[①] 针对城市文化建设，习近平总书记强调："要保护弘扬中华优秀传统文化，延续城市历史文脉，保留中华文化基因。"[②] 党和国家以前所未有的决心和担当，在2014年3月印发的《国家新型城镇化规划（2014—2020年）》中强调："根据不同地区的自然历史文化禀赋，体现区域差异性，提倡形态多样性，防止千城一面，发展有历史记忆、文化脉络、地域风貌、民族特点的美丽城镇。"[③] 明确我们要"走以人为本、四化同步、优化布局、生态文明、文化传承的中国特色新型城镇

[①]《中央城市工作会议在北京举行》，2015年12月22日，新华网（http://www.xinhuanet.com/politics/2015-12/22/c_1117545528.htm）。
[②]《中央城市工作会议在北京举行》，2015年12月22日，新华网（http://www.xinhuanet.com/politics/2015-12/22/c_1117545528.htm）。
[③]《中共中央、国务院印发〈国家新型城镇化规划（2014—2020年）〉》，2014年3月17日，人民论坛网（http://politics.rmlt.com.cn/2014/0317/244361.shtml）。

化道路",提出顺应现代城市新发展理念新趋势,以人文城市建设、绿色城市建设和智慧城市建设来推动新型城市建设,进而全面提升城市内在品质。① 这以宏观性、基础性、战略性规划的形式,将注重"人文城市"建设的理念贯穿于整个"十三五"时期的城市发展中。

在"十四五"开局之年,中共中央办公厅、国务院办公厅再次印发《关于在城乡建设中加强历史文化保护传承的意见》,要求全国城乡建设"以历史文化价值为导向,按照真实性、完整性的保护要求,适应活态遗产特点,全面保护好古代与近现代、城市与乡村、物质与非物质等历史文化遗产"②,突出其文化符号,树立其文化形象,保留其文化基因,延续其文化根脉,将历史文化保护和传承融入城乡建设发展之中。

习近平新时代中国特色社会主义新思想,秉承中华优秀传统文化中"观乎人文,以化成天下"(《易·贲》)的观念,明确了文化与人民的互动关系。一方面,新时代的文化建设是"以人民为中心"为根本价值遵循,不断满足人民群众日益增长的精神文化生活需求是其核心和关键;另一方面,其应发挥"以文化人,更能凝结心灵"的深刻作用。

与此同时,习近平总书记还在中央城市工作会议上首次指出"文化"是与"改革""科技"并驾齐驱的提高城市发展持续性的三大动力。③ 文化的力量"润物细无声"地融入城市发展的经济力量、政治力量、社会力量之中,持续为城市发展提供着不竭动力。这一论述为文化推动城市高质量发展提供了根本遵循和重要依据。

---

① 《中共中央、国务院印发〈国家新型城镇化规划(2014—2020年)〉》,2014年3月17日,人民论坛网(http://politics.rmlt.com.cn/2014/0317/244361.shtml)。
② 《中共中央办公厅、国务院办公厅印发了〈关于在城乡建设中加强历史文化保护传承的意见〉》,2021年9月4日,人民网(http://politics.people.com.cn/n1/2021/0904/c1001-32217240.html)。
③ 《中央城市工作会议在北京举行》,2015年12月22日,新华网(http://www.xinhuanet.com/politics/2015-12/22/c_1117545528.htm)。

二 文化传承与公园城市示范区融合发展的理论逻辑

2018年2月,习近平总书记来成都视察时首次提出"公园城市"的概念。2022年2月28日,国家发展和改革委员会、自然资源部、住房和城乡建设部印发《成都建设践行新发展理念的公园城市示范区总体方案》。

建设公园城市是习近平总书记基于对成都丰厚文化底蕴、独特生态本底、国家战略作用的深切期许和历史嘱托。"公园城市"理念是以新发展理念为"魂"的生态文明型城市发展的高级形态,是人文化发展与城市生态化的辩证和谐模式。建设美丽宜居公园城市,要以习近平总书记关于文化传承、城市建设、生态文明建设及来蓉考察期间重要指示的系列重要论述为思想指引和根本遵循。加快建设美丽宜居公园城市,一是要体现习近平总书记"绿水青山就是金山银山"的重要指示和"一个尊重五个统筹"的城市工作总要求,以及《中共成都市委关于坚定贯彻成渝地区双城经济圈建设战略部署 加快建设高质量发展增长极和动力源的决定》中"践行绿色发展理念,持续提升公园城市宜居生活品质"的要求,着力促进生态与文化的融合。① 二是将公园城市作为适应新时代人居环境需求、塑造城市竞争优势的重要实践模式,着力塑造人、城、境、业融合共生的未来城市新形态。注重将绿水青山的生态价值、诗意栖居的美学价值、以文化人的人文价值融入产业生态圈和产业功能区建设,探索产业发展新动能。

成都先后印发《中共成都市委关于坚定贯彻成渝地区双城经济圈建设战略部署 加快建设高质量发展增长极和动力源的决定》《中共成都市委关于深入贯彻落实习近平总书记来川视察重要指示精神 加快建设美丽宜居公园城市的决定》《公园城市成都共识2019》,以及《成都市美丽宜居公

---

① 《中共成都市委关于坚定贯彻成渝地区双城经济圈建设战略部署 加快建设高质量发展增长极和动力源的决定》,成都市人民政府官网(http://www.chengdu.gov.cn/chengdu/home/2020-07/20/content_4b5417b0b26c496d80919c3d58530157.shtml)。

园城市规划》等文件，对文化传承与城市生态化融合发展提出具体要求，营造"公园+"融汇古今的人文感知，传承保护历史文化遗存，强化传统文脉感知，深挖天府文化内涵，凸显现代新兴文化感知；营造"公园+"特色鲜明的人文生活，结合三城三都，积极营造高品质文化消费场景，构建历史文化与现代时尚交相辉映的文化标识体系。[①] 全面推进历史人文与自然生态融合，积极彰显公园城市绿水青山的生态价值与以文化人的人文价值，坚持文化是城市的根与魂，留住天府文化记忆，包容多元文化，在历史传承与创新发展中凸显公园城市文化特质。

第二节 "文化城市"理论的国际国内研究探赜

著名城市史学家乔尔·科特金说道："城市的演进展现了人类从草莽未辟的蒙昧状态繁衍扩展到全世界的历程。"[②] 城市是人类文明的重要载体，也是孕育地域文化的土壤。一座城市独特的自然环境风貌、经济社会发展，以及民风民俗、生活方式等，综合形成了丰富而蕴藉的城市文化。但城市与文化的关系并不是单向的施受作用，城市孕育文化，文化也反作用于城市。随着城市发展阶段的不断推进，文化对城市的影响也越来越突出，日益发挥着不可或缺的重要功能。学界兴起关于文化与城市关系的讨论，以芒福德等为代表的"文化城市"理论的研究观点逐渐获得广泛认同——他们大致认同，文化被认为是推动城市高质量发展的核心动力之一。

---

① 《成都市美丽宜居公园城市规划（2018—2035）》，成都市规划设计研究院（成都市天府公园城市研究院）（http://www.cdipd.org.cn/index.php?a=show&c=index&catid=85&id=88&m=content）。

② ［美］乔尔·科特金：《全球城市史》，社会科学文献出版社2014年版，第1页。

一 从"城市文化"到"文化城市"

关于城市文化的研究在西方学界兴起较早,较为知名的城市文化研究者是社会哲学家刘易斯·芒福德。芒福德在 20 世纪 30 年代先后发表了《城市文化》《城市发展史》等享誉世界的著作。芒福德处在美国城市化进程的飞速发展时期,对城市与文化的关系进行了理性探索,提出城市是文化的容器,城市的根本功能在于文化积累、文化创新,在于传承文化,教育人民。[①] 在以他为代表的这一派学者看来,城市就是人类文明的象征和标志,人类的文明就是由一座座个性化的城市所构成。[②]

著名城市规划师简·雅各布斯在《美国大城市的死与生》一书中论述了城市文化是城市多样性的体现。[③] 学界也达成普遍共识,认为城市是文化产生的摇篮和容器,差异性的地理环境、区域气候、历史传统等生成城市文化的多样性。同时,城市文化也具有传承性的特点,在长期的历史发展中实现文化传承和文化积淀,最终形成具有独特魅力的城市文脉。

后现代地理学家爱德华·索亚提出了著名的"第三空间",并运用到以城市为主体的考察研究中。有学者认为,他其实在客观物质性和艺术精神性之外,提出一种超越又融合两者的具有开放性的、亦此亦彼的"第三空间"及相关理论。[④] 这一理论的提出和丰富,为城市与文化问题的探索提供了全新的视角,构建开放包容、多元共生、动态发展的城市文化"第三空间"成为更多学者的共识。

城市理论中,"文化城市"首先出现于欧洲文化自我建构的战略性政策语境中。从性质来看,"文化城市"这一理念的出现既是一种发展战略,受到当时欧共体(今欧盟)国家层面的推动与重视,又是欧洲城市在自身

---

① 刘易斯·芒福德:《城市文化》,中国建筑工业出版社 2009 年版,第 5 页。
② 刘易斯·芒福德:《城市文化》,中国建筑工业出版社 2009 年版,第 5 页。
③ 简·雅各布斯:《美国大城市的死与生》,译林出版社 2020 年版,第 56—74 页。
④ 陆扬:《析索亚"第三空间"理论》,《天津社会科学》2005 年第 2 期。

转型发展中实现振兴的基本方略和落脚点。

1983年，希腊文化部部长梅尔库丽提出每年评选一座"欧洲文化之城"（European City of Culture）的倡议。1985年，欧洲部长会议正式启动了这项计划，并得到了欧洲许多国家的响应和支持。1999年，欧盟正式将"欧洲文化之城"更名为"欧洲文化之都"（European Capital of Culture）。其后，文化成为欧洲城市社会经济发展的重要资本。如2012年作为"欧洲文化之都"的吉马良斯和马里博尔分别举办文化艺术活动约1300场和5264场，其内容涵盖音乐、文学、艺术、戏剧、建筑和民俗等领域，体现了文化在城市发展中的活力和创造力。同时，文化是充分整合欧洲资源的重要基础。根据"欧洲文化之都"的相关章程，当选的城市不仅要改善城市本身的文化设施，而且要促进欧洲国家之间甚至和其他地区之间文化领域的国际交流与合作，内容包括培养文化艺术人才、发展亲民艺术、发掘和保护文化遗产、提升城市文化生活质量等。在这个层面上，可以说"欧洲文化之都"成为引导、培育、推动欧洲文化互动的载体。在"欧洲文化之都"的宏大政策背景下，欧洲城市确立了以创意文化为核心的文化城市发展路径。如英国伦敦以市长的名义出台了三份文化发展战略草案，即《伦敦：文化之都——发掘世界级城市的潜力》（2004年）、《文化大都市：伦敦市长2009—2012年的文化重点》（2008年）和《文化大都市——伦敦市长文化战略草案：2012年及其以后》（2010年），逐步实现了由工业城市向文化创意城市的华丽转身，并对维持世界创意都市地位、着眼未来城市创意文化发展、保持城市文化多样性和激发城市文化活力等问题进行了有步骤、有秩序、有重点的规划。

二 中国的"文化城市"理论

改革开放之后，中国城市在全球化和现代化的发展历程中，城市发展和建设的阶段性特征发生明显变化。为了克服"千城一面"的"城市病"等发展"瓶颈"，社会生产生活中的城市文化资源和特色受到更加广泛的

重视。国内关于"文化城市"理论的研究逐渐兴起，越来越多的大城市认同并开始实践"文化城市"的发展理论。中国对"文化城市"理论的理解与实践，既秉承了西方"文化城市"理念的某些特质，与欧洲城市的文化转向具有内在一致性，同时又结合了中国城市文化的现状和历史，展示出一定的特殊性。

左大康主编的《现代地理学辞典》将"文化城市"界定为以宗教、艺术、科学、教育、文物古迹等文化机制为主要职能的城市，并分为以寺院、神社为中心的宗教性城市（印度的菩陀迦亚、日本的宇治山田、以色列的耶路撒冷、阿拉伯的麦加等），以大学、图书馆及文化机构为中心的艺术教育型城市（英国的牛津、剑桥等），及以古代文明陈迹为标志的城市（中国的北京、西安、洛阳等，日本的奈良、京都，希腊的雅典和意大利的罗马等）三种类型。[1] 新世纪以来，单霁翔在《从"功能城市"到"文化城市"》一书中，指出文化是城市功能的最高价值，也是城市功能的最终价值；当下城市化进程质的飞跃就是从"功能城市"走向"文化城市"。[2] 中国国际城市主题文化设计院的付宝华发表了《主题文化：城市的"灵魂"》[3]《主题文化：经营城市的金钥匙》[4]《城市建设亟待建立城市特色规划新机制》[5]等一系列文章后，在全国引起强烈反响。付宝华在国内率先提出城市主题文化概念、在中国成立城市主题文化研究机构和设计机构、为中国城市设计城市主题文化等发展战略规划，并编著出版城市主题文化研究系列丛书。有学者还将"文化城市"定义为以文化资源为主要生产对象、以文化产业为先进生产力代表、以高文化含量的现代服务业为文明标志的新城市形态，并指出"文化城市"的突出特征是城市的文化形态与精神功能成为推动城市发展的主要力量与核心机制。[6]

---

[1] 左大康：《现代地理学辞典》，商务印书馆1990年版，第731页。
[2] 单霁翔：《从"功能城市"走向"文化城市"》，天津大学出版社2007年版，第277页。
[3] 付宝华：《主题文化：城市的"灵魂"》，《魅力中国》2008年第5期。
[4] 付宝华：《主题文化：经营城市的金钥匙》，《魅力中国》2008年第11期。
[5] 付宝华：《城市建设亟待建立城市特色规划新机制》，《魅力中国》2008年第3期。
[6] 刘士林：《都市化进程与中国美学的当代性问题》，《人文杂志》2008年第4期。

第三节
成都当代文化建设的灿烂历程

随着新中国的成立，成都这座古老的城市迎来新生，积极投身于共和国波澜壮阔的辉煌发展历程之中，坚定地前行于中国特色社会主义道路的新征程上。成都始终高度重视作为"五位一体"总体布局灵魂的文化建设，不断探索满足人民日益增长的精神文化需求的实现路径，新时代背景下自觉肩负建设社会主义文化强国的时代使命，取得了令人瞩目的灿烂成就。

一 成都文化建设的起步阶段（1949—1978年）

新中国成立以后，在新旧社会交替的大背景下，成都开启了文化建设的崭新航程。彼时，社会主义的文化建设以满足工人、农民、军人等人民大众的文化需求为目标导向，文化的服务对象是人民。在这一方针的指导下，与社会经济领域的"三大改造"一样，成都在文化领域也兴起了轰轰烈烈的除旧立新运动，其中，尤其显著的是以川剧界为代表的"改人、改戏、改制"的文化大改造工作。为了更好地在川剧界实现为人民服务的文艺方针，成都开展了从演员、剧目到组织形式等方方面面的深入改造，涌现出一大批深受人民喜爱的川剧艺术家、反映时代潮流的优秀现代剧目，改制和组建了众多剧团、协会等。同时，也改建、新建了一批为人民服务的文化活动场所，包括人民剧场、工农兵影剧场、人民公园、人民文化宫、人民体育场等。

1956年，毛泽东同志提出艺术问题上的"百花齐放"、学术问题上的"百家争鸣"应该成为中国发展科学和繁荣文学艺术的方针。在扎实贯彻落实党在文艺工作中的"双百"方针政策大背景下，成都出现了空前的文

艺繁荣和文化事业的发展。川剧的蓬勃发展尤为突出，举办多次全省、全市的演员训练班，举办四川省第一届戏曲教学会议，不断推进演员专业素质的提高，持续壮大川剧人才队伍。十出大戏和六十多出折子戏等优秀剧目在全国进行为期 7 个多月的巡演，并创新性地将传统剧目《杜十娘》制作为彩色舞台艺术片搬上电影大银幕，在全国形成巨大文化影响。① 除此之外，"双百"方针还极大地推进了成都的诗歌、小说等文艺的繁荣发展。在"双百"方针影响下，成都创办了新中国第一本专业的诗歌刊物——《星星》，为成都的现代诗歌创作提供了重要的展示平台；创办了新中国成立以来最早创刊的省级文学刊物之一——《四川文学》。此外，李劼人、马识途等成都本土作家还创作了一批优秀的反映成都风土人情的地域文学作品。

二 成都文化建设的探索阶段（1979—2000 年）

党的十一届三中全会确立了全党工作重点转移到社会主义现代化建设上来的战略决策，文化领域也开始拨乱反正、正本清源，积极解放思想，努力改变文化领域万马齐喑的沉闷局面。② 邓小平同志在第四次全国文代会上重新明确了文艺为人民服务、为社会主义服务的方向，并在"双百"方针基础上发展性地提出了"百花齐放、百家争鸣、推陈出新、洋为中用、古为今用"的方针。③

在 1997 年召开的党的十五大上，江泽民同志进一步明确社会主义初级阶段建设中国特色社会主义的经济、政治和文化的发展任务。江泽民同志尤其指出，中国特色社会主义的文化是"凝聚和激励全国各族人民的重

---

① 阎星：《70 年成都发展之路》，四川人民出版社 2019 年版，第 122 页。
② 《走向发展　走向繁荣——新中国成立 60 年文化建设与发展》，2012 年 4 月 11 日，中央政府门户网站（http://www.gov.cn/test/2012-04/11/content_2110564.htm）。
③ 《走向发展　走向繁荣——新中国成立 60 年文化建设与发展》，2012 年 4 月 11 日，中央政府门户网站（http://www.gov.cn/test/2012-04/11/content_2110564.htm）。

要力量，是综合国力的重要标志"①，全面提升了文化建设在现代化建设中的重要地位和作用。2000年，党的十五届五中全会首次在党的中央全会文件中使用"文化产业"概念，提出要推动有关文化产业发展。② 随后，《关于国民经济和社会发展第十个五年计划纲要的报告》进一步明确要求完善文化产业政策，加强文化市场建设和管理，推动有关文化产业发展。③

在上述党中央方针政策背景下，改革开放后的成都逐渐出现文化体制改革的各类萌芽及相关措施。如提出"一业为主，多业发展"，全方位建立集文化、艺术、旅游于一体的文化服务体制机制，并以经济领域的资金积累来扩大文化服务业的布点，形成布局全域的文化经营产业体系，进而壮大文化产业的实力；又如建立了成都市社会文化管理领导小组，对文化市场进行宏观调控，在整合文化资源的基础上，试图将分散的对文化产品审批、生产、传播等过程的多头管理统一起来，积极打破行政壁垒，争取建立开放竞争的文化市场运行机制；再如成都市各区（市）县签订了"成都市文化市场管理目标任务书"，并将文化娱乐市场监管的岗位责任纳入年终考评。

值得强调的是，在20世纪90年代，成都市政府相关部门逐步通过管办分离、改革劳动分配制度、改革投资限制等系列举措，开始探索文化建设的市场化发展模式，并创造性地提出"以文补文"的政策，即以文化产业收入弥补文化事业投入不足，以解决政府拨款不足的问题。据统计，市直文化系统44个独立核算单位中，有35个以上的单位采取了"以文补文"的模式，成都因此被文化部、财政部等评为"全国'以文补文'先进集体"。④

这一时期，成都的"文化与经济相结合"是一大特色，很好地将大型

---

① 《江泽民在中国共产党第十五次全国代表大会上的报告》，2012年9月2日，中国新闻_央视网（http://news.cntv.cn/china/20120902/102883.shtml）。
② 孙志军：《我国文化产业发展的实践与思考》，https://china.huanqiu.com/article/9CaKrn-JwGLA。
③ 朱镕基：《关于国民经济和社会发展第十个五年计划纲要的报告》，中央政府门户网站（http://www.gov.cn/gongbao/content/2001/content_60693.htm）。
④ 阎星：《70年成都发展之路》，四川人民出版社2019年版，第126—127页。

群众文化活动和商品经济活动结合起来，陆续推出了物资交流与龙舟赛、菊花会、艺术节、赛歌会、灯会、桃花会、放水节等同期举办的综合性群众文化活动，实现"文化搭台，经济唱戏"互惠双赢的发展。

三 成都文化建设的繁荣阶段（2001年以来）

党的十八大指出，全党要坚持不忘初心、继续前进，坚持中国特色社会主义道路的"四个自信"。习近平同志强调："文化自信，是更基础、更广泛、更深厚的自信。"坚持道路自信、理论自信、制度自信，说到底是坚持文化自信。党的十九大进一步提出了新时代文化建设的发展目标，即坚持中国特色社会主义文化发展道路，激发全民族文化创新创造活力，建设社会主义文化强国。

新世纪以来，成都的文化建设实现了飞跃式的巨大进步，取得了灿烂辉煌的伟大成就，取得首批"国家公共文化服务体系示范区"、全国首批文化消费试点城市等可喜成果。成都陆续出台各项文化发展及相关规划、政策文件等，积极引导文化事业和文化产业繁荣发展。早在2004年，成都就提出了深化文化体制改革的若干任务，建立起市级文化产业专项资金，以促进文化产业的快速发展。为将城市的文化事业和文化创意产业的发展提升至全国第一方阵，成都先后陆续提出建设"中国文化创意产业鼎立之城""文化之都""西部文创中心""世界文化名城"的发展目标。

在晚近十年中，成都明确提出将"城市文态"纳入文化事业建设，并在全国率先出台了城市文态建设专项规划，①对文化遗存、建筑、街道交通、生态环境等进行深入规划和设计，在保护文化基因的原则下，创造性提出城市生态、业态、文态、形态的"四态合一"，重点构建城市文态建

---

① 中国日报四川记者站：《成都市完成全国首个城市文态建设规划 31个重点项目将上马》，2013年12月6日，https://www.chinadaily.com.cn/dfpd/sc/bwzg/2013-12/06/content_17158140.htm。

设体系。2016 年，又进一步编制《成都市城市文态 2025 规划纲要》，对城市文态建设进行中长期的规划设计。

第四节　成都建设世界文化名城的宏伟目标

"十三五"时期，成都高标准全面建成小康社会，基本建成全面体现新发展理念的国家中心城市。站在"两个一百年"奋斗目标的历史交汇期，成都市正乘势而上全面开启践行新发展理念的公园城市示范区、泛欧泛亚具有重要影响力的国际门户枢纽城市建设，加快向社会主义现代化新天府、可持续发展世界城市迈进。成都在"十四五"规划中明确提出：提升城市文化软实力，更好满足人民精神文化生活新期待，建设面向世界的中华文化传播和文明交流互鉴高地。

成都以高度的文化自信和强烈的使命担当，坚持以文化作为推动城市高质量发展的强劲动力，以文化人，以文化城。文化作为"五位一体"总体布局中的灵魂和关键，对政治、经济、社会、生态起着综合性立体式的引擎作用。成都深刻把握文化发展趋势和城市发展规律，自觉践行习近平总书记建设社会主义文化强国的重要指示，提出建设中华文化向外传播与国际文化交流高地、打造誉满全球的国际文化大都市、建设世界文化名城的宏伟目标。

一　以高度的文化自觉建设世界文化名城

2017 年，成都提出努力把成都建设成为独具人文魅力的世界文化名城，塑造世界文创名城、旅游名城、赛事名城和国际美食之都、音乐之都、会展之都国际标识，提升城市文化沟通力和全球传播力。从 2017 年

8月起，成都便树立了高起点、高规格建设世界文化名城的目标——在中国香港举行的成都建设国家西部文创中心专场活动上，成都成为第34个加入世界文化名城论坛的城市，也是中国第五个、内地第三个加入该论坛的城市——由此，成都开始奔赴建设世界文化名城的宏伟目标，努力跟伦敦、纽约、巴黎、罗马、香港、东京、米兰等会员城市一道并驾齐驱。

一个城市文化资源本身的特征和厚度，决定了世界文化名城的底蕴所能营造的美誉度和未来内在结构。当然，一般而言，世界文化名城皆拥有丰富的文化禀赋、文化积淀、文化传承等，保存且汇聚了所辖范围及周边辐射地区优秀的文化成果和文化传统。世界文化名城的建设理念，反映出城市由经济飞跃迈向文化飞跃的普遍路径，体现了成都这座历史文化名城在新时代背景下的价值追求和功能定位。综观各大世界文化名城，其共同特征是高度重视文化在城市未来生长和发展中的重要作用，通过理念性、纲领性的文化建设目标定位，让文化成为城市经济社会发展的助推动力。

二 塑造"三城三都"的城市品牌

2018年，成都市世界文化名城建设大会进一步为建设"三城三都"制定了时间表，描绘了线路图。成都城市文化的建设目标是，到2035年让"三城三都"闻名于世，建成世界新兴的文化名城；到21世纪中叶，让成都的城市文化享誉全球，完全建成独具人文魅力的世界文化名城。

如今，成都建设世界文化名城方面的"三城三都"品牌行业价值凸显，已经初步建成具有区域影响力的世界文化名城。按照习近平总书记指示，《中共成都市委关于坚定贯彻成渝地区双城经济圈建设战略部署 加快建设高质量发展增长极和动力源的决定》进一步提出，要"提升世界文化名城感染力"。中华优秀传统文化和城市文化的传承，为成都的城市文化建设注入了独特的历史文化记忆，使其彰显出"蜀风雅韵"的文化本色。另外，成渝地区双城经济圈建设战略，则为成都城市文化的传承和发展扩充了空间和载体，为城市文化传承营造了诸多可见、可闻、可感的场景。上述战略和思路，为成都打造世界文化名城提供了系统性的总体框架。

"三城三都"既是现代表达也是历史传承，是历史积淀在现代生活中的深刻映射。成都建城2300多年以来的商业文明、休闲习俗，孕育了发展文创、旅游、体育、美食、音乐、会展的深厚底蕴。新时代建设"三城三都"，既是传承城市文脉的时代责任，也是孕育生活城市特质、服务市民美好生活追求的务实之举。"三城三都"既是成都的也是世界的，着重于成都魅力在世界舞台上的精彩呈现，植根于成都独特的文化底蕴和生活美学，跨越了国界和语言，唤起了人们最深处的共鸣，是成都作为生活城市的魅力和价值所在，更是建设世界文化名城的时代表达。

城市文化高度决定城市未来经济、社会、生态的发展高度，城市文化影响力决定城市未来的影响力。成都把建设世界文化名城作为城市未来的战略方向，是基于对当今国内外文化发展大势和城市发展规律深刻认识的文化自省，是基于自身拥有的厚重文化基础和独特人文资源的文化自信，也是基于登高谋远为中华文化繁荣主动担当的文化自觉。

成都当前建设世界文化名城的具体路径，正是在新时代中国特色社会主义思想指引下践行"文化城市"理念的生动实践。自古以来，天府文化既传承中华优秀传统文化，又延续灿烂的巴蜀文明，焕发着特质鲜明的文化魅力。作为成都这座历史文化名城独特的城市文化内涵，天府文化是成都城市发展的不竭动力。要创造性转化、创新性发展天府文化，让其润物无声地融入经济社会的发展和进步之中，烙印悠久的文化记忆，保护独特的文化风貌，传承鲜明的文化精神，营造浓郁的文化氛围，激发无限的文化创意，促进多元的文化融合。

有鉴于文化对城市发展的重要意义，为提升城市文化软实力，实现"文化之城""文化立城"的宏伟图景，成都正以新发展理念为"魂"，以公园城市为"形"，以建设世界文化之城作为战略目标，全面担负中央和省委关于坚定文化自信推进社会主义文化繁荣兴盛的城市使命。本书以"文化成都"的4500年纵深为镜鉴，把握历史、承袭文脉、以史为鉴，萃取

成都文化之精髓，为公园城市示范区建设提供深厚的城市文化蕴藉；洞悉世界城市发展大势，遵循城市文化发展规律，笃定成都以文化人、以文化城的坚定决心，以天府文化的创造性转化、创新性发展，赋能经济、催生科技、美化社会、丰富生态，以文化推动城市高质量发展的实践探索，将文化凝聚为过去、现在、未来成都建设世界文化名城和实现城市永续发展的不竭动力。

第一章

绚丽悠远的文化记忆

　　文化记忆是文化存在的一种形式,也是文化得以延续的一种方式,其本质上是以人为主体,是人们对客观存在的文化现象以及前辈的文化记忆在头脑中进行加工改造的结果。城市是城市历史文化记忆的源头。城市历史文化记忆具有一定的地域性,凝聚了城市的历史文脉与城市的人文精神,对城市的延续与发展有重要的意义。

　　成都是一座历史悠久、充满神韵的城市,有极其丰厚的历史文化底蕴,诸如都江堰、武侯祠、杜甫草堂等名胜古迹。大约公元前5世纪中叶,古蜀国开明第九世迁至成都,此后3000多年成都城址未移,2000多年城名不改。成都在历史长河里不断前行,将各个历史时期的城市文化加以凝结、串联,将城市文化脉络的时间线索和空间变化刻写在各种历史遗存上,于是时间层面的变迁与空间层面的变化共同构筑了成都这座城市独特的历史文化记忆。通过历史文化记忆,我们能够感受到成都的历史脉络和文化气韵,从而增加对这座4000多年历史古都的认同感和归属感。

　　本章力求系统梳理古代成都历史文化发展的脉络,追溯成都城市文明的起源,重视各时期成都历史文化、人物、事件的融会贯通,突出成都历史文化的发展特色,集中展现成都各个历史阶段文化的高光时刻。

第一节
神秘的古蜀

20世纪80年代中期以来,在成都平原发现新津宝墩古城遗址等史前城址群以及三星堆遗址一期遗存,表明该区域是长江上游地区文明起源中心,也是中华文明的重要起源地之一,是以岷山、岷江为文化地标的"江源文明"诞生的摇篮,是孕育锦江文明的源头,是培育成都历史文化之根和魂的肥壤沃土。

从距今4500年左右至秦并巴蜀,成都平原经历了从宝墩文化到三星堆文化、金沙文化(十二桥文化)、古蜀大型船棺遗存的考古学文化发展脉络,这与古蜀国传说的"蚕丛、柏灌、鱼凫、杜宇、开明"大致相当。① 秦并巴蜀后,古蜀文明遂逐渐融入中原文明,并保持着自身的独特魅力持续发展了上千年。

一 尔来四万八千岁:从蚕丛、柏灌、鱼凫、杜宇到开明

人类早期的历史往往与神话传说相联系。在成都平原这片沃土上,流传许多关于古蜀文明的传说。在这些传说中,有关蚕丛、柏灌、鱼凫、杜宇、开明五代蜀王的叙述,既零碎又神秘。

晋人常璩《华阳国志》记载,蜀王蚕丛原居"岷山石室",善于养蚕,长相因有"纵目"而非常独特,死后葬于石棺、石椁之中。② 这些特征在成都平原以及岷江上游出土的不少文物中多少得到了印证。例如,广汉三

---

① 何一民、王毅:《成都简史》,四川人民出版社2018年版,第2页。
② (晋)常璩撰:《华阳国志》,商务印书馆1938年版,第27页。

图 1-1 青铜纵目面具

(图片由四川广汉三星堆博物馆提供)

星堆遗址中出土了大量纵目面具,其中铜戴冠纵目面具最具代表性。在三星堆遗址中,有多件纵目面具形制的青铜器出土,均呈"千里眼""顺风耳"的造型。

蚕丛之后,便是蜀王柏灌。有关柏灌的文献甚少,传说中也只有含糊的概念,并无具体的故事流传。

相较于蚕丛、柏灌,蜀王鱼凫的记载就明显增多。鱼凫时代,古蜀先民大致生活在成都、温江一带,以渔猎、游牧为主。在广汉三星堆出土的文物中,就有以大鸟头为造型的青铜器、透雕鸟纹的牙璋。扬雄《蜀王本纪》称,蚕丛、柏灌、鱼凫三代"各数百岁,皆神化不死,其民亦颇随王化去"。所谓"随王化去",或许可理解为每代蜀王均以自己所属的族群为主体,当新一代的蜀王产生之际,前代蜀王所属的族群就会迁徙至他处。

蚕丛时代都城位置不详。柏灌的都城设在瞿上。依宋人罗萍所述,瞿上位于宋代双流县南十八里。鱼凫则迁都于今温江境内,即宋代文献中提及的"鱼凫城"。根据蒙文通先生的观点,大致公元前 816 年杜宇取代鱼凫建立了新的古蜀。之后,杜宇在成都平原的腹心地带新建了都城郫邑,将瞿上作为别都。

相传杜宇"从天堕",娶了一位从江源地井中出来的女子为妻。[①] 他"教民务农",积极发展农业而国力昌盛,对蜀地贡献很大。后世蜀人敬称其为"望帝"。关于杜宇的传说民间多有流传,其中最出名的当数"杜鹃啼血"的故事。由于蜀地频发洪水,灾害日益严重,杜宇束手无策,多亏来自今湖北的荆人鳖灵引导蜀人疏浚河道,"决玉垒山以除水害"。于是,杜宇将王位禅让给了鳖灵。

后世蜀人敬称鳖灵为"丛帝"。鳖灵所建古蜀称为"开明"。他的后裔继承王位时,均袭用"开明"的称号。开明时期共存续十二世,《路史》记载传"三百五十年"。

开明时期在古蜀历史上留下了许多记载。现在郫都区城郊有望丛祠,始建于南齐,经过宋朝的扩建和清代的修复,成为著名的名胜古迹。望丛祠,寄托了后人对望帝杜宇和丛帝鳖灵这两位古蜀历史上伟大人物的怀念。

图 1-2　成都市郫都区丛帝陵

(摄影:赵卫东)

---

① 贾雯鹤:《杜宇考》,《社会科学研究》2013 年第 3 期。

二　文明曙光耀西蜀：从宝墩、三星、金沙到船棺

古蜀文明的源头一直都是谜一般的存在。从 20 世纪 80 年代以来，考古学家通过不懈努力，在成都平原考古发掘方面取得重大成果。以宝墩古城为代表的史前城遗址、三星堆遗址、金沙遗址、十二桥遗址、商业街船棺遗址等惊世发现，掀开了古蜀国神秘的面纱，见证了成都平原远古文明的辉煌发展。[①]

4000 多年前，古蜀先民从岷江上游迁徙到成都平原，建立了早期的城市。宝墩遗址讲述着古蜀人在成都平原的拓荒史与建城史，有力地证明了成都平原也是中华文明的重要源头。

从 1995 年起，四川省成都市文物考古队与四川大学考古系等单位在新津、郫县（今郫都区）、温江、都江堰、崇州等地陆续发现了一批距今四五千年的史前城址。这些史前城址之中，以新津宝墩村的城址最具代表性。专家们便将这些城址所代表的文化统称为"宝墩文化"。

宝墩古城的城址规模达 276 万平方米，建造年代大约在公元前 2500 年。它是川西地区发现最早、最大的古城，也是继石峁、良渚、陶寺之后中国的第四大史前古城。宝墩古城遗址作为成都平原史前城址群的代表，对探索长江上游地区的文明起源有着极为重要的意义。

从宝墩古城遗址出土的大量文物可以看出，古蜀先民主要的生产工具为石器和陶器。石器主要分为石斧、石锛和石箭镞三大类。除此之外，在宝墩遗址群还发现了一定数量的水稻硅酸体，由此看出，当时水稻已经在成都平原广泛种植。与此同时，遗址群内还发现了一定数量的稻、粟等农作物，说明成都平原的农业生产模式具有稻粟并存的特点。早期城市的出现，预示着文明曙光初照成都平原，不仅将成都平原文化起点向前推进至距今 4500 多年前的新石器时代晚期，更是向世界证明了成都平原是长江

[①] 何一民、崔峰：《司马相如与文翁关系再辨析——兼论汉代蜀地文化名人大家辈出的原因》，《四川师范大学学报》(社会科学版)2020 年第 47 卷第 2 期。

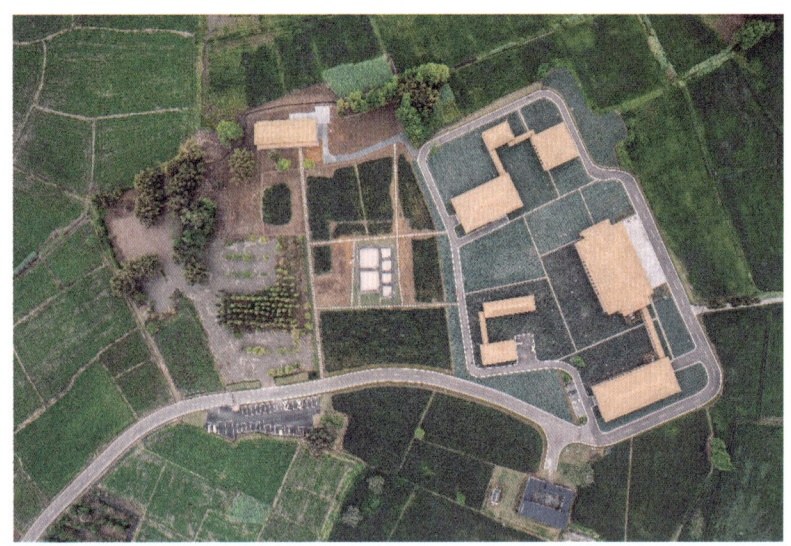

图 1-3　新津宝墩古城遗址

（摄影：赵卫东）

文明的起源中心之一，也是中华文明的起源之一。

　　三星堆文化所代表的文明以其发现地三星堆遗址命名，年代距今3200—3700年，以高度发达的青铜文明闻名于世。三星堆遗址，位于今四川省广汉市城西约7公里，总面积达12平方公里，是一处由数十个文化点构成的大型遗址群。经过考古学家大半个世纪的辛勤发掘，三星堆遗址的面貌已经基本清晰，目前已发现有城墙、房屋建筑基址、祭祀坑、窑址、墓葬和灰坑等遗迹，该遗址一期文化与宝墩文化年代相当。[①] 在三星堆遗址第二期、第三期考古发掘中出土了大量与渔猎有关的文物，鱼凫时期古蜀先民主要以捕鱼为生，这些文物的出土似乎佐证了鱼凫的存在。

　　三星堆出土的青铜容器、玉石器、陶器等，表明这一时期古蜀国的文化水平极高，可以看出三星堆文化与中原夏商文化有深刻的内在联系，毫无疑问吸收了包括夏商文化在内的其他区域文化。[②] 从新石器时代晚期到

[①] 何一民、王毅：《成都简史》，四川人民出版社2018年版，第24页。
[②] 何一民、崔峰：《司马相如与文翁关系再辨析——兼论汉代蜀地文化名人大家辈出的原因》，《四川师范大学学报》（社会科学版）2020年第47卷第2期。

中原文化的夏商时期，成都平原已经进入早期国家发展的阶段，并且其文化形态与中原地区差异明显，极富个性。

以成都十二桥遗址为中心的十二桥文化，是继三星堆文化之后，古蜀文明发展史上的又一次高峰。十二桥遗址位于成都城西通惠门外，总面积达15000平方米以上，发掘出保存较完好的商代大型宫殿式木结构建筑和小型干栏式木结构建筑群等遗迹，出土了千件以上的文物，以陶器为主，石器和骨器次之，并有一定数量的卜甲、铜器、兽骨，其中以尖底、小平底陶器及圆盘形石器最具代表性。段渝先生提出，以十二桥建筑遗迹为中心，"沿古郫江故道分别向北面和西南面的弧形地带密集延伸，从西向东约5公里，从南向北约3公里"，文化特质与十二桥遗址商代文化层各期均相同，表明当时成都古城址的人口集中化达到了相当的高度。

金沙遗址的发现，为破解三星堆文明消亡之谜找到了有力证据。2001年2月，在地下沉睡了3000年的另一座古蜀都城遗址在成都城西的金沙村被发现。经过考古工作者的考古发掘，遗址出土文物有6000余件，精美程度极高，具有很高的研究价值，主要分为金器、玉器、青铜器、漆木器、石器等。

在金沙遗址出土的6000余件文物中，最广为人知的当数太阳神鸟金箔。该金箔外径12.53厘米，内径5.29厘米，厚0.02厘米，通身金质，整体为圆形，厚度均匀，极薄，图案分为内外两层，均采用镂空的方式表现。内层图案中心为一个没有边栏的圆圈，周围等距分布有十二条顺时针旋转的齿状芒，犹如中心的太阳向四周喷射出十二道光芒。芒呈细长獠牙状，外端尖，图案好似空中旋转不停的太阳。外层图案由四只相同的逆时针飞行的鸟组成，它们等距分布于内层太阳的周围，引颈伸腿，展翅飞翔，爪有三趾，首足前后相接，朝着同一方向飞行，飞行的方向与内层芒纹方向相反，这是"日中有三足乌"神话传说的最早实物崇拜证明，是古蜀人一种特异的太阳神崇拜。

太阳神鸟金箔体现了鸟这种动物在古蜀先民精神世界中的重要意义。太阳神鸟金箔有着丰富的历史文化内涵，具有重大的历史、艺术和科学价

图1-4 太阳鸟金饰图案
（图片由成都金沙遗址博物馆提供）

值，是研究商周时期古蜀先民金器制作工艺、青铜文明以及深层次意识形态的重要实物资料，因而被确定为"中国文化遗产"的标志和成都城市形象标识主图案。精美绝伦的太阳神鸟金箔是古蜀先民深邃哲学宗教思想和丰富想象力的体现，是非凡的艺术创造力和精湛工艺水平的完美结合，是古蜀黄金工艺辉煌成就的代表。太阳神鸟"日中有三足乌"的形象，证明成都是华夏日神崇拜的金乌系统的起源地，在世界文明史上占有独特的地位。①

古蜀文明中心从三星堆向金沙转移，但其文化特点并未消失，前后延续并发展。金沙遗址与三星堆遗址有着相似的城邑规划和明确的功能分区；金沙出土的很多器物与三星堆出土的器物在样式和艺术风格等方面极为相似；金沙出土的太阳神鸟与三星堆出土的青铜太阳轮、神树、青铜鸟等，有着共同的图像主题，反映出共同的信仰和崇拜。如果说三星堆文化是古蜀文明的第一次发展高峰的话，那么金沙文化则是古蜀文明的第二次发展高峰，古蜀文明中心从三星堆转移到金沙，是中国古代文明连续性发展模式的一个生动的样本。②

金沙遗址还出土了一件在长江下游良渚文化中常见的典型器物——玉琮。在良渚文化中，玉琮是神圣的象征。十节玉琮出现在古蜀金沙遗址，正是蜀文化对外来文化包容与吸收的体现。

晚期蜀文化的代表，有商业街船棺葬以及新都马家木椁墓、双元村墓地等。2000年7月，四川省委办公厅在成都中心城区的商业街修建机关食

---

① 成都市建设委员会、成都市城市科学研究会编：《成都城市特色塑造》，四川人民出版社2006年版，第17页。
② 何一民、王毅：《成都简史》，四川人民出版社2018年版，第33页。

堂时，意外地发现几具大型船棺。考古人员得知后迅速对该墓葬进行发掘，确认是一座战国时期的墓葬，是当时出土的最大船棺、独木棺合葬墓。这是一座大型的长方形竖穴式土坑多棺合葬墓，该墓既未发现墓道，也未发现封土，是巴蜀地区典型的战国时期墓葬。其规模宏大，远超以往发现的其他船棺墓。墓中共发现葬具17具，其中2具专门放置随葬品，5具因破坏严重未发现人体骨骼，其余10棺均一棺葬一人。专家将出土的人骨进行鉴定，发现个体人数至少为20个，据此推断，商业街墓葬如未被破坏，其棺木总量至少可达32具。[1]

《华阳国志》记载："九世有开明帝，始立宗庙。"[2]商业街船棺葬遗址的地面建筑格局与宗庙建筑的寝庙非常相似，似乎印证了宗庙建筑"前庙后寝""寝庙相连"的格局，充分显示开明时期古蜀国的宗教礼仪制度达到了相当的高度。从船棺内出土的文物有陶器、漆器、竹木器、铜器、青

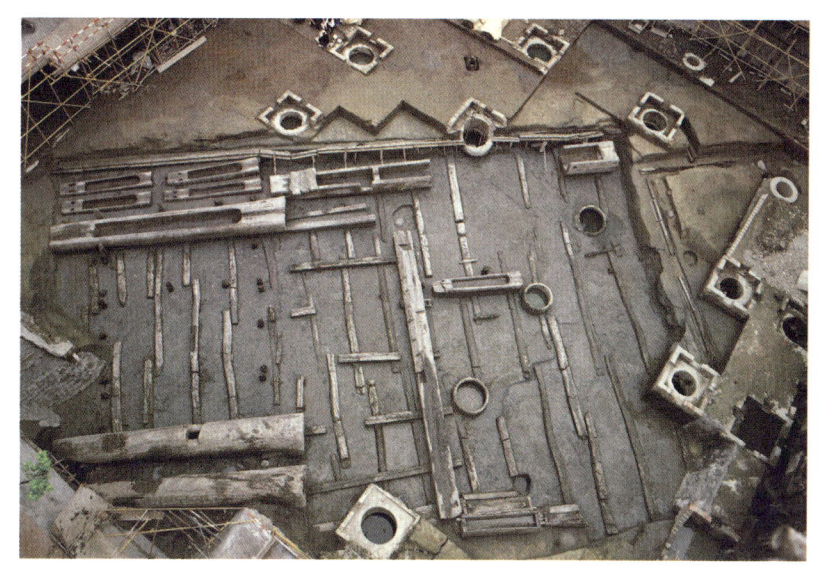

图1-5 成都商业街船棺

（图片由成都文物考古研究院提供）

---

[1] 成都市文物考古研究所：《成都市商业街船棺、独木棺墓葬发掘简报》，《文物》2002年第11期。

[2] （晋）常璩撰：《华阳国志》，商务印书馆1938年版，第28页。

铜巴蜀式兵器等,其中漆器又包括耳杯、几案、器座、梳子、瑟、编钟基座及大量的木构件。商业街船棺墓葬独特的形制以及其宏大的规模,体现了墓主作为古蜀国开明上层统治人物的社会地位,因此考古学家推测该处或为古蜀开明时期的蜀王家族墓葬。

2021年8月,成都文物考古研究院对外发布,在成都市郫都区犀浦街道发现一处周代遗址——犀园村遗址。该处是成都平原少有的从西周中晚期至春秋时期连续发展的遗址,占地面积约3000平方米,包括西周聚落和春秋墓地两个阶段,而后者是目前成都平原发现的同时期规模最大的墓地。据报道,出土大量的青铜器、玉石器、陶器等遗物,还发现了西周时期的建筑遗存,多达15座,有基槽式和柱洞式两种。

从宝墩遗址到三星堆遗址,再到十二桥遗址、金沙遗址、商业街遗址,结合新发现的具有承前启后性质的犀园村遗址,将诸多考古发现串联起来,一条古蜀文明的发展脉络便显现在世人面前。这一阶段的辉煌时代

图1-6 成都市郫都区犀园村遗址

(图片由成都文物考古研究院提供)

是以三星堆为标志性符号的古蜀青铜文明时期。三星堆是富有神奇生态、神秘文化、神妙心灵的古蜀文明的结晶，为成都历史文化留下了理想精神与现实奋斗精神相结合的千年文脉。

当成都平原古文明达到顶点时，古蜀国北界控汉中地区，与楚、秦、巴角逐于汉水上游；南界入今云南、贵州之境，役使氐羌及西南夷众多部落；东界与巴国犬牙相交。而当时开放的文明中心成都，就像太阳一样，向东亚大陆的西南隅放射着文化的光芒。

第二节
富庶的秦汉三国

自秦并巴蜀以后，成都就被纳入一体化进程中，蜀文化与中原文化逐渐融合。秦汉时期，成都因都江堰水利工程的建设，农业得到巨大的发展，成为秦汉王朝的重要"粮仓"，世人将"天府之国"的桂冠从关中地区转戴到成都平原。成都是世界茶文化的发祥地、漆器和丝绸的制造中心，也是南、北丝绸之路及长江经济带的交会点。经济的发达必然带动文化的兴盛，成都的文化教育在汉代也出现了繁盛的局面，文学大家云集，文章冠天下，蜀学比于齐鲁，医学也取得了巨大的成就。[①]三国蜀汉时期，成都延续了汉代的繁荣，经济发达，文化兴盛，"既丽且崇，实号成都"。

这一阶段成都历史文化最大的特征：一是天府农桑文化获得创新性的转型升级，成为美丽乡村生态与"既丽且崇"的城市文态相结合的标本。二是江源文明孕育了天府丝绸，天府丝绸反过来推动了秦汉锦江文明的发展，出现了蜀锦、蜀绣的品牌专称。"锦江""锦里""锦官城""锦城"这些美名一直留存至今。三是文翁兴教化，蜀创石室与讲堂，将巴蜀本土文

---

① 何一民、王毅：《成都简史》，四川人民出版社2018年版，第56页。

化转型升级为国家主流之学，后来蜀学与齐鲁之学比肩发展，蜀地出现了司马相如、扬雄等大文学家，这是成都城市精神文化的第一次飞跃发展。

一 万国同风共一时：成都城初定

秦并巴蜀，不仅是战国时期影响最为深远的事件之一，也是成都历史上最为重要的事件之一。以成都为中心的蜀地被纳入中国一体化进程中，因而也改变了成都城市发展的历史进程。秦修筑成都城，在蜀地设置以郡县为主的地方行政建制，加速了对巴蜀地区的开发，推动成都历史进入崭新的发展阶段。

公元前310年，秦守张仪和张若[①]第一次筑成都城。成都城，含大城和少城，周长共12里，高7丈。按照周礼旧制，国都方9里，每面各有三门；诸侯国之城方7里，城墙制高7丈。秦城从城市规模上来看，周礼营建之制已经不为各国所遵守。与秦所筑高6丈的郫城和高5丈的临邛城相比，成都城颇显雄壮。秦筑成都城，奠定了此后2000多年成都城市的基本格局。

成都大城、少城的城墙，具有多重功能。城墙下面修建仓库，上面皆建房屋，并修筑城楼、射箭场等。推测大城的南城墙在今成都文庙后街，北墙在今西玉龙街之南，东墙在今盐市口一带。少城建在大城之西，东西狭而南北长，西南城墙推测在今通惠门之东、下同仁路口附近，北城墙或在今红光东路以南。大城以政治功能为主，主要为蜀侯、蜀相、蜀守治所。少城，则以商业街市和普通居民住宅为主。成都县衙本在大城赤里街，后移入少城内。为了加强对蜀人的管理和发展工商业，少城内增置盐官、铁官、市官等管理商业和手工业的衙署，设长、丞等官员。当时秦统治者"移

[①]《华阳国志·蜀志》《成都古今集记》《蜀中名胜记》《搜神记》等均有关于张仪筑成都城的记载。近年有学者认为，张仪于公元前311年投奔魏国，次年病逝在魏地，因此，古籍中关于张仪在公元前310年筑成都城可能有误。张仪在灭蜀后，驻守成都数年，应是参与策划了修筑成都城的相关事宜。

民万家"到蜀地，其中百工技艺之家多居住在成都少城，与蜀民同处一城。

秦治蜀地的早期，成都城外，大约今合江亭至九眼桥一带的江北岸，存在一大型官营作坊，称作"东工"，主要生产兵器和漆器。作坊的劳动力主要为官奴和犯人，总人数在 5000 人以上，其中冶铜工匠等达 2000 人以上。①1987 年，四川青川县发现了一件由东工作坊制造的吕不韦戈。此戈造于公元前 238 年，被评定为国家一级文物。其最特别之处在于上面刻有 20 余个篆体字，其中有"成都"和"相邦吕不韦"的字样。

秦并巴蜀，开启了成都融入统一国家进程。相关法律制度的实施，促进了蜀地原来分散的、不规范的耕作方式，朝着规范化的方向发展，有力地促进了成都平原农业的进步。

成都以冶铁业为代表的手工业，发展迅速。秦设铁官，置长丞，发展官营冶铁业，并鼓励民间私营冶铁业把一部分铜铁锡矿租给富商开采、冶炼，并为销售提供必要的方便。以成都为中心的蜀地冶铁业出现长足发展，不仅大量生产斧、削、凿等生产工具，而且还生产釜、缸、勺、三脚支架等生活用具。其产品在满足蜀地需要的同时，开始大量运输到西南各地，成为南方丝绸之路的重要商品。

并入巴蜀的战略决策及其实施，不仅使秦国成为战国七雄中版图最大的国家，也是综合国力最强的国家。蜀地优越的自然地理环境和丰富的资源，在秦的管辖下得到利用和开发，大规模的移民所带来的人力资源和生产技术，促进了成都农业、手工业和商业的发展。蜀地成为秦国的"粮仓"，为秦统一天下奠定了坚实的基础。

二　蜀地治水润天府：李冰与都江堰

秦并巴蜀后，国力逐渐强盛，开始确立了统一中国的宏伟目标，而蜀地则被赋予秦国战略基地和粮仓的重要功能，大规模治水成为发展农业的

---

① 何一民、崔峰：《司马相如与文翁关系再辨析——兼论汉代蜀地文化名人大家辈出的原因》，《四川师范大学学报》（社会科学版）2020 年第 47 卷第 2 期。

当务之急。

司马迁《史记》最早记载蜀守李冰治水的事迹。李冰在任的时间，大致在公元前277年至公元前238年。他大兴水利，减少水患，利用水路交通运输，大力发展经济。

当时岷江水患十分突出，成都平原东旱西涝，灾情十分严重。李冰到任后，立即投入治水工作中。他率众不辞辛劳和危险，对岷江各段进行了大量实地勘测，认真总结前人治水经验，提出了系统治理岷江的规划方案，修建了千古传颂的伟大水利工程——都江堰。都江堰渠首工程位于今都江堰市城北2公里，是岷江干流由峡谷进入成都平原的起点。李冰在修都江堰之前，对于渠首位置的选择做了大量的实地勘测工作。成都平原是岷江、湔江、石亭江、绵远河、文井江等江河所形成的冲积平原。岷江冲积扇正好位于中脊，面积最大，海拔最高，居于中间位置，因此，治理岷江是成都平原化水害为水利的关键所在。李冰将都江堰渠首建在岷江进入成都平原的起点。在老容山川地垫和总结前人治水经验基础上，李冰设计

图1-7 都江堰

（摄影：赵卫东）

了无坝导水的都江堰渠首水利工程。

都江堰水利工程的建设和历朝历代的治理，不仅改变了古代成都平原的生态环境，使成都平原从此不再遭受重大水患之害，而且也改变了成都平原的农业、交通、手工业、商业的发展态势，改变了成都人的生产方式和生活方式。都江堰使岷江之水化害为利，千百年来滋润着成都平原大地，带动着农业和工商业的发展，创造出无穷的财富，带来辉煌的成就。[①]

除修建都江堰渠首工程外，李冰还进一步疏浚了成都平原的河道，让其既可行舟，又可灌溉农田，形成自流灌溉系统，促进了成都与外部的经济、文化交流，为成都在汉代"列备五都"奠定了基础。例如，他整治了流经成都的江沱支流郫江、检江，"穿二江成都之中，此渠皆可行舟，有余则用溉浸，百姓飨其利。至于所过，往往引其水益用溉田畴之渠，以万亿计，然莫足数也"[②]。古代成都所呈现的"二江抱城"格局，就是在李冰守蜀期间初步形成的。

另外，李冰在成都开凿了长约2公里的人工河——石犀溪，沟通了郫江与检江间的水上交通；又在成都城内外修筑了七座桥，并创建了江渎庙；还创造了凿井汲卤煮盐法，结束了巴蜀盐业生产的原始状况。蜀人为了纪念他，尊其为"川主"。

三　文翁化俗学风盛：文翁与蜀学初兴

西汉景帝末年，文翁到蜀地担任蜀郡太守，从教育入手推动文化的融合与提升，使蜀地文化有了新的大发展。

据史书记载，文翁，名党，庐江郡舒县（今安徽省舒城县）人，自幼刻苦好学，精通《春秋》。景帝末年，被任命为蜀郡太守。翻越崇山峻岭

[①] 何一民、崔峰：《司马相如与文翁关系再辨析——兼论汉代蜀地文化名人大家辈出的原因》，《四川师范大学学报》（社会科学版）2020年第47卷第2期。

[②] 肖帆、阳本富、彭述明：《造化与传承——都江堰经久不衰、持续发展的文化动因》，《中国水利》2004年第18期。

来到成都后，文翁发现这里"辟陋有蛮夷风"，于是决定发展教育，推广儒学，使蜀地移风易俗，归于中央王朝的教化之下。除了派遣学生到长安求学外，文翁还在成都城南创办了一所"文学精舍"，即"郡学"，也是后来的文翁石室。文翁派遣学生出外求学和创办石室，采取"学而优则仕"的办学方法，数年后产生了很大的反响，使蜀地本土文化与中原文化深度融合，极大地改变了蜀人的观念。士子都以进入石室学习为荣，争先恐后地想成为郡学的学生，而家长们也一反过去的成见，想方设法送孩子入学，成都的文风、学风因此大变，崇文重教之风盛行，蜀学比于齐鲁。文翁在成都受到人们的普遍尊敬。他去世后，蜀中官民为他设立了祠堂，祭祀不绝。

文翁兴学，在成都所产生的作用和影响十分长远。东汉史学家班固在《汉书》中写道："至今巴蜀好文雅，文翁之化也。"文翁办学开启了中国地方政府办学的先河，石室则是中国第一所地方官办学校。汉景帝对文翁予以了特别嘉奖。汉武帝也极赞赏文翁的兴学之举，下令将文翁兴学的"成

图 1-8　成都石室中学大门

（图片由成都石室中学校方提供）

都经验"向全国推广，各地皆立学校。

文翁开创的由地方政府创办学校以传播儒学、培养人才的做法，在汉以后形成了制度，并为历朝历代所遵循。文翁办学精神一直延续，不仅为巴蜀培养了大批人才，让巴蜀成为历代"蜀学"振兴的基地，也让巴蜀成为"中国儒学的重要传播和发展基地"。

蜀学以蜀为名，以成都为中心，其影响范围广，超出了蜀地空间范围，具有全国性意义。文翁兴学，对于蜀学的兴起产生了直接影响。汉代成都文化兴盛，不仅表现为文翁兴学、地方教育发达，而且表现为人才辈出，群星璀璨。一批在全国有着重大影响的文学大家和学者相继涌现，诸如司马相如、王褒、严遵、扬雄等，堪称"文章冠天下"。

汉赋是西汉出现的一种有韵的散文，特点是散韵结合，专事铺叙。司马相如、王褒、扬雄等人是汉赋的开拓者，不仅在当时产生了很大影响，对后世也影响甚巨，司马相如更被后人称为"辞宗"。此外，汉代成都较有名气的文士，还有何武、张宽、李仲元、杨终、何英、杨统、王阜等，他们也为汉赋和文学的发展做出了贡献。由此可见，汉代成都文学大师辈出，文化发展达到高峰。

当时成都是南、北丝绸之路及长江经济带的交汇点，西南地区商品集散中心，对外贸易的著名商埠，大宗商品——粮食及漆器、丝绸、铁器等制造中心。商贩从成都将蜀地的特产，诸如漆器、铁器、蜀布、蜀马、蒟酱等远销海内外。出使西域的张骞曾在中亚大夏国见到过产自蜀地的邛竹杖和蜀布，得知这些物品已远销至身毒（古天竺）。出使南越国的唐蒙则在广州城尝到蜀蒟酱，发现商人取道牂牁江南下运输的秘道，遂上奏朝廷。之后，汉武帝便派兵将南越以及云南、贵州等地纳入了中央政权的管辖。1916年，朝鲜半岛平壤市南郊的乐浪土城出土了大量的精美漆器，其中至少24件文物上所刻文字显示漆器产自两汉时期的成都。与成都有关的漆器，时间跨度将近200年，如"始元二年蜀西工"造漆耳杯、"建平三年蜀郡西工造"盒盖、"始建国天凤元年成都郡工官造"黄涂扣纻漆盘、"永元十四年蜀郡西工造"木案等。此外，新疆民丰县尼雅遗址出土过的用蜀锦制作而成的锦枕，上面织有"千秋万岁宜子孙"七个汉字吉语。研究者认为，只有汉代蜀地的多综多蹑织机才能胜任。司马迁在《史记·货殖列传》中所列国内著名的富商，为首者均在蜀地，其中卓文君的父亲卓王孙将铁器远贩至滇而成蜀中巨富。

成都也是茶文化的发祥地。写于公元前59年的王褒《僮约》，提到成都安志里的僮奴须遵照主人的吩咐，"烹茶尽具""武阳买茶"。这是目前所知中国历史上关于饮茶和茶叶买卖的最早记录。种茶、饮茶的习俗在成都已普遍开，扬雄在《蜀都赋》中描述道："百华投春，隆隐芬芳。蔓茗荧郁，翠紫青黄。"

成都平原出土了大量的汉代文物，诸如天回镇老官山西汉墓的大量医书竹简、竹木质地织机模型，新都曾家包汉墓的画像砖，蒲江铁牛村冶铁遗址，邛崃樊哙村汉墓的定敷侯（刘邦的重孙）私印，等等。这些足以让后人为汉代成都的繁荣而惊叹不已。

四　君臣际遇蜀汉立：诸葛武侯治蜀

公元221年，刘备在成都称帝，史称蜀汉。在秦统一中国后，成都再次成为鼎立政权的都城。蜀汉建立，对成都历史产生了很大的影响，提升了成都在西南地区的重要地位。尤其是在诸葛亮执政时期，成都的城市建设发生很大变化，经济和文化也得到长足的发展。

诸葛亮是成都城市文化的代表性名人之一。今成都主城区之一武侯区的得名，就是因诸葛亮的谥号"忠武侯"而来。位于城南的武侯祠，是诸葛亮和刘备的合祀祠堂。

公元223年春天，刘备病逝于白帝城，临终前将其子刘禅托付给诸葛亮、李严等大臣。同年5月，17岁的刘禅在成都继位，封诸葛亮为武乡侯，开府治事。不久，诸葛亮又兼领益州牧，国中、郡中大小事务，均由他亲自决定。

诸葛亮治理蜀国的功绩，历来被人称道。他实行法治，赏罚严明，"尽

图 1-9　成都武侯祠

（图片由成都武侯祠博物馆提供）

忠益时者虽仇必赏，犯法怠慢者虽亲必罚，服罪输情者虽重必释，游辞巧饰者虽轻必戮"。在水利工程方面，诸葛亮做出了重要的贡献。"踵迹增筑"的"山河堰"等，至今还是陕西汉中地区灌溉面积最大的水利工程，其余的六大名池、古堰等70多处水利设施皆沿用至今。同时，他还十分重视保护都江堰水利工程。

当时，蜀锦系蜀汉政权财政收入的主要来源。蜀汉政权设立锦官以管理蜀锦生产，并专门筑城保护，称"锦官城"。蜀汉时期，成都的漆器手工业也很发达。同时期，盐业也有较大发展。诸葛亮对火井及盐业的开发十分重视，曾亲往调研，设置"盐府"衙门，任命"司盐校尉"主管蜀地的盐业生产和销售。蜀地茶叶，自汉以降品质绝佳，享誉天下，在成都形成中国茶叶消费和贸易集散的中心。

此外，成都还从南方和北方相继引进了种类繁多的蔬菜、水果，使成都的蔬果品种十分丰富。蜀汉时期，成都的商业贸易较汉代更盛。成都所产各种物品远销四面八方。当时，成都的蜀锦是南、北丝绸之路最重要的商品之一。蜀汉时期，当河西走廊因战乱中断后，以成都为起点的丝绸之路河南道取代丝绸之路河西走廊，蜀锦等商品经岷江河谷和陇西地区，进而运至西域、中亚，并远销波斯地区和欧洲。

诸葛亮为官清廉，俭以养德，一生并无较多积蓄，仅有薄田15顷，桑树800株。他将廉政建设作为一项重要国政，建立了相应的规章条文，在蜀汉官场营造了廉政奉公的政治氛围。他不仅以身作则，而且还要求各级官员必须完成八个方面的本职工作，并遵守"七戒""六恐""五惧"等规定。西晋人袁准《袁子》评价诸葛亮，"好治官府、次舍、桥梁、道路"。此外，诸葛亮还广邀学者，在石室开班授课，为蜀汉培养人才。

诸葛亮一生"鞠躬尽瘁，死而后已"，是中国传统文化中忠臣与智者的代表人物，对成都历史文化产生了广泛而深刻的影响。

第三节

繁华的两晋南北朝隋唐

东汉成都的繁华，一直延续至西晋。"比屋连薨，千庑万室"，"市廛所会，万商之渊"，"列隧百重，罗肆巨千"，"贿货山积，纤丽星繁"。左思在《蜀都赋》中使用这些绮丽、生动的排比词语来描绘成都，会让不少读者产生一睹成都盛况的冲动。

成都历经了东晋南北朝动乱时期的发展低谷后，在隋唐五代时期衰而再兴，重达辉煌高峰，展露出强大的生命力和历史延续性，进一步确立了西南地区的中心地位，并享有"扬一益二"的盛名。成都作为西南地区的政治、经济和文化中心，在隋唐五代时期，不仅成为中国最有影响力的城市之一，而且还通过南、北丝绸之路和长江经济带、海上丝绸之路，与东、西方及南亚各国发生密切的经济、文化联系，成为当时极具影响力的国际化大都市。

唐时期成都文学和艺术的发展，成就了成都作为古代东方世界文化之都、书香之都、诗意之都、音乐之都和美术之都的城市形象。"文宗在蜀"

与"才女在蜀"的规律性出现与发展,均是巴蜀山川秀气与诗意书香灵气孕育明珠的结果。唐代大慈寺壁画"精绝冠世",留下了古代东方美学之都的文化基因。

一 锦城长作帝王州:成汉政权、二主避乱幸蜀

公元306年,李特之子李雄在成都称帝,国号大成。由于李雄长期实施宽松政策,社会治安有所改观,乃至成都城内一度出现闾门不闭、路不拾遗的现象。李雄统治大成的30年间,在军事、政治、经济、文化等方面都取得了一些成效,以成都为中心的蜀地百姓及周边少数民族在饱受战乱之苦后,获得了一些喘息的机会。

隋文帝杨坚统一全国之后,封第四子杨秀为蜀王出镇蜀地。杨秀治蜀期间,蜀人终于有机会在安定的环境下休养生息,成都又呈现出城市的活力。杨秀在蜀地做藩王的时间长达20年。前期,年少的杨秀多依靠辅臣元岩。史书称元岩在蜀中施政"法令明肃,吏民称焉","蜀中狱讼,岩所裁断,莫不悦服"。[1] 隋文帝杨坚对蜀王也很支持,在杨秀入蜀的当年即下诏让其在益州建造五个大炉铸造钱币。594年,元岩在成都病逝,之后杨秀便独立决策管理蜀地。

杨秀大兴土木,对成都城池进行了大规模的新建和改造。新建的隋城面积"通广十里",城垣已距离城北的武担山不远,像一弯新月半抱着大城。至此,成都城又恢复了昔日"重城"的结构与规模。杨秀筑城时,就地取土,取土后的大坑因势凿成人工湖,位置在今市中心人民南路展览馆一带。传说有胡僧见此池曰"摩诃宫毗罗",梵语为广大有龙之意,故取名"摩诃池"。此后的数百年间,摩诃池(五代建宣华苑)成为成都城中重要的游览胜地,众多文人骚客到此泛舟玩赏,留下不少吟咏诗篇。

唐高祖李渊为巩固在西南的统治,先后在成都设益州总管府、益州道

---

[1] 段承校:《元稹家世及对其社会阶层的自我体认》,《盐城师范学院学报》(人文社会科学版)2007年第6期。

行台尚书省、益州大都督府，强化成都作为西南地区的政治中心地位和军事地位。唐玄宗李隆基继位后，置剑南道节度使，以成都为治所，管辖西南地区。756年，为避"安史之乱"，唐玄宗逃至成都，于次年升成都为府，定其为"南京"，又分剑南道为东川、西川节度，以成都为西川节度使治所，管辖一府二十五州。成都的行政地位在唐代不断提升，对城市的发展起到重要的促进作用，成都成为唐代的国家级中心城市，时称"扬一益二"。唐中后期，由于"安史之乱"和黄巢起义，都城长安和南方的经济中心扬州相继因受到战争破坏等多方面影响而出现明显的衰落，唯有成都没有遭到战争的破坏，反而得益于南北各地战乱人口大量入蜀有了新的发展。

二 又筑罗城变锦城：城市建设的变迁

随着物质文明和精神文明的长期积累，汉代成都呈现出繁荣的景象。公元前115年，汉武帝下令重建成都城。将之前所筑少城、大城包括在内，向东、向北拓展，形成18个城郭的新城，居民区的规模达到"四百余间"，比老城扩大了数倍。蜀郡的郡府衙门所在地，就坐落于成都天府广场的东侧。西汉中期，成都的人口约8万户，仅略少于首都长安，成为全国第二大城市。

由于829年、870年先后被南诏军队围攻，成都两度岌岌可危。为加强成都的防御，以及改善城中居民的居住环境，876年，西川节度使高骈上表请广筑罗城，得到唐僖宗的特许。筑城工程是由僧人景仙负责总体规划和设计，高骈亲自督阵。

筑城工程十分浩繁。官府征调成都府所辖八州十县，每次安排十万民夫，分筑城垣，昼夜不停地施工，还抽调八州将校，分段负责筑城工作。整个工程共计用工960万个，耗资150万贯。在百万人次民工的辛勤努力下，仅用时3个多月，5000堵高大巍峨的城墙拔地而起。罗城的城垣，外面全包砌砖石，非常紧固，而砖石则取自成都城郊20里范围内的古墓。

罗城，周长25里，高2.6丈[1]。它以秦城为核心，向四周扩展，面积扩大许多倍。从高骈所建罗城看，城垣工程规模形制、完备程度均超过前代，它奠定了后世成都城垣建设的基础，是成都城市的有力壁垒。

高骈又将郫江改道开凿出清远江，使其与流江在罗城东郭的合江亭合流，一同成为环绕罗城的护城河。郫江故河道，则与解玉溪、金水河相通，成为居民的取水源和排洪渠。这一措施使成都罗城成为"亲水型城市"，对唐代以后的成都产生根本性的影响。

三 万户千门入蜀中：人口的起落与移民浪潮

公孙述据蜀时，蜀、巴地区人口已过百万，超过西汉。自东汉末年以来，蜀、巴地区获得长期的安定，因受中原战乱影响，中间也有曲折起伏，但大体平稳，经济有所恢复，户口也从长期下降转变为恢复和增长的趋势。

隋朝后期，由于隋炀帝的暴政，中原地区的社会经济遭到极大的破坏，随之而爆发的隋末农民大起义和统治阶级的残酷镇压，更使广大中原和江淮地区都化为战场。同时，由于中原和关中地区农业生产的破坏，出现了大饥荒，蜀中丰富的粮食供应更产生了极大的吸引力。这些逃亡的人许多到了蜀中。但凡关中遭遇灾荒，都有大批饥民，包括中产之家，到益州谋食。入蜀者中还有不少文人雅士。移民中有的是暂时居留，但更多的人则在蜀地定居下来，对蜀中的人口状况和经济文化发展产生重大的影响。

移民入蜀的第二个高峰，是"安史之乱"爆发以后。由于关中地区是战乱的中心地带，除了唐玄宗率领一批文武官员和士兵到成都外，同时期入蜀的关中人口还有许多。杜甫也因关中饥荒而弃官携家到成都。仅其沿途所见，就有"二十一家同入蜀"[2]。

中原人士移居蜀中的浪潮，一直持续到唐德宗时期。"安史之乱"后

---

[1] 王文才认为，唐代都城长安城外部高仅一丈八尺，成都罗城两丈六尺疑为其城高传本有误，应为一丈六尺高。王文才：《成都城坊考》，巴蜀书社1986年版，第11页。

[2] （唐）杜甫：《杜诗详注》，（清）仇兆鳌注，中华书局1979年版，第1241页。

引起的移民入蜀，随着中原和关中政局的相对稳定而进入低潮。由于黄巢起义军进攻长安，唐僖宗和一大批朝廷文武官员被迫南下避难成都。随之而来的藩镇混战，带来了一次唐五代时期规模最大的移民入蜀浪潮。这次移民浪潮大约持续了半个世纪，直到后蜀建立，方才逐渐平息。僖宗之后，唐朝已至覆亡边缘，中原、关中地区再一次化为藩镇争战之地。迁徙蜀地的移民更是日渐增多。除了上述三次移民入蜀的高峰外，还有一些移民是因其他原因而入蜀的。

四　锦城自古繁华地：丝织、造纸、金银漆器等

唐朝高度重视发展成都的农业和加强水利建设，对都江堰旧渠进行修复、疏浚，又另辟百丈堰，开发通济堰等，仅在川西平原地区兴修的水利工程就达15项，约占当时全国水利工程总量的1/17。水利是农业的命脉，水利建设促进了农业的大发展。唐代成都成为全国著名的粮仓，其产粮之盛，不仅可以满足蜀地的需求，还曾多次救济关中和南方各地。

成都是唐代重要的经济作物产地，茶叶、桑、麻、橘等都广泛种植，产量大，质量佳。农业的发达，农产品的丰富，为工商业的繁荣奠定了物质基础。隋唐时期，成都的手工业之盛与扬州、广州齐名，[①] 丝织、制纸、陶瓷、印刷、漆器、制扇、酿酒、冶铁等行业在全国处于领先地位，享有盛誉，尤以丝织、造纸、制瓷与雕版印刷业的发展独具一格，影响颇巨。

自汉代以来，巧夺天工的蜀锦就独步天下，堪称"东方瑰宝，中华一绝"。隋唐时期，成都的丝织业得到更大发展。蜀锦织造技术在这一时期达到炉火纯青的地步，织锦技艺细致精湛，巧夺天工，代表着中国古代丝织技术的最高水平，其成色纷华靡丽，多姿多彩，许多丝织产品被列为当时的贡品，驰名中外。

成都造纸业作为新兴行业兴起，迅速成为闻名全国的造纸中心，其品

[①] "扬、益、岭表刺史，必求良工造作奇器异服。"参见刘昫《旧唐书》卷51《杨贵妃传》，清乾隆武英殿刻本，第1077页。

种有麻面、屑末、滑石、金花、长麻、鱼子、十色笺等，种类远多于越、扬、韶、蒲、临川、宋毫等产纸地区。成都气候温和、水量充足，盛产蜀麻，为造麻纸提供了丰富的原材料，所产麻纸量丰质优，"大小黄白麻纸"成为朝廷专用贡纸。此外，成都的皮纸也非常著名。皮纸是以树皮为原料制成的纸，最为著名的是用芙蓉树皮制成的薛涛笺。相传为唐代成都著名女诗人薛涛所发明，其笺色深红，精美雅致，成为笺中珍品，深受文人喜爱。

成都的制瓷业也相当发达，是国内重要的制瓷产地之一，制瓷作坊主要有青羊宫窑、琉璃厂窑、十方堂、尖子山窑、玉堂窑、瓷峰窑、大坟包窑等，这些瓷窑都以生产青瓷为主，行销于世。邛窑还创制了"邛三彩"等彩瓷，又称"绘三彩"。这种彩瓷不仅在年代上早于遐迩闻名的"唐三彩"，更是在烧造技术上精于"唐三彩"。

此外，成都的漆艺几乎达到了无法超越的高度，有用稠漆堆塑成型的有凸起花纹的堆漆，有用贝壳裁切成物象、上施线雕并在漆面上镶嵌成纹的螺钿器，有用金银花片镶嵌而成的金银平脱器，等等，充分显示了当时成都漆器的高超技艺。

农业与手工业的发达，推动了商业贸易的发展，唐代成都变身为长江上游最大的商贸大都会。当时城内分布东、西、南、北等多个市场，市场内交易的商品种类繁多，名目繁杂，每天开市时击鼓三百声，闭市时则击钲三百声，集散有序。成都各市场以城南万里桥边的新南市最为繁荣。唐代中后期，为满足经济发展的需要，各市场交易时间大大延长，锦江两岸开始出现夜市，夜市之繁荣不亚于日市，交易时间延长至凌晨，突破了流行千年的"日中为市"传统。

五　锦城锦绣绣华章：艺术繁荣与学术兴起

唐代杰出诗人如群星璀璨，他们之中的许多著名诗人与成都有着密切的关系，令白居易为之感叹"诗家律手在成都"。

"诗仙"李白为成都留下"九天开出一成都，万户千门入画图"这一传诵千古的诗意形象。"诗圣"杜甫在成都居住了三年零九个月，创作了271首诗，约占流传至今1400多首杜诗的六分之一，其中至少百首主要以成都城市景观、社会经济、民生民俗等为题材，如"窗含西岭千秋雪，门泊东吴万里船""大邑烧瓷轻且坚，扣如哀玉锦城传"等诗句，都是盛唐成都繁荣景象的重要文字佐证。杜甫在成都浣花溪畔营建的草堂居所，流芳千古，至今已是游人入蜀必游之胜地。中唐著名女诗人薛涛长期生活在成都，对这座美丽的城市有着深厚的感情，在她所写的许多诗中反映出了成都名胜和风情。

图 1-10　成都杜甫草堂
（图片由成都杜甫草堂博物馆提供）

成都经济发达，文化鼎盛，社会安定，水陆交通通畅，与外部的联系十分密切，国家的战略地位日益提高。蜀地奇山秀水和安适的社会生活与文化氛围，吸引着越来越多的外地人来到这个神奇的地方。唐朝初年，被誉为"初唐四杰"的文学家王勃、杨炯、卢照邻、骆宾王等人先后入蜀。盛唐以后，除了杜甫以外，还有高适、岑参、元稹、白居易、刘禹锡、贾岛、李商隐、温庭筠、沈佺期、张说、张九龄、孟浩然、王维等一大批著名诗人都曾相继来到蜀地，其中有不少人"皆老于蜀"。由于唐代蜀地出现了这种特殊的文化现象，因而后人就将这种文化现象上升为一种文化规律，将其高度概括为"自古诗人例到蜀"。

唐代成都不仅诗歌文学鼎盛，而且也是音乐名都会，戏剧冠天下。成都的音乐歌舞精妙绝伦，美不胜收。成都有着悠久的戏剧传统，中唐时就有"蜀戏冠天下"之说。成都的戏剧目类丰富，主要分为科白、歌舞讽刺剧、武打戏、傀儡戏等，其表演技艺相当成熟，舞台效果精深微妙，时人对蜀戏称颂有加，认为"天下所无蜀中有，天下所有蜀中精"。

成都是除都城长安、洛阳之外的一处音乐名都会。成都人"好音乐，少愁苦"。成都的音乐曾使杜甫陶醉忘怀，写下了一首著名的绝句诗："锦城丝管日纷纷，半入江风半入云。此曲只应天上有，人间能得几回闻。"

唐代成都在中国音乐史上的另一大重要贡献是雷琴的制作。雷琴是古琴的一种，由唐代成都雷氏家族制作。雷琴结构完美，音质卓越，体现了制琴的超高水平和艺术水准。首先，成都有着制作古琴的先天优越条件，蜀地丰富的桐、梓、漆等，是制作古琴最主要的材料。其次，蜀中地区自远古以至唐代，音乐文化十分发达，古琴音乐也是非常兴盛，吸引了众多的古琴弹奏家集聚成都，二者互相促进，成都的音乐文化和古琴文化得以较快的发展。

唐代成都的戏剧歌舞十分兴盛，时人认为成都"管弦歌舞之多，伎巧百工之富，其人勇且让，其地腴以善，熟较其要妙，扬（州）不足以作其半"，被现代戏曲研究学者任半塘誉为"蜀戏冠天下"。

唐代是中国画全面成熟的时期，成都则是晚唐五代时期全国的绘画中心，举天下之言唐画者，莫如成都之多。唐代著名画师吴道子对于成都绘画影响颇大，开创了蜀中山水画之风气。吴道子被尊称为"画圣"，一生曾两次入蜀，专门绘画巴蜀山水。成都画家李升也是山水画派中的佼佼者。除了在纸上、绢布上作画，成都的画家们还常到各大寺院墙壁上作画，其中以成都大慈寺最多。

六　史学双璧存巴蜀：《三国志》与《华阳国志》

西晋陈寿所撰《三国志》，与《史记》《汉书》和《后汉书》并称中国历史著作的"前四史"。东晋常璩所撰《华阳国志》，以记载西南地区的历史、地理为主，是中国现存最早的、比较完整的地方志，被称为"地方志之祖"。

陈寿所著《三国志》开拓了新史学体例体裁。《三国志》以魏主为帝纪，总览三国史事，是中国历史上第一部纪传体断代国别史。全书起于东汉灵帝光和末年（184年）黄巾起义，讫于西晋灭吴（280年），分为《魏书》30卷、《蜀书》15卷、《吴书》20卷，共65卷。《三国志》不仅着眼于三国的史事，而且纵向考察了由汉末群雄纷争到三国鼎立，再到西晋统一的历史发展大势。陈寿在撰写《三国志》时，高度重视选择史料，必先考而后信，对于夸张荒诞之说一概不取。此书为陈寿赢得了千古美名，时人称陈寿"善叙事，有良史之才"。该书完成后，晋朝令抄录《三国志》，并颁行全国。

《华阳国志》是记载今四川、云南、贵州三省以及甘肃、陕西、湖北部分地区公元4世纪中叶以前的历史、地理、风俗等的著作。全书共12卷，大体上分为三部分：1卷至4卷为第一部分，记述了巴、蜀、汉中、南中各郡的地理与人文历史，这一部分相当于"正史"中的《地理志》；5卷至9卷为第二部分，以编年体形式记述了西汉末年到东晋初年公孙述、刘焉父子、刘备父子和李氏成汉政权以及西晋统一时期的蜀地历史，略似"正史"中的本纪，记述稍详；10卷至12卷为第三部分，记述了梁、益、宁三州的贤士烈女，相当于"正史"中的列传。从体例上看，常璩创造性地将地理志、编年史、人物传运用于一部书中，较为全面地反映了西南地区的历史概况、政治沿革、人物生平等。这在方志编纂史上是一次创举，深刻影响了后世的方志撰写。

《华阳国志》之所以能称述史林，更在于它的史料价值。常璩不仅参考了皇朝史和巴蜀地方史志，还亲自考察搜集，旁征博引，保存了大量西南地区的政治、经济、地理、文化、民族史料，且有不少资料为此书所独有。如最早记载了四川开凿盐井和使用天然气的历史，为中国是世界最早发现并使用天然气的论断提供了文献根据，充分反映了蜀人在认识自然、开发自然方面的状况以及成都科技在中国乃至世界的重要地位。此外，西南地区自古以来就是民族聚集地，常璩第一次在《华阳国志》中记述了西南30多个民族和部落的名称与分布情况，其中巴、蜀、羌、叟、濮、夜郎、哀牢等民族的历史、传说、风俗，以及他们同中原王朝的关系记载尤详。这些史料在其他同时代的史籍中难以寻见，成为今天了解和研究古代西南民族史的重要参考书。

《三国志》与《华阳国志》作为晋代巴蜀史学的双璧，学术价值极高。两书对于弘扬巴蜀文化，构建华夏文明，具有深远而长久的意义。

第四节

"天下繁侈"的五代两宋

五代十国时期，南北战火纷飞，百姓深受其害，但以成都为政权中心的前蜀、后蜀社会相对稳定，经济发达，被时人誉为"天下之富国""乱世之乐土"。

成都在宋代再次迎来了经济和文化上的显著发展。五代时期，成都作为前后蜀的都城，不仅城市规模得以扩大，而且出现了各种繁荣的商业市场。这一现象在两宋时期表现得愈加突出。成都成为全国重要的商业中心，有着"西南大都会"的美誉。

这一时期经济文化最突出的成就是成都的雕版印刷术。作为中国雕版印刷的发源地之一，成都成为全国主要的印刷中心，与长安、扬州共居国内领先地位。成都的雕版印刷品不仅广泛流传于国内，还远销日本等国。

城市商业已突破了传统坊市制度，随着通向长安的"蜀道网"的兴起，成都作为西部土特产集散中心，发展出以"十二月市"为标志的自由集市和专业性的手工作坊街道。一年中每个月成都都有专门的市场，正月灯市，二月花市，三月蚕市，四月锦市，五月扇市，六月香市，七月七宝市，八月桂市，九月药市，十月酒市，十一月梅市，十二月桃符市。这些市场有利于货物的集中和交易，对成都商业的发展有重大促进作用。宋代成都的遨游文化，享誉国内。每逢集市，出游之人，如山如海，或购物，或观景，或宴饮，或欣赏歌舞。两宋时期，成都发明了世界最早的纸币——交子，开启了人类货币史的新纪元。

一　蜀都庶富甲天下：王建、孟昶治蜀

907年，王建在成都称帝，国号"大蜀"，史称"前蜀"。王建以承续唐朝相标榜，采取一系列措施，致力于发展前蜀社会经济、文化，蜀地社会稳定，经济文化都有一定的发展。

王建勤于政事，"躬览万机，亲临庶政"，颁布《武成诏》，宣布"革弊从新""有利于民"，开清平盛世。他深刻地了解唐末战乱对社会生产的破坏，对民众的影响，故而多次下诏减轻民众赋税，并发还官家没收的房屋田产，鼓励百姓积极从事农桑生产和手工业。王建十分重视人才的选用和培养，在全国范围内选能求贤，要求地方举荐人才，量才录用。此外，还吸取前朝教训，整顿吏治，"凡有害于政者"，不论官职地位，皆给予严厉惩罚。王建义子王宗佶，虽屡立战功，但因恃功骄恣，招朋树党，终被罢职。王建也十分关注发展教育和文化，尤其重视学校教育，陆续恢复各学校和孔庙。故而在王建执政期间，国力强盛，城市发展繁荣。

932年末，后唐朝廷内乱，孟知祥遂于次年闰正月在成都称帝，国号"蜀"，史称"后蜀"。孟知祥称帝半年后即因病去世，其子孟昶继位。孟昶治蜀期间，后蜀社会长期稳定，经济文化进一步发展。

孟昶16岁登基，是五代十国时期在位时间最长的皇帝。他先是整顿

吏治，处理了部分居功自傲、放纵无度的开国旧臣，同时亲自书写《官箴》，劝告官员勤政爱民，并严惩贪官污吏，开言纳谏。同时，颁布劝农桑诏书，鼓励百姓发展农桑和纺织事业。除此之外，孟昶特别重视发展文化教育。孟昶本人也是文学爱好者，喜欢写诗写歌，其宠妃花蕊夫人也善诗歌，二人经常唱和，不仅写了多篇好词，并带动了蜀中诗词的兴盛。孟昶还特别重视绘画，会聚了大批绘画大师，成都也成为五代十国时期的绘画艺术中心。另外，孟昶还主持镌刻了"蜀石经"，传播儒家经典文化。

前后蜀时期，成都的农业仍然保持了唐代的发展趋势，粮食储备丰富，桑、麻、茶、花卉等经济作物都产量甚丰；后蜀孟昶颁发实施《劝农桑诏》，促进农业连年丰收，一斗米市售三钱，米价比贞观盛世的"斗米不过三四钱"还低，足见后蜀成都农业生产之稳定、粮食产量之丰盛。

成都的手工业也承唐代的发展，纺织、造纸、印刷、冶铁等成为支柱性制造业，手工业技艺较前也有较大进步，蜀锦、蜀纸、蜀钱等手工业产品行销区域内外市场。

图1-11 蜀锦

(摄影：赵卫东)

当时，成都所产蜀锦最为精美，延续了自汉代以来精妙绝伦的做工。到后蜀，成都的织锦业继续发展，经过对织机的改造和对投梭方式的改进，当时已能织出宽约五尺、没有拼缝的锦被，这种由一梭织成的被料被称为鸳衾。五代时期蜀锦的发展为宋代成都锦院的设立奠定了基础。

制瓷业在前后蜀也有较大发展，成都共有十余处烧造、生产陶瓷的瓷窑，其中以邛崃十方堂窑的陶瓷最为著名。前后蜀时期，成都仍是中国的造纸中心，成都的浣花溪在前蜀依然是造纸基地之一，其技艺继承前代，并制成各色彩笺，最为著名的当数王衍时的霞光笺。

二　名都雅士弄笙箫：蜀学鼎盛与艺术辉煌

前后蜀时期，成都相对安定优越的环境，吸引了大批北方文人学士避乱入蜀。加之统治者都十分爱好文艺，成都地区的文学艺术又有了新的发展。

宋代成都文化取得辉煌成就，与外来名士大家有着直接的关系。南宋大诗人陆游在蜀地共居住了近9年，其中至少6年是在成都度过的。在成都期间，他走遍了成都城内各个地方，用诗和词来描写他对成都的感受。

成都词文学之盛，远超全国各大城市，逐渐形成词学发展史上占据重要地位的花间词派。花间词派，因后蜀赵崇祚所编《花间集》而得名。《花间集》收录了晚唐五代时期18位词作家的作品，共500首。其中除温庭筠、和凝、皇甫松3位与蜀地无涉外，其余15人皆是活跃于成都地区的官宦士人。因当时社会风气崇尚奢靡，享乐之风盛行，故而《花间集》的词作内容多为才子佳人、闺怨情仇、风土人情、山水田园，只有少数词作反映社会现实，抒发爱国情感。《花间集》18位作者的词作各有风格，各表其情，极大地丰富了晚唐五代时期成都的词坛。

两宋时期，四川的科举及第人数达3900余人，远超隋唐五代时期，而其中名人辈出。宋代蜀中多名士，不仅与经济、社会的发展有着密切的关系，而且也与教育的发展相关联。宋代四川的教育事业出现空前进步，最为突出的表现就是官学发达与书院制度的兴起和完善。这造就了一大批人才，也吸引了许多外地文人来此游学。宋代成都官学繁盛不绝，传承了汉代文翁办学的精神和理念。宋代成都的书院教育较为发达，其中虞刚简所建沧江书院、魏了翁所建鹤山书院皆是当时中国著名书院。这两位书院的创始人也都是南宋著名的理学家，所建书院在培养人才和理学研究上都有着不可忽视的作用。虞刚简常请学者讲学于沧江书院。官学的繁盛和书院的建立，培养了大量有学之士，促进了成都本土文化的发展。

宋代成都的名士甚多，如号称"世显以儒"的华阳范氏家族。目前所知，范氏家族留传姓名的多达百人，其中进士至少有27名，最为出名的是号称"三范修史"的范镇、范祖禹和范冲。范镇是宋仁宗时期的进士，长于文史，1045年奉诏编修《新唐书》，与司马光交往甚笃。范祖禹是范镇之侄，著述丰富，曾参与《资治通鉴》的编纂工作。范祖禹不但是一位出色的历史学家，也是一位著名的理学家，他在编写《唐鉴》之时完全按照宋代理学的理念，评判唐代的政治情况，《唐鉴》堪称以理入史的"首作"。范冲是范祖禹的长子，曾问学于宋代理学大家程颐。范冲也曾主持修史，负责《神宗实录》《哲宗实录》的修著，以严谨著称于世。宋代以"三范"为代表的范氏之学，构成蜀学的重要分支。范氏之学无论在当时，还是对后世，都产生了重要的影响。

除了华阳范氏家族外，宋代蜀地还有一个闻名于世的家族——眉山苏氏。眉山苏氏在北宋诞生了中国历史上著名的三位文学大家——苏洵、苏轼、苏辙，并形成了苏氏蜀学。"三苏"均与成都有较深的渊源，其学术思想、文学成就对后世影响巨大。

魏了翁（号鹤山）是宋代著名的理学家，时人称"南方共宗鹤山老"。魏了翁是南宋时期蜀学最重要的人物之一，最大的学术特色就是能够兼采众家之长。魏了翁对宋代理学发展贡献颇多，一方面致力于树立理学的正统地位，另一方面也吸收心学与功利学之长，提出"心者人之太极，而人心又为天地之太极"的思想，强调"心"的作用，故而在对朱熹理学传承基础上有所创新。1210年，魏了翁建鹤山书院，讲授理学，并刻印了大量介绍朱熹思想的书籍，在成都等地发行。他长期在蜀地各州县任官职，伴随着任职地点的改变，将自己的学问和思想带向各地。在其影响下，巴蜀地区形成以魏了翁为首的"鹤山学派"。

巴蜀易学源远流长。宋代巴蜀易学研究进入了一个发展高峰期，时人有"易学在蜀"之说。在宋代300余年间，巴蜀学者至少撰写了92部易学著作，其中有29位作者都是成都人，由此可见宋代成都的易学之盛，可谓宋代易学研究的中心。

号称"北宋五子"之一的著名理学家邵雍则是将易学的象数发展成一派学说的重要人物。成都人张行成深得邵雍象数学的精髓，颇有心得和创见。他研习邵雍象数学几十年，人称"观物先生"，著有7部易学书籍，即《周易述衍》《皇极经世索隐》《皇极经世观物外篇衍义》《易通变》《翼玄》《元包数总义》《潜虚衍义》。张行成将邵雍的象数学思想发扬光大，成为宋代易学象数学派的代表人物，其所著《易通变》是集象数学研究之大成著作。该书用先天图推衍《周易》中的变化，提出了奇偶为易学之本、理数为万物之祖等著名的观点，对后世产生了重要影响。

宋代成都易学家对《太玄经》的研究由于受到象数学派影响而进入一个新阶段，不仅研究水平提升，而且研究方法也有所创新。此外，双流的章詧擅长《周易》和《太玄经》研究，所撰《太玄经注》等书，堪称《太玄经》研究的最优秀著作之一。

宋代，以成都为中心的史学研究获得极大的发展，涌现出一大批史家、史著，有着"西蜀史学"之称，独树一帜。据统计，两宋时期有史可查的成都史家共有40人，所撰史学著作达86部。范镇、范祖禹等著名史学家参与《新唐书》《资治通鉴》等官修史书的编写，如《成都古今记》《成都志》等，以丰富的内容展现了宋代成都地区的政治、经济和文化的发展变迁。其中，影响最大、最为著名的要数范祖禹所著《唐鉴》。《唐鉴》是一部编年体史书，自李渊起兵开始，止于朱温篡唐，全书10万余字，简明扼要地记述了唐代的兴衰。时人对《唐鉴》评价甚高。另外，宋代成都史学家十分注重考察本地区的历史、地理状况，为朝廷治理蜀地提供历史借鉴。张唐英所著《蜀梼杌》就是为治理蜀地提供借鉴的典范之作。《蜀梼杌》一书是目前仅存记述前后蜀的编年体史书。该书共10卷，35万字，原本已佚失，现存的是后人删节本。《蜀梼杌》是后世研究前后蜀历史的重要参考著述，具有极高的史料价值。

从秦汉以至隋唐两宋，蜀地相对安定的社会环境，使其历史文化得以广泛传承和发展。成都成为西南地区的文化学术中心，积淀了丰富的历史文化，培育了大批文化人才。宋代成都的学术出现了前所未有的繁荣，无论是成都之史学还是蜀中之易学，都达到了前所未有的巅峰。

第五节
"首领西南"的元明清

宋末元初的战争，使成都遭受了很大的破坏。战争结束后，元朝统治者加强了对成都的营建，其经济逐渐得到恢复和发展，重新成为"壮丽的大城"。明末清初的战火，重创成都的社会经济。在"湖广填四川"的移民浪潮下，成都的地方文化得以重生。

元明清时期，成都文化由精英文化转型为城乡平民文化。这一时期，成都城市工商业获得了长足发展，"川味"特色的下层群众文化开始兴盛，其最高成就是由成都唐杂剧、元北曲、明南曲、清雅部戏发展而来的花部戏地方剧种之一——川剧。同时，一些著名文人对川剧剧本加以文学性、诗意性改造，使川剧由粗糙的市民艺术变为精致艺术，进一步推动成都市民社会习俗的文雅化、书香化与诗意化。元明清时期，成都教育事业也获得了新发展，主要体现为书院制度的创新。元代有草堂书院，明代有子云、大益、浣花等书院，清代有锦江、墨池、芙蓉、潜溪等书院，均驰名全国。社会上兴起的茶馆、书坊、评书、扬琴、古琴、竹琴、金钱板、皮影、木偶、围鼓、口技、相声、清音等曲艺，是这一时期活跃于社会群众舞台的非物质文化遗产。今天四川评出的多种非物质文化遗产，大多产生于这一时期。

一　蜀中代有新制出：从设立行省到分封蜀藩

1271年元朝建立，定都大都。1287年，元世祖忽必烈进行地方行政建制改革，设立中书省（又称"腹里"），直辖山东、山西、河北等地，另在全国范围内设立10个行中书省（简称"行省"）。在四川行省建立过程中，成都逐步确立并稳固了省会的地位。

四川行省确立于1286年，以成都为省会。在巴蜀文明发展的过程中，成都一直以政治、经济和文化上的主导地位发挥着核心作用。元代从行政制度上进一步确立了成都省城与首府的地位，为成都西南地区核心城市的巩固和发展增添了新的优势。

1368年，朱元璋在应天府（南京）称帝，建立了明朝。其后明军北伐和西征，结束了元朝对中国的统治。总结历史经验之后，朱元璋决定建立以"宗室屏藩"为目的的分封制，分封诸皇子为亲王，分派到各地，并规定了一套严格的封藩制度。诸藩王可世袭，但分封而不锡（赐）土，列爵而不临民，食禄而不治事，且不可参与士、农、工、商四民之业，与汉初的分封制还是有很大的区别。成都是西南重镇，成为蜀王的驻地。明代蜀王府在成都的修筑，使成都城市空间格局发生了很大变化，而与蜀王相关的地下陵寝建设也对城市产生了重要的影响。

二　移民百万尽归田："五方杂处"的移民社会

元代在四川的统治稳固后，开始采取多项措施重建，如从外地大量移民到川，实施休养生息政策，发展水利，鼓励民众恢复和发展农业、手工业和商业，逐步对成都进行营建等。

明代200余年的发展，四川生齿日繁，烟火相望。然而经明末清初长期兵燹之后，"丁口稀若晨星"，"成都府所属州县，人烟断绝千里，内冢白骨亦无一存"。除了战争导致人口大量流失外，人口迁徙外地也是另一重要原因。据说"众掠男女，屠为脯。继以大疫，人又死。是后虎出为害"。康熙二十四年（1685年），清政府对四川人口进行统计，全省仅有9万余人，比元初的人口还少。四川巡抚张德地一进入四川境内，就发现眼前的景象与他想象的"天府之国"相差太远，满目疮痍，了无生机，因而向康熙帝建议对四川实行移民。其后，四川多任官员也持续不断向朝廷建议移民。1694年，康熙帝下《招民填川诏》。于是，一场横跨十余省的人口迁移运动兴起。在清政府多种优惠政策的引导下，大量移民涌入四川。成都虽然在明末清初的战争中被夷为废墟，但优越的自然地理条件，平原地形加上丰富的水网灌溉，成为入川移民的首选。大量移民相继涌入成都平原，或农耕，或从事手工业，或经商贩物，为成都平原经济的恢复和发展做出巨大贡献。

在"湖广填四川"的大背景下，经过移民数十年的辛勤劳动，四川逐渐改变了清初地广人稀和荒凉破败的景象，各州县土地都得到很好的开发。大量的劳动力为成都的经济复苏提供了条件，也为成都城市重建奠定了基础。此外，全国各地的移民集聚到一起，相互交往，互通婚姻，进而创造出一个崭新的移民社会。移民构成近现代成都人的主体，正是移民推动了清代成都城市重建，传承和创造了成都文化，使成都这座千年古城重新成为西南重镇，并为其后的再次崛起创造了条件。

三　星罗棋布分市廛：西南物资集散中心

成都为四川交通的中心、西南交通的枢纽，凭借此区地势平坦、交通方便、土壤肥沃、物产富饶的优势，为城乡经济的发展和交通体系的建设奠定了良好的基础。元朝偏重于军事性统治，城乡商业贸易不如前代，但大统一的国力和完善的站赤制度，则把以成都为中心的交通线辐射到四面八方。元朝平定四川后20年间，成都恢复了西南地区第一大城市的规模与热闹。1280年，意大利威尼斯人马可·波罗南下云南，途经成都，他在游记中记述了亲眼见到的成都繁荣景象。另据《元典章》记载，作为省会，成都为四川商业最繁之区，每年收税在3000锭以上。全国有此数的场务所有22处，四川只有成都1处。

明军平定四川，成都的城市规制迅速恢复，人口增加。在农业经济迅速恢复和宽松的商业政策下，成都经济逐渐兴旺，流通地区扩展，商贸项目、交易数额均增加，尤其是与川边及西藏的茶马贸易，超过前代。成都及全川府州县商场上的货币风潮，在明代全国是少见的，在中国经济史中也是少见的社会现象。

明代社会经济在恢复中获得发展，虽然不及两宋的水平，但城乡商业贸易网络亦有长足的进步；水陆交通体系的建立，入藏新通道的开辟，使成都成为当时西南的最大城市和四川物资交流的集散中心。成都位于天府沃野之区，物产丰盈，商货充陈；成都平原是四川人烟最稠之区，生产力强，人们的购买力也相应较强。这两方面因素促进了成都市的商业发展。成都市商业大宗交易常由政府控制，如盐、茶、马匹、锦缎、皇木等，交易地域较广，乃至在省际进行。海外贸易者带出去的中国名牌货，销售于东洋、西洋，胡椒是舶来品，也被带到了成都市场上。

成都别称"锦城"，以蚕桑丝绸锦缎享誉全国而获名。元明以降，手工业、商业均大为衰落。织锦水平虽未减，但织锦坊少了，产量少了，主要供蜀王府享用，市场上这类商品不多，且价格甚昂，一般民众不能购买。明代，东南及沿海诸省手工业、商业迅猛发展，松江是棉织业中心，苏州是丝织业中心，而四川成都、阆中等地的蚕丝作为原料运往东南；与此同时，棉花、棉纱、棉布出现在市场上，为人们交易的一宗大项，这是成都商业市场上的一大变化。成都近郊及相邻府州县，皆为富饶之区，"财富几半蜀"。城内商肆货品山积，四门旷地贸易点亦云集四方客商。外省商贾来川西者，主要在成都发卖与采购。

藏族地区盛产马匹，不产茶叶；内地汉人善于种茶，产量亦多。藏汉以茶易马、以马易茶的贸易始于宋代，明代大获发展。明代之前，宋元朝廷控制的茶马贸易的主要场所在西北河州（今甘肃临夏）、洮州（今甘肃临洮）、青海西宁。明永乐年间以后，转到了西南的雅州、碉门（天全）、松潘等地。元朝开拓了川边民族地区，明朝在川边地区的军事和行政管理更为深入、细化，交通也大加改善，从而使川边地区藏汉之间的茶马贸易与文化交流更为频繁。

在四川，元代以成都为中心形成水陆交通网和点的基本格局，尤其向川省边远少数民族地区的交通网延伸，均为前代所不及。置站赤，1276年设立通政院管理全国驿站事务。四川驿路上的交通工具主要是马、骡、驴，水上是船。成都是全省交通的中心，西南交通的枢纽。明代四川的交通线，不仅比前代多，而且路况大有改善，平原上的站道路面较宽、较结实，丘陵山区的主要道路大多铺上石板。明代四川交通建设，在全国都成就显著。成都作为繁华的天府都会，依靠成都平原富饶的物产与四门之外的水陆交通，不仅与周边州县乡镇相连接，而且与省外尤其是与西南地区发生频繁的物资交流。

四　崇儒广学开书院：教育与文化的复兴

四川书院肇自唐代，在两宋时期最盛。元世祖相当重视书院教育，不仅加以保护、鼓励和帮助，而且还在制度上做出规定，有利于书院的恢复和发展。只不过由于四川自宋末以来遭受兵燹，社会经济破坏较为严重，所以元代四川书院的复苏较迟，大体在元代中期才开始起步，直到元末有较大的动作。

明代，成都的书院逐步走向繁盛，先后有子云、大益、浣花等著名书院，培养了若干人才。明末清初，成都遭到前所未有的浩劫，各种官私文化设施相继毁于战火，士人或遭杀戮，或流离失所。康熙末年，清廷始允许各省在重建官学的同时，也发展书院。1704年，四川按察使刘德芳在成都原文翁石室遗址上重建学舍讲堂，取名锦江书院。锦江书院是康熙年间国内较早兴办的省级书院之一。

锦江书院开办之初，强调淡泊名利，专注学问，以培养具有真才实学的饱读之士。锦江书院在办学宗旨和教学方法上沿袭了北宋王安石创办太学三舍的做法，还制定了严格的院务管理办法和经费管理。锦江书院在教学方式上注重实学和办学质量。书院特意延聘了许多名师鸿儒，培养了一批具有一定影响的文化名人。锦江书院在清中期成为四川各书院之首，在全国各书院中也颇具影响，占有一席之地。

除清政府建造的锦江书院外，个人和社会团体还相继在成都建立了潜溪书院、芙蓉书院、墨池书院、少城书院等，成都郊县也相继建立了绣川书院（金堂）、崇阳书院（崇州）、万春书院（温江）、九峰书院（彭州）、唐昌书院（今郫都）等。咸同年间，四川各府州县的书院学生已达3万余人。

元明清历史时期，成都最著名的文人是杨慎，迄今美誉不衰。杨慎，字用修，号升庵，新都人，大学士杨廷和之子，弘治元年（1488年）生于北京孝顺胡同。新都杨氏家族，先祖江西庐陵人，元末六世祖避乱迁徙湖北麻城，不久再迁入成都新都。杨慎聪颖勤奋，爱好广泛，经、史、子、集无所不习，诗、词、赋、曲无不擅长。他在云南30余年，并无日常重务，有充裕的时间博览群书、优游山水和潜心著述。清乾隆年间编辑《四库全书》收入《升庵集》81卷，提要介绍曰"慎以博学冠一时"。杨慎的博学，其身后的明清学者，乃至当今学人是无一不予以肯定的。

图1-12 成都市新都区桂湖升庵祠

（摄影：赵卫东）

杨慎为明代"博学第一"。他手不释卷，勤于笔耕，也成就了著述之富居"第一"的美誉。《明史·杨慎传》载："明世记诵之博，音作之富，推慎为第一。诗文外，杂著至一百余种，并行于世。"

受明末清初战乱的影响，成都以诗文为主的文学创作有一个恢复、振兴的过程。这个过程又与经济社会的重建与兴盛息息相关。在清初是恢复期，虽然人才凋零、作品不多，但作品大多真切感人；到雍正、乾隆、嘉庆时期，进入了繁荣期，作家辈出、作品涌溢，色彩也就绚丽起来了。清初成都文人有新繁县费氏家族的费密、费锡琮、费锡璜父子。雍正、乾隆、嘉庆时期，成都文学艺术领域出现了群星璀璨的局面，有诗文集传世者数十人，其中佼佼者有崇宁（今唐昌镇）蔡时田、华阳顾汝修、金堂高继苯、丹棱彭端淑等。

清代成都文学作品数量不少、内容丰富、涉及面广，有代表性的四位大家是费密、彭端淑、李调元、张问陶。费密诗歌造诣很高，"为诗淋漓歌啸，精练之语，峻远之格，人所推服"。惜乎他的大量作品散佚不存。乾隆时期，彭端淑两掌锦江书院，在成都居住时间长，散文享誉成都士林。他的诗文结集《白鹤堂诗文集》，诗文俱佳，而以散文最富特色，文风朴实，清新酣畅，笔调深入浅出，叙事说理均有法度，其作品影响较大。罗江李化楠及其子侄李调元、李鼎元、李骥元是乾嘉时期对成都文化很有影响的诗人，各有诗文集传世。乾嘉时期，张问陶在四川以至京城、江南文坛，都是颇负盛名的诗人。

清代是川剧的发祥和兴盛期，成都则是川剧繁育的中心地带。成都川剧的兴盛，集中表现在昆曲、高腔、胡琴、弹戏和灯戏五种声腔荟萃，演出剧目丰富多彩，唱腔优美动听，表演亦庄亦谐、雅俗共赏。川剧通过堂会、会馆、庙会等演出方式，吸引了最广大的观众，成为不同社会阶层都能接受的娱乐活动。

清初南北各地声腔随着清初大移民纷纷传入四川。由于各省移民入川的具体情况不同，川剧声腔的形成时间也不一样。随着成都城市商业的繁荣，城市娱乐业也兴旺来，其中最有代表性的要数南北戏曲在四川的流行，特别是以昆曲为代表的雅部声腔和以高腔、胡琴、弹戏和灯戏为代表的花部声腔争妍斗艳、各展其长。为着生存发展，在艺术上互相交流、取长补短，各部声腔和艺人互相融合，最终形成拥有五种声腔的川剧。

两千年来，成都一直是全国著名的大城市，是中国西南地区政治、经济、军事的重镇，也是重要的战略基地，秦、汉、晋、隋皆得蜀而统一天下。此外，秦汉以来外来移民的不断融入，为成都增添了绚丽多彩的城市文化和智慧。城市中传统因素和外来因素不断交汇、转换与发展，形成兼容并包、趋同存异的特质，把天府文明的优势和辉煌发挥到了极致，使其4500年悠久灿烂的历史文化记忆绵延不断，流传至今。

第二章

丰富多彩的文化风貌

希波克拉底（Hippocrates）在其《论空气、水和环境的影响》(On airs, Waters and Places)中指出，人的身体、性格大部分因自然环境的不同而有所不同。[1]亚里士多德也有类似的观点，认为地理环境既是人类生存的物质环境，又是制约社会存在的相互关系体系。二者的论述同让·博丹（Jean Bodin）的"民族心理特点决定于这个民族赖以发展的自然条件总和"[2]有异曲同工之效。总之，一个地区和城市的文化、生活方式、精神气质同其自然环境存在显著的关联。

紧邻"世界屋脊"、地处横断山脉边缘、位于四川盆地西部平原地带，绝无仅有的这一地理环境仿佛动荡世界中安稳的摇篮，为成都几千年超稳定的城市发展提供了最基本的自然场景，也为这座城市的文化、民俗抹上了多彩包容的主色调。当然，我们强调文化风貌的客观地理前提，并非打算越界去科学分析成都所处的地理、气候环境，只是希望在浸淫于成都历史文化、生活气息的同时不至于背离客观科学。

---

[1] 齐艳：《当代西方文学地理学批评研究》，博士学位论文，山东师范大学，2020年。

[2] 让·博丹：《论国家》第五册，商务印书馆1982年版。

第一节
文化视野下成都的气候、水系及地理

一 窗含西岭千秋雪：雪山公园"观雪天"

2021年12月，由新华社《瞭望东方周刊》与瞭望智库共同主办的"2021中国幸福城市论坛"发布了"中国最具幸福感城市"（省会和计划单列市）评价榜单，成都从2009年起，连续13年位居榜首，获得"最具幸福感城市"冠军。[①]在成都人的心中，幸福可以是冬天的太阳和朋友圈的"大雪"，也可以是在阳台上看见5000米以上的大雪山。难怪成都这座距离雪山最近的超大型城市，被生态环境部部长称为"雪山下的公园城市"。[②]

成都这种既享有温润富饶的平原又能亲近自然、亲近雪山的幸福感来自其独特的地理优势。成都平原位于四川盆地西部，地势西北高东南低。西部山地海拔多在1000—3000米，最高处5364米，位于大邑县西岭镇大雪塘苗基岭，这就是杜甫所说"窗含西岭千秋雪"的西岭雪山。

每年6—8月，在一定的湿度、能见度条件下，一些住在高层的成都人完全有可能站在自家阳台上拍到海拔7556米的"蜀山之王"贡嘎山，以及"蜀山之后"海拔6250米的"幺妹峰"——四姑娘山。成都市民由此傲娇地说，世界上能肉眼看到7000米以上雪山的两千万以上人口的大

[①]《2020中国最具幸福感城市榜单揭晓 成都13连冠！再获"幸福城市"第一》，https://baijiahao.baidu.com/s?id=1720560717764203505&wfr=spider&for=pc。

[②]《"雪山下的公园城市"又获赞！来自生态环境部部长》，https://baijiahao.baidu.com/s?id=1708420342575172295&wfr=spider&for=pc。

图 2-1　雪山下的公园城市

（摄影：赵卫东）

城市就是成都。难怪成都有一种气象预报信息叫"观雪天"。这些起伏的大雪山孕育了丰富的水利资源和肥沃的冲积壤土，使得四川盆地底部的成都平原自李冰凿离堆、开都江堰以来，便是水旱从人、沃野千里、不知饥馑的"天府之土"。

二　双流脉脉锦城开：人与水的相互成就

成都平原作为中国新华夏系第三沉降带——四川盆地西南缘的特定的地理单元，西部青藏高原的常年积雪为之提供了独有而多变的水系分布。岷江从雪域高原过渡到盆地后一路奔洒，在由西北向西南方向的扇形河道区域内，先后孕育了新津宝墩古城、郫县古城、温江鱼凫城、都江堰芒城、崇州双河古城、紫竹村古城、成都等系列古蜀文明。在这一系列的古城文明遗址中，为何只有成都最终成为这座两千多年城址城名不变的城市核心区？

如果用今天的卫星遥感技术来看成都城几千年变迁的原因与结果，我

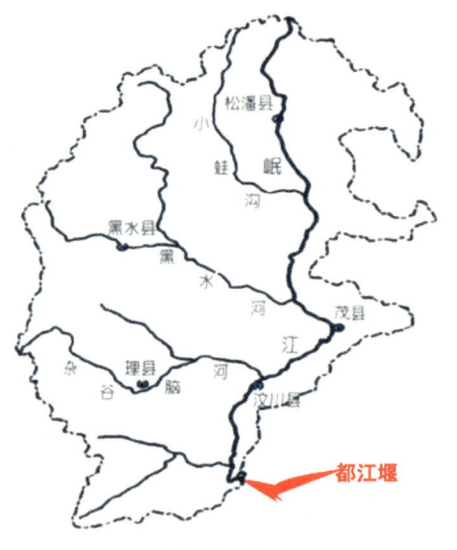

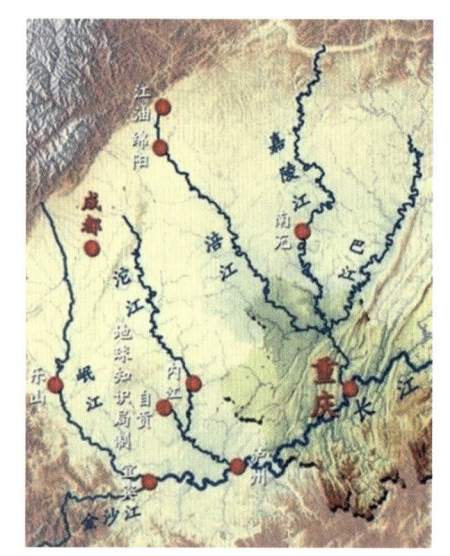

图2-2 岷江水系与都江堰位置　　图2-3 成都与岷江、沱江的相对位置

（图片来源：地球知识局）

们会发现：城市持续千年的发展基础在于其所处的水系和地势，流经成都平原的两大水系岷江和沱江之间，"由都江堰至成都和郫县一线，形成了一条明显高于周围地区的低分水岭中脊线，而牧马山向北延伸则形成东部台地与西侧平原的分界线"[1]，成都几乎就在这两条线的交叉点上。足见成都能够在盆地两江流域的众多古城址中发展到今天的规模和地位，确实是古蜀先民从岷江上游深山走出后，在水患、水利之间与自然相互选择的结果。

成都，这个超稳定的道教文化发祥地，其自然演化、人类发展的历史几乎就是一部人类与河流相互"雕琢"与成就的历史，也难怪坊间有"岷江自古多水患，蜀中儿女善治水"的说法。这座城市文化记忆中的治水先贤大禹，其治水经历最初就是从岷江上游开始的；古蜀望帝时期的鳖灵丞相就曾经"决玉山"而治水，治水有功的鳖灵因此成了后来的丛帝。如果来到现在郫都区的望丛祠——这座西南地区唯一一祠祭二主的帝王陵园，就能感受后人对两位古蜀先贤治理之功的感念。

---

[1] 曾九利：《成都市城市空间结构研究》，硕士学位论文，重庆大学，2006年。

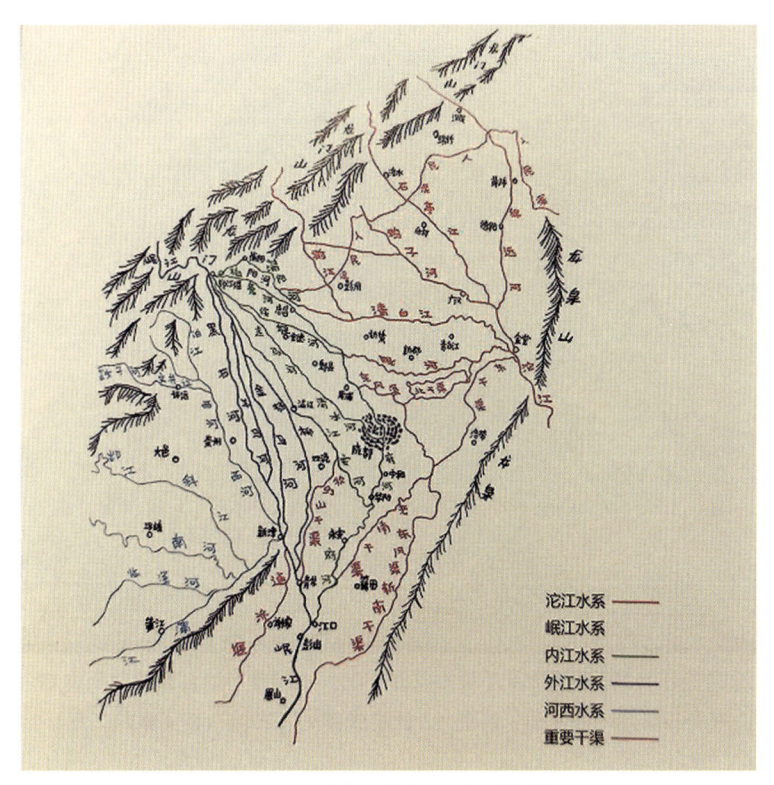

图 2-4 成都平原河流水系格局

（图片来源：《成都河流故事》，http://tech.sina.com.cn/roll/2020-05-15/doc-iircuyvi3280366.shtml?cre=tianyi&mod=pcpager_focus&loc=1&r=9&rfunc=30&tj=none&tr=9）

尽管文学传说中的细节与信史有一定距离，但比较确定的是，古蜀先民对岷江的治理与利用为后来秦李冰的治水奠定了根基，让岷江水穿过玉垒山泽被成都平原至今。代代古蜀先民与岷江、沱江两江的互动和互利也造就了都江堰下郫江、检江"二江珥其市，九桥带其流"[1]的基本地理、人文格局。

唐代后期，因为河流的改道，成都城南的"南市"像耳环一样穿于锦江两岸的城市局面演变为"二江抱城"的格局。[2] 这里的"二江"是指府河与南河，合称锦江。其中府河绕城北城东、南河绕城西城南，在城东南

---

[1] 熊良智：《扬雄〈蜀都赋〉释疑》，《文献》2010 年第 1 期。
[2] 许蓉生：《水与成都》，四川人民出版社 2006 年版，第 185 页。

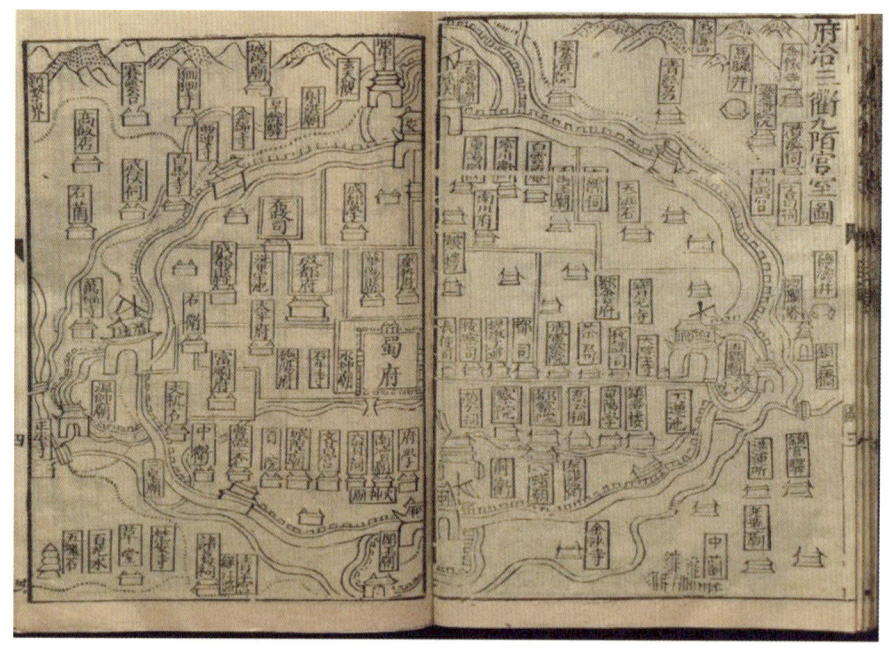

图 2-5　从明代冯任等修纂《新修成都府志》中的《府治合蜀郡县山水名胜图》《府治三衢九陌宫室图》可见 17 世纪成都的基本城市格局就是二江环抱

（图片来源：美国国会图书馆）

的合江亭相汇后，继续向南流到华阳、乐山，在宜宾汇入长江。成都历代的"锦官城""车官城""工官""锦里"，以及"南市""西市""北市""东市"均在两河左右。府南二河的这种分布也就是今天成都的基本河流布局，这种格局到现代随着城市的成长又逐渐扩展为"江环城中"的形制。①

三　锦城昼氲氲：湿度冠绝、日照垫底与喜雨夜潜

成都平原位于长江上游，西与青藏高原毗邻，区域内有多个大气环流交汇，气候主要受东亚季风和印度洋西南季风的影响，② 系典型的亚热带季

---

① 张健：《水系对成都城市景观格局的影响研究》，博士学位论文，西南交通大学，2016 年。
② 谭元隆、乔彦松、赵志中等：《成都平原风尘堆积的化学风化特征及其古气候意义》，《地质力学学报》2013 年第 19 期。

风性湿润气候。由于日照短、湿度高，春秋多夜雨，其气温、日照、湿度、降雨在全国都显得比较特别，因此形成独特的西蜀文化色彩。

成都从古至今四季分明、冷暖温和。以双流、温江、新津、大邑、龙泉等成都平原的14个站点近60年来的气象数据看，春、夏、秋、冬四季日平均气温分别为16℃、24℃、17℃、7℃；冬天最低平均气温基本在4℃，盛夏最高气温29℃左右，年均气温约16.4℃。[1] 四季温度均略高于全国平均值，确为冬无严寒、夏无酷暑之宝地。

在全国范围看，成都全年日照时间特别短，由此形成"蜀犬吠日"的独特地理文化现象。全年（2019年）日照时数不仅无法与邻近省份的拉萨市（2955.1小时）相比，即便是在西南地区，也比"天无三日晴"的贵阳（1215.3小时）和"雾都"重庆（964.5小时）少，全年仅858.5小时的日照时长在全国也是最少的城市。[2]

成都日照少的现象并非现当代的特殊情形，其实成都历史上的大多数时期也处于这种状态。这种情形除了历史或科学的记载，我们仅是从一些文学作品中就可以看出来。唐宋八大家之一的韩愈在其《与韦中立论师道书》中记载："蜀中山高雾重，见日时少；每至日出，则群犬疑而吠之也。"同时代的柳宗元则在《答韦中立论师道书》中写道："仆往闻庸、蜀之南，恒雨少日，日出则犬吠"——这就是所谓的蜀犬吠日。从中我们不仅可以看到蜀中日照短的气候特点，还可以看到另一气候特征——多雾、多雨——因为印度洋西南季风带来了更多的水汽，被秦岭"封存"在四川盆地里了。

在历代诗人眼中，温润宜人的成都即便下雨也可以是可爱、喜人的。杜甫《春夜喜雨》中一句"好雨知时节，当春乃发生"，把诗人在成都春天里的美好感受以"喜""好"二字，质朴、明快地抒发出来了，自带气息的诗句流传至今并成为这座城市春天的千古佳话。

---

[1] 张禄英、毛文书、庞波：《成都平原气候变化特征》，《成都信息工程大学学报》2020年第35卷第2期。

[2] 国家统计局：《中国统计年鉴2020》，中国统计出版社2020年版，表8-8。

成都不仅春雨"随风潜入夜，润物细无声"，秋天也同样夜雨连绵。李商隐在被贬巴蜀时，短短的一首《夜雨寄北》（君问归期未有期，巴山夜雨涨秋池。何当共剪西窗烛，却话巴山夜雨时。），包括标题在内总共 32 个字，"夜雨"竟然出现三次！这让人感受到，诗人对亲友的思念就像巴蜀的夜雨一样是何其连绵不绝。

为何蜀中多夜雨？首先从与降雨量密切相关的相对湿度来看，成都就有一个明显的气候特征：以 2019 年的数据看，年均相对湿度达到 84%，这个数据比"天无三日晴"的贵阳（82%）还高 2 个百分点；尤其在 9 月，成都的相对湿度达到了其他任何城市绝无仅有的 92%。[1] 水汽充沛的条件下，更因四川盆地四周地形崎岖，在山上形成较凉的山谷风因为比重高于温暖的空气，就会沿着山坡下滑沉降。白昼时温差不够大的时候，尚且不易形成降雨；但在夜间，由于温差较大，山谷冷高压风将盆地低处的白天加热的暖湿低压空气往上托举，暖湿空气上升遇到更冷的气流就形成了"雨脚如麻未断绝"的夜雨。[2]

成都气候最特别的是，尽管年平均相对湿度时常冠绝全国，但全年降雨量并不算高。同样以 2019 年为例，在 84% 的年均相对湿度下，成都该年降雨量仅 1108 毫米，这不仅远低于年平均湿度更低的广州（年均相对湿度 82%，年均降水 2459 毫米）和桂林（年均相对湿度 74%，年均降水 2534 毫米）等城市，同时也比湿度稍低的重庆（年均相对湿度 76%，年均降水 1406 毫米）少。

成都湿度最高，但降雨量并非最高，这意味着成都湿润的空气并没有都化成雨，所以成都的降雨相对来说是非常温和的。空气保持如此高的湿度，在夏天尤其容易见到湿热的水雾云气静稳地遮绕在河流与池塘之上，

---

[1] 国家统计局：《中国统计年鉴 2020》，中国统计出版社 2020 年版，表 8-6 主要城市平均相对湿度。其实，从这个数据的历年变化来看，它有一定波动，但总体上看，成都的相对湿度都是极高的。

[2] 关于盆地夜雨的形成可参阅李娟《四川盆地夜雨的时空变化特征及形成机理研究》，博士学位论文，南京信息工程大学，2021 年。

而这正是唐代诗人张祜《送蜀客》中描写的"锦城昼氤氲"的景象。这种自然景象也仿佛是成都从容、温和的城市性格写照。

第二节
文化视野下成都的动植物资源和生态多样性

一 轻裘骏马成都花:"公园城市"的自然与历史渊源

从"世界屋脊"青藏高原过渡到川西盆地,成都的植物分布随之从高山稀疏植被、草甸、灌丛、针叶林,过渡到了亚高山的针叶阔叶混交林带、山地常绿落叶阔叶混交带和低山盆地的常绿阔叶。同时,由于受到旁边青藏高原及四川盆地边缘山地的保护,中国地质史上最近的一次大冰川第四纪冰川对四川的影响相对较小,四川盆地由此保留了不少古老、特有、珍稀的植物,从而成为一些特有生物最后的"避难所"。[1]

众多物种的避难所,这种特殊的生态条件,是四川成都经济作物种植和观赏植物种植栽培的物质生存前提,所以成都今天建设公园城市示范区其实是颇有自然和历史渊源的。美国植物猎人威尔逊(Ernest H. Wilson,1876—1930)1908年5月来到成都,并以成都为据点在中国西部进行长期的探察,后撰写了一部颇有影响的书籍《中国,园林之母》(*China, Mother of Gardens*),其中"garden"不仅有公园、花园的意思,还有果园、菜园,以及做园艺、种植花木的含义。可见,中国西部不仅有丰富的植物资源,还有悠久的植物种植繁育史,难怪成都的各种花卉种植颇为丰富而具地方特色。威尔逊记录了他在四川、西藏、鄂西等地探寻到的各种珍稀植物资

---

[1] 张桥英、何兴金:《四川省珍稀濒危植物及其保护》,《武汉植物学研究》2002年第5期。

源,把成都平原称作"中国西部的公园"[1],这可以说是成都作为公园城市在国际上的较早论述。

成都地区历史上"民间种花、养花、惜花者甚众"[2],具有良好的社会和文化城市氛围,由此产生了浓郁的赏花风俗和优秀的文学作品。比较典型的花卉植物有牡丹、梅花、海棠、芙蓉、蜀葵、竹子,等等。

中国具有较早的对野生牡丹进行驯化种植、观赏改进的历史。纵横审视四川对国花牡丹的栽培历史:从地域上看,川西南是"中国野生牡丹的起源和多样性中心"[3];从时期上看,宋代是四川历史上牡丹观赏种植的鼎盛期。宋代诗人陆游在四川各地游历期间,写就大量与成都及周边地区自然风貌、风土人情相关的诗文,涉及牡丹的诗文至少20篇。《忆天彭牡丹之盛有感》中一句"常记彭州送牡丹,祥云径尺照金盘"俨然是今天彭州市的一张亮丽城市名片。不仅如此,痴迷牡丹的陆游还撰写了一本《天彭牡丹谱》(1178年),详细记录了彭州牡丹的品名、种类、颜色、形态、培育。可以说,陆游除了是一位杰出的爱国文学家、史学家外,差不多还是一个热爱生活的园艺学家。

把四川当作第二故乡的陆游,不仅观赏、种植、诗咏彭山牡丹,还有不少对梅花、海棠、芙蓉等花卉的咏赞。这位忧国忧民的诗人对成都青羊宫的梅花似乎尤为钟爱。有的诗句直抒胸臆:"当年走马锦城西,曾为梅花醉似泥""青羊宫里春来早,初见梅花第一枝""溪头忽见梅花发,恰似青羊宫里时""青羊宫前锦江路,曾为梅花醉十年";也有诗中全文不提一个"梅"字,却以花咏志:"零落成泥碾作尘,只有香如故。"

---

[1] E. H. 威尔逊:《中国——园林之母》,广东科技出版社2015年版,第155页。该译本翻译的是"中国西部的花园",但由于原文"garden""还有公园、果园、菜园和园艺"之义,同时由于成都是一座城市,其体量更宜做"公园"讲,而不只是体量稍小的"花园",所以笔者认为此地也可以是"公园城市"。

[2] 陈平平:《中国西南牡丹研究的先驱者陆游及其成就》,《南京晓庄学院学报》2010年第26卷第3期。

[3] 陈平平:《我国宋代的牡丹谱录及其科学成就》,《自然科学史研究》1998年第3期,第254—261页;陈平平:《中国西南牡丹研究的先驱者陆游及其成就》,《南京晓庄学院学报》2010年第26卷第3期。

如果说前面诗句是对成都花的局部描写，那么陆游一句"成都海棠十万株，繁华盛丽天下无"可以说是对当年成都花海的全景式写照，成都海棠盛开的繁华景象仿佛就在读者眼前。和牡丹一样，海棠之所以成为宋代成都盛行的观赏植物，同样与成都特殊的良好地理位置和条件直接相关。海

图2-6 陆游《咏梅》意境国画
（图片来源：http://www.010zaixian.com/wenxue/luyou/1913310.htm）

棠系为蔷薇科苹果属观赏植物，品种繁多，在中国具有较长的观赏、培育史。"中国作为苹果属植物的大基因中心"，其"西南部云、贵、川地区最为密集，其中横断山脉地区被称为世界苹果属植物的多样性中心或起源中心"。[1] 这个时期还形成了《海棠记》《海棠谱》《芍药谱》《菊谱》《梅谱》《兰谱》等花卉专谱或综合谱，它们都是具有相当科学价值的植物典籍。[2]

海棠在18世纪被引种欧美后已繁育出近千份观赏种质，[3] 广泛运用于西方园林。除了林林总总的梅花，成都城的竹、柏也逐一入诗："青羊宫中竹暗天，白马庙畔柏如山。"一首首陆游诗简直就是一幅幅成都的植物历史图景。

说成都的花，芙蓉自然是一个绕不过的话题。成都城大量种植木芙蓉大致是从五代后蜀时期开始的。在成都最负盛名的各类花卉中，最让人引以为傲的花当数芙蓉花。《蜀梼杌》"孟昶广政十三年九月，令城上植芙蓉，

---

[1] 钱关泽：《苹果属（Malus Mill.）分类学研究》，博士学位论文，南京林业大学，2005年。

[2] 张远：《文学视域下的宋代花谱研究》，博士学位论文，华中师范大学，2019年。

[3] 钱关泽：《苹果属（Malus Mill.）分类学研究》，博士学位论文，南京林业大学，2005年。

尽以帷幕遮护……城上尽种芙蓉，九月盛开，望之皆如缔绣"，就是说后蜀皇帝孟昶为了爱芙蓉的花蕊夫人，曾在成都遍植芙蓉花。

芙蓉作为中国原产物种，在18世纪途经印度引种欧洲。[1]分布广泛的芙蓉花除了在中国古代诗歌有丰富的记载或描述，在现当代也不乏对芙蓉或芙蓉城的赞美。宋代著名大文豪苏轼写过"芙蓉城中花冥冥"，可见至少宋代的成都已有"芙蓉城"之美称。中国古希腊文学学者、翻译家罗念生（1904—1990）先生的笔调一般都比较内敛、含蓄，但他在表达其对芙蓉城的爱意时，含蓄之风不再。罗先生1943年的《芙蓉城》对这座城市的赞美或雅或俗，时而"二十四城芙蓉花，锦官自昔称繁华"，时而借驴夫之口大赞"喝，那才是真山真水啦！……呵唷唷！……先生，北京简直不成……你瞧，那雪里的西山还不是那笨头笨脑的，一点儿也不秀气。……呵唷唷！……我这辈子再也别想进川了。……喝，那才是真山真水啦……"[2]看来先生毫不掩饰对芙蓉城的喜爱之情。

除了花卉的种植栽培，成都平原在农作物种植方面同样值得大书特书。中国是世界上最早对野生稻进行培育的国家，成都平原至少在4500年前新石器时代晚期的宝墩文化早期就开始以"驯化程度较高"[3]的水稻为主体（84%），辅以少量粟、黍的农作物种植。[4]同时，在距今约4100年前的蚕丛瞿上城，也就是川西腹地今成都双流区牧马山一带形成古蜀的农耕文化。[5]与宝墩文化几乎同期的三星堆一期文化遗址出土的碳化植物种子显示，这个青铜时代早期的稻作农耕文明程度已经较为成熟，不仅口感较好的水稻种植比例高，而且粮食产量足以用于酿酒。

在种植主要农作物的同时，传统的成都平原上还有大量的农副业种

---

[1] 成都市植物园：《一朵花一座城：芙蓉·成都》，湖北科技出版社2020年版，第3页。
[2] 罗念生：《从芙蓉城到希腊》，上海人民出版社2016年版，第1页。
[3] 曾蒙秀：《四川西部晚冰期以来植被和气候变化及其对人类活动的影响》，博士学位论文，南京大学，2017年，第Ⅱ页。
[4] 吕颖、张健平、唐淼等：《植硅体分析揭示成都平原先秦农业发展及其环境背景分析——以宝墩和三星村遗址为例》，《第四纪研究》2021年第41卷第5期。
[5] 熊德成：《论古蜀农耕文化起源于双流》，《中华文化论坛》2009年第S2期。

植，其中茶树、竹（神农箭竹）、桑树、漆树是成都的代表性植物。中国是最早发现、利用茶树的国度，四川是茶树的重要原产地。"茶者，南方之嘉木"，"巴山、峡川有两人合抱者，伐而掇之，其树如瓜芦，叶如栀子，花如白蔷薇，实如槟榔，茎如丁香"，剑南的彭州、绵州、蜀州、邛州、雅州、泸州、眉州、汉州等地均有茶出产。[①]《神农本草》曰："有茶生益州。"孙楚《歌》则称"姜、桂、茶出巴蜀，椒、橘、木兰出高山"。西汉时期，彭山武阳还有茶叶初级市场。[②]魏晋时的张载对蜀茶不吝溢美之词，在《登成都白菟楼》中赞叹成都香茶可谓"芳茶冠六清，溢味播九区"，就是因为这口香茶，诗人才对成都发出"人生苟安乐，兹土聊可娱"的满足感叹。

竹林盘是川西坝子的灵魂，成都平原民居还真的有点"不可居无竹"的趋势。成都林盘有树林盘和竹林盘两类，树林盘的树种往往有桉树，而竹林盘中，尽管西南竹子的品种颇多，但竹子类型普遍为慈竹（白竹）。房前屋后的一圈竹林，不仅美化环境，改善局部小气候，还有巨大的经济价值。白竹笋可食，竹竿可用来编制桌椅、板凳、提篮、背篼等几乎所有日用品，可见从古至今的川西人对竹子的利用几乎发挥到了极致。

二 貘兽从来食铜铁：熊猫等川西珍稀动物资源

成都市主城区尽管只有人工饲养的大熊猫，但作为四川盆地的重要组成部分、横断山脉邻近的"雪山公园城市"，成都仍然是整个西部生态圈的重要组成部分。所以，大熊猫国家公园的建设和大熊猫的保护繁育事业中，成都占据了重要的地位。

除了人们熟知的小熊猫、大熊猫，金沙出土的神鸟金箔上的四只飞鸟也是引人关注的一种鸟类。它们究竟是什么鸟？如果从金箔上鸟的图案、古蜀生态环境以及关于柏灌、鱼凫等古蜀王朝的传说、历史，还有考古成

---

① （唐）陆羽：《茶经》，时代文艺出版社2008年版，第1、28—29页。
② 陈彬藩：《世界最早茶叶市场的考证》，《福建茶叶》1980年第Z1期。

图2-7 金沙出土的四鸟绕飞金箔图让今人充满想象

图2-8 白色型绶带雄鸟与幼鸟
（摄影：赵卫东）

果等多方面来看，^①这种鸟极有可能是一种在世界各地的河流、湖泊等邻水区域广泛分布的猛禽——鹗——也就是《诗经》中"关关雎鸠，在河之洲"中的雎鸠。这种在长江流域有广泛分布的猛禽在良渚遗址也有类似的表达，正应了那句"君住长江头，我住长江尾"，完美地展现了金沙与良渚之间地理位置和时间序列的关系。[2]

随着公园城市示范区建设工作的深入推进，不仅成都市区的生态变得优良，周边区县更是发生了显著变化，时而发现的原生特有物种是成都生态不断改善的一个重要表现。譬如成都郫都区的云桥湿地，其面积扩大后自然本底资料越来越丰富。有研究者在云桥湿地惊喜地发现了"2020年3月才被科学家正式命名的新物种蓝吻䱗鲅，在成都平原发现的少有的脊椎动物新物种"[3]。成都观鸟会发布的《成都鸟类名录2.0》显示，到2021年初，在成都生活的鸟类达511种，

---

[1] 孙思旺：《〈关雎〉禽鸟喻义问题浅谈》，《湖南大学学报》（社会科学版）2008年第1期。闻丞、宋晔、张代富等：《猛禽：鸟中王者》，《森林与人类》2013年第11期。何崝：《柏灌考》，《四川文物》2008年第3期。

[2] 王嘉、段祯、卢星宇：《古蜀文明是中国文化多元一体的最好标本》，《成都日报》2021年9月29日第2版。

[3] 李妮斯：《"稀客"为何频频光顾这座公园城市？》，《中国环境报》2021年10月27日第6版。

近 5 年来新增 45 个种类。①

成都除了有陆地上的大熊猫，还有"水中大熊猫"——世界级濒危古生物桃花水母。关于这一生物"活化石"，清代类书《古今图书集成》曾这样细致而生动地描述桃花水母："桃花水母形如榆荚，大小不一，蠕蠕然游水中，动则一敛一收，若人攒指收放之状，不知避人，取贮盂中亦然。"②

桃花水母生活环境必须在清洁的淡水江河、湖泊之中，集中分布在长江流域的四川、湖北等地。较近一次发现桃花水母是在 1953 年 8 月的都江堰青城山。③而最近的一次是 2021 年 9 月，在成都市大观堰发现的这一古老生物，且之后在金堂等地陆续又有发现，品种基本上都是四川地区特有的四川桃花水母。④这一发现虽然不一定说明城市水环境得到改善，但至少体现了成都平原及周边地区物种的丰富。这种已有 5.5 亿年历史的生物由于其漫长的演化过程见证了地球其他众多生命的发展，其特有的基因信息为当代基因、物种的研究提供了重要的科学价值。

三　穴宅奇兽、窠宿异禽：生物多样性的自然逻辑

以成都为省会的四川省不仅有大熊猫、桃花水母、桫椤、珙桐等珍稀而特有的动植物资源，相对于其他任何地区来说，物种也要丰富一些。仅国家重点保护的野生动物其就有 144 种，占全国近四分之一比重，是全国数量最多的省份。⑤

---

① 《511 种！成都鸟类名录 2.0 发布》，2021 年 4 月 3 日，光明网（https://m.gmw.cn/baijia/2021-04/03/1302208048.html）。
② 刘亚云、陈桂珠：《桃花水母及其生态学研究进展》，《生态科学》2004 年第 1 期，第 73 页；和振武《中国的桃花水母》，《科学中国人》2002 年第 6 期。
③ 《成都发现"水中大熊猫"桃花水母　初判为四川特有》，2021 年 9 月 7 日，光明网（https://m.gmw.cn/baijia/2021-09/07/1302560421.html）。
④ 刘亚云、陈桂珠：《桃花水母及其生态学研究进展》，《生态科学》2004 年第 1 期。
⑤ 赵海凤、徐明：《四川省森林生态系统对野生珍稀濒危动物的保护价值计量研究》，《自然资源学报》2016 年第 31 卷第 5 期。

在以成都为代表的四川人中，多少都有点儿"世界看中国，中国看四川，四川看成都"的莫名自豪感，这种文化感受其实多少是有些"资本"的。这种"资本"就来自成都平原绝无仅有的气候、地理、地质条件。

气象学告诉我们，副热带高气压地区的气候因盛行下沉气流，水汽难以凝结成雨，故容易形成沙漠。南、北纬20°—30°就属于副热带地区，所以在北纬地区北非的撒哈拉、亚洲的阿拉伯半岛、北美中西部地区的大沙漠都分布在这一地带。[1]

不过，这个规律对于同样位于北纬30°的成都来说却是个例外。由于中国地处亚欧大陆东岸和太平洋西岸，强烈的海陆热力性质差异，使得中国东部地区形成全球最显著的季风环流。

对于四川盆地，除了存在北面的秦岭对西伯利亚冷空气以及西北风沙的屏障，还有西边由于印度洋板块和亚欧板块的剧烈碰撞形成的"世界屋脊"将来自印度洋的水汽冷凝、聚集在青藏高原，稳定、持续地向中国第二、三级台阶释放，形成大川细流泽被华夏。

地球史上的更新世，在青藏高原快速间歇性隆升的同时，全球气候明显变冷，且有冰期与间冰期显著交替，全球各次冰期（气候条件）发育了冰川。这种气候和构造相互耦合的条件下就形成了中国的第四纪冰川[2]——这个对现代中国地理、物候有着决定性影响的地质年代。

气候变冷、海平面下降、冰雪覆盖面增加，第四纪冰川的这种变迁对不少动植物来说，可能需要大规模的迁徙，也可能是一种灭绝性的灾难。在第四纪时期气候条件下，尤其在盛冰期恶劣的物理条件下，动植物通过迁徙，或者是能够在某些地方继续存活、繁衍下去的区域就成了生物的"避难所"。第四纪大冰期使地球上的面貌大为改观，但并未造成大规模的集群灭绝，物种退却到少数"避难所"中得以生存。

---

[1] 赵雪然：《关于〈青少年应该知道的地理百科知识〉的汉朝翻译实践报告》，硕士学位论文，延边大学，2018年。

[2] 张威、刘蓓蓓、崔之久等：《中国第四纪冰川作用与深海氧同位素阶段的对比和厘定》，《地理研究》2013年第32卷第4期。

包含成都在内的四川盆地、滇西北、藏东南等地区，是冰川多次进退造成气候、地质反复位移变迁的区域，故而生境多样，兼具热带、亚热带、高山寒带等显著垂直分布特征。地处横断山脉边沿的四川地区，拥有熊猫、金丝猴、银杏、珙桐、桫椤、鹅掌楸、杜仲、崖柏、水杉等孑遗生物，整个横断山脉"植物物种的丰富程度和特有程度在全国中最高"①，生物避难所具有独特的地理条件和适宜的生存环境，生物资源丰富，为生物多样性的热点地区，因而生物避难所的确定可为划分生物多样性重点保护区域提供依据。②

以成都为代表的四川地区不仅是各种动植物物种客观而重要的避难所，这片土地上孕育的包容而乐观的文化气息，也为她成为中国人文历史的避难所提供了根本的物质基础，③同时科学地回答了人们关于四川、成都的各种疑问。

四川人走出国门，在介绍自己故乡的时候，总是费尽力气介绍蜀锦、古蜀文化、川剧、辣椒……听得老外频频点头，只可惜礼貌中透露出些许尴尬。但只要一说大熊猫，妇孺都仿佛恍然大悟：哦——Panda，明白、明白！因为现代大熊猫仅仅出现在中国西部的横断山脉地区。但我们知道，当今全世界人民都珍爱的大熊猫其实"曾广泛分布于中国东南黄河、长江和珠江流域，北及北京周口店，南达越南和缅甸北部"④，甚至西班牙、匈牙利⑤等欧洲地区，为什么到现在只有在中国西部的大断裂山脉带才有熊猫的踪影？其实欧洲和美国东部也有类似的生物避难所，但总体而言，中国的物种要比欧洲、北美多，是北半球植物物种多样性最高的地区。与同

---

① 应俊生：《中国种子植物物种多样性及其分布格局》，《生物多样性》2001年第9卷第4期。
② 陈冬梅、康宏樟、刘春江：《中国大陆第四纪冰期潜在植物避难所研究进展》，《植物研究》2011年第31卷第5期。
③ 李忠东、谭祎波：《天下四川　中国的避难所》，《资源与人居环境》2014年第11期。
④ 包建华、张志和、高华康等：《大熊猫为什么偏爱四川》，《生态文明世界》2019年第4期。
⑤ 张明、袁施彬、张泽钧：《大熊猫地史分布变迁初步研究》，《西华师范大学学报》（自然科学版）2013年第34卷第4期。

纬度面积相当的欧洲和美国相比,物种丰富度比例大致为3∶2∶1。[1]

更为重要的是,中国之所以拥有同纬度更多的物种,原因在于,印度板块与欧亚板块的激烈碰撞导致青藏高原隆起后,不仅沧海变高原,甚至沧海变为众多的极高山或高山,中国"许多东西走向的山脉减轻了冰期气候对生物的影响,应当存在许多冰期避难所"[2]。川滇鄂交界处、滇西高山峡谷等地大量孑遗生物的存在,从另一方面科学而客观地体现了祖国大西南在地理、物候、人文等方面多样性的自然逻辑。

类似的问题还有:同样是在孕育古文明的神奇北纬30°上,为什么四川盆地所在是大熊猫等生物的避难所,但是在其他不远处的地方却是印度塔尔沙漠、阿富汗雷吉斯坦沙漠、伊朗卢特沙漠、伊拉克南部沙漠、沙特阿拉伯内夫德沙漠、埃及北部沙漠、突尼斯阿比乌德沙漠……除了北纬30°地球自转偏向力、地球内动力的因素外,[3]从目前的科学研究成果来看,可能最重要的原因仍然在于第四纪冰川与青藏高原快速隆起造成的特殊地形、地理、气候条件了。相信还有大量珍奇生物和谐宁静地生活在成都这艘生物方舟上,值得我们去发现,值得我们珍爱并尊重。

第三节
文化视野下成都的生活方式

一 锦城珍宴为民开:蓉城美食餐饮

对于古代的人来说,能够酿酒就意味着粮食种植能力、产量足够和

---

[1] 叶俊伟、袁永革、蔡荔等:《中国东北温带针阔混交林植物物种的谱系地理研究进展》,《生物多样性》2017年第25卷第12期。

[2] 沈浪、陈小勇、李嫒嫒:《生物冰期避难所与冰期后的重新扩散》,《生态学报》2002年第11期。

[3] 郝建民:《揭开北纬30°的神秘面纱》,《科技潮》2003年第12期。

酿造技术的提高。成都地区的粮食产量向来充沛，酿酒、饮酒历史应该是比较早的，这至少可以从三星堆、金沙等地出土的尊、壶、罍、彝、壶、盏、觚等种类丰富的酒器看出。

要说成都历史上的名酒，比较典型的是成都郫都区的"郫筒酒"。因为杜甫《将赴成都草堂途中有作先寄严郑公》中一句"鱼知丙穴由来美，酒忆郫筒不用酤"，郫筒酒从唐代开始就闻名遐迩了。其实，郫筒酒主要是因为特殊的制作工艺而得名：它是郫县人用当地所产的优质竹筒进行再加工而制成的一种酒。其方法是将某种酒作为基酒盛于竹筒内密封一段时间而成。至于基酒的选用则没有严格的限制，可以选纯粮食制的春酒，也可以采用酴醾花酿制的酴醾酒。郫筒酒的产生、发展，既是偶然，也是必然，与川西的植物物种、民俗有着紧密的联系。[1]

随着酿造技术的改善，蜀酒的口味、浓度都不断改变，以至于"诗圣"感叹"蜀酒浓无敌，江鱼美可求"（杜甫《戏题寄上汉中王》）。唐代宗广德二年（764年）三月，杜甫从阆州（今阆中）返成都途中作过一篇《将赴成都草堂途中有作先寄严郑公》（五首）。其一有云："鱼知丙穴由来美，酒忆郫筒不用沽。"诗人想着又能和好友严武共食丙穴鱼，同饮郫筒酒，不禁喜上心头。南宋时，曾任四川制置使的诗人范成大，亦留下有"草草郫筒中酒处，不知身已在彭州"的诗句。而今四川著名美食家车辐先生也夸耀说："我们四川郫县郫筒酒厂出了一种'甜黄酒'，不亚于绍兴加饭酒。"他指的这种"甜黄酒"，其实就是郫筒镇一种传统的郫筒酒——"桂花陈酿"。这种桂花酒，苏东坡在谪居惠州时酿过。据林语堂先生考，其"酒精含量不多"，"有点像微酸的淡色啤酒"。苏东坡在杭州太守任上时，对朋友感慨道："可恨蜀山君未见，他年携手醉郫筒。"以至于后来虽在数千里外的岭南，也要自己动手酿制以解馋。清雍正十二年至十三年（1734—1735年）春，康熙帝第十七子果毅亲王护送六世达赖喇嘛还藏途中路过郫筒镇，忆起古时与此相关的风流韵事，不由得飞毫写下"酴醾传香"四个

---

[1] 杜莉：《古蜀佳酿郫筒酒》，《四川烹饪》1997年第2期。

大字。①

川人素有"尚滋味""好辛香"②的名声：爱吃也会吃的生活习惯一旦养成，就变成一种文化传统。这种文化传统除了源自本地物产丰富、气候宜人的自然条件外，更得益于蜀地同其他地区广泛而持续的人文交流，使得各种食材的应用范围、调味品种类、菜品口味、烹饪方法，在本身就很丰富、独特的条件下得到空前的拓展与包容，奠定了百菜百味、海纳百川的川菜口味特征和文化气质。

地处四川盆地腹地的成都可谓巴蜀大地菜系的集大成者，博采川渝菜品之众长。成都对于川菜风格形成的重要性不仅体现在口味上，还体现在具有悠久历史、彰显制作工艺水平的食器制造和食材加工工艺上。"在商代以前，巴蜀就已经能制作出精美的陶制食器。到商周时期，巴蜀地区不但有许多精美的陶制炊餐具，而且已制作出精美的青铜餐饮器具"③；而烹饪方法至少有29种！④如"小炒、滑炒、干煸、干烧、炝炒、炸收、泡制、糖粘、粉蒸、水煮、生炒、熟炒、软炒、爆、炸熘、鲜熘、煎、炸、红烧、白烧、烩、焖、煨、炖、煮、卤、氽、蒸、烤等"⑤。

除了烹饪方法多样不拘外，川人对食材和调味品的采用也同样是包容且富有地方特色的。比较典型的胡椒、辣椒等调味品的出现，是大航海时代以来川人对外来物质文化的吸纳和弘扬。这种海纳百川的风格可以说正是川菜文化的核心所在。

四川话说辣椒一般都说"海椒"，从一个"海"字似乎就可以看出，川人好辣并非天生，因为海椒这一外来物种，是在航海时代由美洲传播到欧洲后再从欧洲传到中国沿海广东一带。⑥辣椒在200多年的时间里，已成

---

① 慧绘：《三星堆酒器和郫筒酒》，《文史杂志》2008年第2期。
② 常璩：《华阳国志·蜀志》，巴蜀书社1984年版。
③ 杜莉、张茜：《川菜的历史演变与非物质文化遗产保护发展》，《农业考古》2014年第4期。
④ 四川省质量技术监督局：《DB51/T 1728-2014 中国川菜烹饪工艺规范》。
⑤ 张媛、梁霞：《川菜烹饪方法英译原则及其应用》，《上海翻译》2013年第3期。
⑥ 程杰：《我国辣椒起源与早期传播考》，《阅江学刊》2020年第3期。

为川、黔、湘等地菜品的特殊味型，以至于有不少外地人潜意识以为，川菜的特点就是辣，但其实，爱吃辣、能吃辣的地方，国内外都不缺乏。

真正能代表川菜的味型特点是麻！不仅西餐菜品和全国其他地方菜系中几乎不采用花椒，而且同样嗜辣的湖南、贵州等地并不像四川这样喜欢麻味。川菜同麻味的来源有着悠久的历史渊源，使得川菜几乎成为麻味唯一的保留地。

"花椒是中国的原生植物"[1]，其利用历史可以追溯到商代[2]，四川花椒利用早且范围广泛：除了将花椒作为调味品，实际上花椒还是与蕙、兰、桂等芬芳植物一样是重要的香料，同时还是一种济世药物用以养生疗疾。

"洞庭负霜之橘，仇池连蒂之椒，济北之盐"制作饼食"既闻香而口闷"等文献记载，表明大约从春秋时代起，四川的"蜀椒"便闻名遐迩了。[3]可见，四川地区不仅是野生花椒的出产地，也是花椒重要的驯化种植地。在很多菜系都放弃花椒味型的情形下，川菜至今仍保留着这一古老的原生调味品，仿佛成为这一味型的"避难所"。

二 此曲只应天上有：蜀派古琴与音乐传统

诗歌是成都文化的重要文化特色，而古代诗和词最初都是有曲调以吟诵方式传播的，诗词吟诵的曲调和乐器就是值得我们关注的。可以想象，当年杜甫、陆游、苏轼等大诗人、词人在吟诵其诗词的时候，既然有曲调，一定还有悠悠的古琴与之相伴。在成都城里每日悠扬的琴声中，杜甫不由得感叹："锦城丝管日纷纷，半入江风半入云。此曲只应天上有，人间能得几回闻。"这里的"丝"就是包括古琴（又称瑶琴、玉琴、丝桐和七弦，属于八音中的丝）在内的中国传统拨弦乐器。

---

[1] 曾京京：《我国花椒的栽培起源和地理分布》，《中国农史》2000年第4期。
[2] 丁永祥：《河南固始商代墓内发现花椒》，《农业考古》1991年第1期。
[3] 这里的仇池就是先秦蜀国的武都邑、汉代的武都郡。详见黄德民、赵国华、陈宗道等《我国花椒的饮食文化探源》，《中国调味品》2006年第1期。

能得到文人雅士赞许的成都音乐艺术环境自然有其独到之处。成都作为"蜀派古琴"的核心区域,在中国古代音乐史上是占有一席之地的。"蜀派古琴"至少有2000年的历史,是中国最具代表性、流传广泛、内容丰富的一支古琴流派。① 据传西汉司马相如当初正是以优美的琴声弹奏《凤求凰》《文君操》等曲以获卓文君的芳心。成都琴台路上"琴台故径"四个大字,让游客不禁遥想起卓文君与司马相如的爱情故事。

成都人既善古琴,又对其有深究。西汉成都琴人扬雄,我们都知道他是辞赋家,但未必知道他是位音乐人,在演奏之余潜心研究古琴,著有目前中国第一部琴学专著《琴清英》介绍琴论及琴曲。

也许在古代的成都,古琴的演奏是高人韵士们一项重要的社交"必杀技",令蜀中历代文人为之倾心。唐朝西蜀的雷威、雷霄一众被称为"流芳百世的斫琴家族"②。《乐府杂录·琴》有云:"成都雷生善斫琴,至今尚有孙息不坠其业,精妙天下无比也。"元稹《小胡笳引(桂府王推官出蜀匠雷氏金徽琴请姜宣弹)》中一句"雷氏金徽琴,王君宝重轻千金",可见成都雷氏琴价值之一斑,今天故宫博物院所藏的"九霄环佩"相传为雷琴之一。③

图 2-9　扬雄的琴学专著《琴清英》
(图片来源:哈佛大学图书馆)

另外,宋朝任职成都的赵抃,眉山苏洵、苏轼、苏辙三父子,明朝皇帝朱由检的古琴老师杨正经,响彻太空的古琴曲《流水》作者清朝青城山张孔山道长,参与编撰蜀派琴谱《天闻阁琴谱集成》并出资刊印的成都人叶

---

① 黄康:《蜀派古琴发展历程研究》,《艺术教育》2016年第7期。
② "斫琴"是唐代古琴的一种制作工艺。
③ 张斌:《宋代的古琴文化与文学》,博士学位论文,复旦大学,2006年。

介福，第一部《中国音乐史》作者成都人叶伯和……一代代蜀人谱写了四川地区浓厚的文化底蕴，孕育出一千多年的古琴斫制史和古琴音乐文化。[1]

图 2-10　四川博物院馆藏传世珍品唐琴"石涧敲冰"

（图片来源：https://baijiahao.baidu.com/s?id=1636691031083246297&wfr=spider&for=pc）

浣花溪的四川博物院收藏了从唐代到近代至少 30 张古琴，这对于木质乐器来说是颇为不易、极其珍贵的。从数量来说，此地收藏的古琴在中国各省级博物院中也算得上位居前列的。[2]

在中国近现代音乐史上，王光祈（1892—1936）这位音乐学家和社会活动家是必须提到的重要人物。王光祈先生出生在成都温江区，少年时曾醉心于地方戏剧川剧，但也留洋德国，兼修政治经济学与音乐学。在深入了解中西音乐文化后，王光祈立志音乐救国，撰写了大量开创性的音乐著述。一方面，通过《欧洲音乐进化论》《德国国民学校与唱歌》《西洋音乐史经纲要》《西洋名曲解说》

图 2-11　温江区的王光祈纪念馆

（摄影：赵卫东）

---

[1] 陈静：《四川博物院馆藏古琴略说》，《文物鉴定与鉴赏》2019 年第 14 期。
[2] 陈静：《四川博物院馆藏古琴略说》，《文物鉴定与鉴赏》2019 年第 14 期。

等著作文章向国人介绍西方优秀的音乐艺术；另一方面，通过《东方民族之音乐》《音学》《论中国古典歌剧》《中国诗词曲之轻重律》《东方民族之音乐》《翻译琴谱之研究》（关于中国古琴音乐的）及《中国音乐史》论述整理、总结、传播中国传统音乐，更有《东西乐制之研究》《各国国歌评述》等中国开创性的比较音乐学著作。

如今，成都市内除了温江区有王光祈先生故居和纪念馆外，四川音乐学院内还有1983年从沙河堡菱窠附近迁来的王光祈碑亭。来到这里目睹先生塑像，不由想起了先生曾经的呼声"吾将登昆仑之巅，吹黄钟之律，使中国人固有之音乐血液，重新沸腾。吾将使吾日夜梦想之'少年中国'，粲然涌现于吾人之前"，让人感受到这位乐人对中国传统音乐艺术的自豪之情和忧国忧民的情怀。

三　丝管相随看蚕市：成都历史上的会展经济

作为典型中国的样本，四川成都由于物产丰富、气候宜人的得天独厚条件，使得市民生活相对舒适宜人。在千百年的生活中，由最初的农耕协作集市，逐渐演化升级为包括各类生活物资在内的展出交流市场。马王堆出土漆器带耳杯底显著款识"成市""成草"，其中的"成"被认为是在今天成都这个地方的一个重要市集。

传统成都的集市会展如果按照时间分有北宋赵抃在《成都古今集记》中明确记载的"成都十二月市"："正月灯市，二月花市，三月蚕市，四月锦市，五月扇市，六月香市，七月七宝市，八月桂市，九月药市，十月酒市，十一月梅市，十二月桃符市。"宋代成都商业的繁荣，表现在东西南北商贾云集。坊市制解体后，沿街设店不仅推动了商品经济的发展，也使城市居民的出行和文化娱乐生活发生根本变化。

晚唐五代，成都为前后蜀的政治中心，城市有很大的发展，商品经济日益繁荣。由于大一统国家的解体，割据政权对城市的管理逐渐放松，城市中出现临街设市或破墙开店的现象。宋代是成都城市和经济、文化发展的一个重要时期。此时城市人口增加，城市经济更加发达，坊市制发生变化，这种现象被史学界称为"中世纪的城市革命"。城市空间从封闭向开放式转型，推动了成都进入城市文明空前繁盛时期。宋政府对成都城防、水道进行修缮和发展，城内店铺林立，南北交通如织，成为有名的"西南大都会"。

农业和手工业的发展，促进了成都商业的大发展。宋初，成都的坊墙多被打破，开墙设店，商铺林立，行商坐贾络绎不绝，城市社会经济发展较快，居民相对安定富足。加之气候温和、物产丰富，成都再次成为全国工商业大都会，时人称成都为"一都之会，四民州处，万商成渊"。

两宋时期，成都人烟辐辏、百货汇集，城内外大小市集密布，空前繁荣。唐代成都依方位设立了东市、西市、北市、南市四个固定市场，到宋代，这四大市场不仅得到发展，且更加繁荣，城区又出现了大东市、新南市和新北市，每一个市场都规模巨大，不仅为城区居民服务，提供各种生活、生产用品，而且也进行大宗商品交易和长距离批发贸易，以成都为中心的西蜀市场层级体系形成。从五代时就出现的集中售卖某一种产品的专业性市场也从临时性市场发展成固定集市，如米市、炭市、麻市、鱼市等。夜市逐渐壮大，营业时间也不断变长，经常"直至三更"才散。

成都历史上著名的"十二月市"是指宋代成都每月都会有集中贩卖一种当季时令产品的集市，主要是指正月灯市、二月花市、三月蚕市、四月锦市、五月扇市、六月香市、七月宝市、八月桂市、九月药市、十月酒市、十一月梅市、十二月桃符市。"十二月市"主要根据时令产品的成熟季节以及人们在某一时间段的特殊需求形成，每一市虽然主要售卖市名商品，但实际上并非只此一种产品，而是以一种产品为主，其他各类商品都同时交易。蚕市实际上就是兼售百货。"十二月市"多在重要寺庙前的公共空间和街道举行，街边还常有茶馆、酒肆、瓦舍等供人们休闲娱乐的场所，呈现"商列贾次，茶炉药榜，篷占筵专，倡优杂戏之类，坌然其中"的繁荣景象。"十二月市"除了是商品交易的场所，也是成都人游赏聚会的好去处。

此外，草市与镇市结合的草市镇也开始发展起来，成为区域市场体系的重要组成部分。草市是城区以外的居民聚集点出现的集市，多围绕寺庙、道观或者乡村的中心区域发展而成，以满足乡村城镇居民生活和生产的需求。镇原是军事机构所在地，但随着人口的增多，功能发生变化，出现草市与镇的结合，意味着商品经济范围进一步扩大。许多偏远地区的农民也加入商品经济市场中，从"门外盛车徒""横穿村市马萧萧"等描述来看，宋代的草镇市已经发展得非常成熟，不少草市或镇市也是商铺店肆林立，商业交易频繁，人流如潮。

四　上巳家家出郡城：成都的游乐与体育传统

一年四季、春夏秋冬，蓉城人民历来热爱生活、亲近自然。每到农闲总有理由挈妇将雏、携家带口出得家门，或游山，或玩水，近郊的青城山，城里的学射山、海云山和武担山，还有摩诃池、浣花溪、锦江、江渎池、万岁池都是值得游玩之所。

《华阳国志》记载了很多秦汉时期四川地区的贵族、富豪的游乐活动，而到了宋代时期，四川的游乐风气更是全国盛名，不仅仅是官绅和贵族，而是全民皆乐。"当时，成都地区最为盛大热闹的民间节日，就是每年四月，传说是浣花夫人的生日这一天，官府在锦江山开展大游江活动，奏乐、演戏、作乐，老百姓举家出游。"谢元鲁说，这样的游乐习俗的深度和广度，在当时来说，全国都是少见的，很多文人墨客到了四川，都记录了这样的盛况。

如前所言，宋代是成都花卉种植观赏的兴盛时期，其实宋代也是成都士庶游乐盛行期，这可以从人们游山的各种讲究中窥见。今天很多普通成都市民出游爬山一般是爬上山吃一顿、拍拍照，换个地方搓麻将、刷手机，宋代成都人游山却是非常有讲究的。比如到陆游《三月一日府宴学射山》中提到的学射山，人们至少有三项颇为重要的、必须进行的活动。

一是祀张伯子，拜通真观，祈求宜蚕避灾。《岁华记丽谱》载："三月三日，出北门，宴学射山。既罢后，射弓。盖张伯子以是日即此地上升，巫觋卖符于道，游者佩之，以宜蚕辟灾。轻裾小盖，照烂山阜。"就是对这一盛景的写照。

二是燕集骑射。位于成都北门的学射山之所以叫学射山，确实同射击有直接的关系。此处最初应是三国时期为后主在此山筑演武之庭，设立射棚，供其学习骑射之术，自此之后，历代多将此处设为演武之所，因此，此山也就成为人们骑马射箭、体育竞技的场所。赵抃《次苏寀游学射山》中的"锦川风俗喜时平，上巳家家出郡城。射圃人稠喧画鼓，龙湫波净照红旌"，范镇《仲远龙图见邀学射之游》中的"指麾武弁呈飞骑，次第红妆数胜筹。夹道绮罗瞻望处，管弦旌斾拥邀头"，都是对成都这处演武、竞技之所的生动描述。

三是登山赏景。上巳日登学射山燕集是宋时成都最为盛大的活动，但是在其他时候，也有文人雅士登山看景，此时虽无上巳日热闹，但学射山也另有一番美景。杨甲在《寒食游学射山》一诗中记载了其寒食节登学射山看到潇潇空山的情景。[1]

现代成都人在冬天天晴的日子，就会出现全城老老少少倾巢出动的盛况——到农家乐、茶馆任何可以晒到太阳的地方品茗、垂钓、摆龙门阵，当然桌上的美食与雀牌是少不了的。从古至今，成都喜游安乐的精神依然继续传承，体现在四川的生活状态和生活态度之中，人们的乐观、幽默和诙谐，也是全国闻名，在拼搏奋斗的同时，不忘享受生活。也正因此，在不少关于宜居城市的评选中，成都多榜上有名。

---

[1] 刘术：《宋代成都士庶的"游山玩水"》，《地方文化研究辑刊》2016年第2期。

第三章

和谐进取的文化精神

所谓文化精神，有学者认为"是指一种文化的特有精神，一种文化中具有决定力的价值系统……这些精神品质即是一种文化的特色，并且使得该文化独具一格"[1]。这强调的是文化的"特色"与"特质"。结合本书总论对"城市文化"概念的界定和分析，我们将城市文化精神定义为城市文化发展过程中所形成的精神特质。它往往会成为潜藏在城市文化深处的烙印，成为广大市民共同的并为城市发展注入精神动力。随着时间的流逝，这些特质虽然也会发生一定改变，但其底色却始终稳定，城市文化精神的核心不会改变。

成都是天府文化的核心区域，同样形成了独有的城市文化精神特质。成都市第十三次党代会上提出，成都文化核心为"创新创造、优雅时尚、乐观包容、友善公益"十六个字，这同样是对成都城市文化精神特质的总结。从古蜀先民治水到李冰父子凿离堆，从发明最早的纸币"交子"到歼20战机翱翔蓝天，成都文化的创新精神从未中断。从蜀锦、蜀绣、川扇到现代文创产业，从汉赋、唐诗、宋词到现代艺术与动漫影视，成都文化始终保持着优雅时尚。从明清移民社会到今天"来了就是成都人"，成都文化的乐观包容不曾改变；从"大庇天下寒士"到公益志愿组织，成都文化坚持友善公益精神，是有温度的文化。这便是成都的文化精神，是成都文化传统不变的底色，它们代代相传，赓续至今，是成都这座文化之城发展的潜层动力。有鉴于此，本章将从上述四个方面出发，分别选取从古至今的相关案例，展现成都和谐进取的文化精神。

---

[1] 芮逸夫：《云五社会科学大辞典：第10册》，台北商务印书馆1971年版，第29页。

文化之城
——九天开出一成都

第一节
创新创造

　　成都的文化精神中，最为突出的、始终引领城市发展的一项正是创新创造的精神。两千年来都江堰水利工程的不断发展创新，是成都人民积极适应自然、努力改善生存环境的见证。世界上最早的纸币"交子"的出现，是成都人民敢为天下先的证明。歼10、歼20、"翼龙"无人机成功展翅翱翔，代表成都人民始终屹立在科技创新时代大潮之上。创新创造精神为成都的发展注入了长久而强劲的动力。

一　都江堰水沃西川：从古蜀到当代的水利创新

　　都江堰坐落在成都平原西部的岷江之上，是中国乃至世界上最著名的水利工程之一。历史上关于都江堰最著名的故事，当数"李冰父子凿离堆"。无疑，李冰在都江堰发展历史上留下了不可磨灭的印记。但都江堰历经两千余年发展至今日，从古蜀先民到共和国的水利工程师，成都的每一代治水人都在为都江堰这一伟大工程不断添砖加瓦。无数微小的创新累积在一起，最终铸就了一座不朽的丰碑。都江堰不断创新的发展历程，正是天府文化中创新创造精神的绝佳写照。

　　在公元前3世纪秦国将巴蜀地区纳入统治范围之前，古蜀先民便在成都地区创造了繁荣灿烂的古蜀文明。从宝墩遗址到金沙遗址，存留至今的吉光片羽仍在诉说古蜀文明曾经的辉煌。在有限的技术条件下，古蜀先民充分发挥智慧与创新精神，为后来的都江堰水利工程打下了基础。

　　《蜀王本纪》记载，早在望帝杜宇时期，成都地区便深受水患困扰：

"时玉山出水,若尧之洪水,望帝不能治。使鳖灵决玉山,民得安处。"杜宇面对洪水束手无策,便派治水经验丰富的鳖灵前去治理水患。因为鳖灵治水有功,杜宇后来便将王位禅让与鳖灵,这是成都治理水患最早的确切记载。当时的"玉山"也即"玉垒山",位于岷江进入成都平原前所流经的一系列大山中,有学者认为即今天的茶坪山。[①]"决玉山"意味着鳖灵采用了疏导泄洪的治水方法,使岷江产生的水患大大减轻。杜宇对水患无可奈何,而鳖灵则因治水有功成为蜀王,表明疏导的治水方法在当时很具有创新性。从此,对岷江进行疏导分流就成为后来都江堰等一系列水利工程的基本理念。

古蜀先民采用的疏导泄洪方法,尽管减轻了水患,但还不能变水患为"水利"。成都平原从洪灾频发迈向后来"水旱从人,不知饥馑"的关键一步,是秦国蜀守李冰主持修建的都江堰水利工程。李冰最为人们所熟知的故事无疑是"凿离堆"。所谓"凿离堆",就是凿开了现在的宝瓶口,进一步分流岷江,减少岷江向西的水量,以减轻水患;增加岷江向东的水量,以灌溉成都平原地区。不过,这还是沿用疏导的治水方法,如果仅仅止步于此,都江堰就将面临两个重大问题:一是岷江的泥沙淤积问题,二是岷江水量过大时宝瓶口难以承载的问题。李冰真正的创新之处,就在于他通过鱼嘴、飞沙堰和宝瓶口的系统工程,解决了上述两个问题。

李冰先在岷江中原有的江心洲上修筑分水堤"鱼嘴",将岷江分为东面的内江和西面的外江。内江深窄,外江浅宽,内江河道低于外江,平时水流大部分进入内江,而当汛期来临,水位上升,多余的江水就会进入外江,避免宝瓶口水量过大。接着,又在宝瓶口与鱼嘴的连接处,修建了一道矮堰即"飞沙堰"。当内江水量较大时,高过飞沙堰的江水便会漫过堰体流入外江,进一步保证内江水位平稳。同时,由于宝瓶口处河道突然变窄,流到此处的江水便会在飞沙堰和宝瓶口间出现回旋,回旋产生的离心

[①] 徐亮工:《古蜀治水传统与华夏文明——从大禹治水到李冰治水》,载《蜀学》(第十一辑),巴蜀书社2016年版,第1—13页。

力可将河流底部的泥沙带起抛过飞沙堰，未能抛过的泥沙则会在回旋处的"凤栖窝"沉积，而不会进入宝瓶口。这些沉积的泥沙则会在冬季枯水期时予以清理，由此诞生都江堰六字治水箴言："深掏滩，低作堰。"深掏滩即清理"凤栖窝"处淤积的泥沙，低作堰则指低矮的飞沙堰。

李冰在治水时没有止步于分流疏导的旧办法，而是通过修筑鱼嘴与飞沙堰，创造性地解决了水量过大和泥沙淤积两大问题。他的创新设计奠定了都江堰水利工程的基本面貌，为都江堰和成都城市发展史写下了浓墨重彩的一笔。

随着都江堰的建成，成都平原成为"水旱从人，不知饥馑"的天府之国。但时间与自然的伟力何其强大，它们无声地影响着一切，众多世界上古老而著名的水利工程都在时间长河中消逝。都江堰水利工程之所以能够穿越两千年的时空持续护佑成都平原大地，依靠的是李冰之后的历代成都治水人的不断维护和添砖加瓦。

由于都江堰工程的自身特点，每年洪水过后，都会在"凤栖窝"沉积一定的泥沙，飞沙堰的堰体也会受到损坏，故而需要不断清理淤积泥沙、修补堰体。为解决这一问题，保障都江堰的长期使用，秦汉时期的官府建立了"岁修"制度，创新机制进行日常管理。[①] 东汉末年，诸葛亮治蜀，进一步细化了都江堰维护制度，设立一支由1200名壮丁组成的队伍进行平时的巡查维护。此后，历代都延续了都江堰"岁修"的维护制度。

隋唐时期，都江堰在发挥灌溉作用方面有了进一步发展，高俭、章仇兼琼等人先后修筑了侍郎堰、百丈堤、官堰渠、远济堰（后称通济堰）、万岁池等配套工程。这些堤堰使都江堰灌溉区面积不断扩大。《新唐书》记载，仅远济堰一处工程，便灌溉田地16万亩。同时，实现了对都江堰水量的多级控制功能，枯水期依靠分水堰为成都平原灌溉区导流，汛期则发挥泄洪作用，控制进入成都平原的水量。唐代的远济堰至今仍发挥着灌溉作用。

[①] 彭邦本：《古代都江堰岁修制度》，《西华大学学报》（哲社版）2018年第4期。

宋元时期，都江堰在修筑工艺上有了新的飞跃。元代末年，名臣吉当普出任四川肃政廉访使，当时四川因长期战乱，人口较少，而都江堰的岁修任务采用的是"竹笼卵石"筑堰的手段，即以竹篾条编成竹笼，中间填入鹅卵石，再将整个一笼石头放入水中筑成堰体。这一做法虽然施工方便，耗费较少，但耐久度不足，每年都需要不断维修更换，岁修任务对老百姓而言是不小的负担。吉当普见此情景，便想依靠新的技术手段，以铸铁和条石作为新的工程材料，以达成一劳永逸、减轻百姓负担的目的。这一做法虽然以前也有人设想过，但当时的冶炼工艺和开采技术尚不足以支撑。直到元代，相关技术的进步终于使吉当普的方案得以落实。《元史·河渠志》记载，在吉当普的推动下，后至元元年（1335年），都江堰大修工程启动，主要建筑采用石灰浆砌条石，条石间以铸铁连接，桐油拌石灰填缝隙，并铸造一个重达一万六千斤的大铁龟作为分水鱼嘴，以保证鱼嘴不被江水冲刷侵蚀。这次修治使都江堰四十余年不再大修，从使用年限与修筑费用的效费比来看，经济效益良好，节省了大量民力、物力，同时实现了都江堰

图 3-1　东风渠工程

（摄影：胡开全）

工程建筑工艺的飞跃。

新中国成立后，围绕都江堰水利工程的一大创举是修建了东风渠。东风渠原名"东山灌溉工程"，其目的是扩大都江堰灌溉面积，覆盖成都东部的金堂、龙泉驿、简阳、仁寿等地。由于成都整体海拔呈两边高、中间低的格局，所以在现代水利技术发展前，海拔较高的龙泉山脉周边地区长期无法得到岷江水灌溉，"用水难"是成都东部的千年难题。新中国成立后，在党和政府的大力支持下，水利工作者利用渡槽技术，测绘确定以郫县为起点，打穿龙泉山隧道，最远到仁寿黑龙潭的水渠方案。工程共分为六期进行建设，1956年动工，至1972年全部工程完工，途经地区的灌溉面积由原先的280万亩增加至1000万亩，实现了"再造一个都江堰"的宏伟目标，创造性地解决了成都东部用水难的问题。

纵观都江堰水利工程两千年的发展历程，每个时期都凝聚了当时人们最顶尖的智慧，闪烁着创新的光芒。从避免水患到开发水利，从灌溉少数区域到覆盖整个成都平原，成都水利事业的发展不是对抗、改造自然，而是发挥创造精神，适应大自然，改善生存环境。从根本上说，这种与自然和谐相处的思想是超越了时代的创新，为今天公园城市的建设和环境保护事业留下了深厚的文化精神积淀。

二 转行"交子"颂轻便：人类最早的纸币

在人类历史上，纸币出现并取代金属货币意义重大，它代表着货币逐渐信用化，极大地促进市场流动与经济发展。可以说，纸币是现代金融业形成的基石。这一伟大发明，最早诞生于北宋的成都，名为"交子"，是成都为整个人类文明做出的重要贡献。

交子之所以诞生于北宋的成都，有其深刻的时代背景。中国古代长期缺铜，北宋政权建立后同样缺少铜矿铸钱，为此还将当时交通不便的四川地区划为铁钱区，用铁钱代替铜钱使用。然而，铁的密度低于铜，价值也低于铜，购买同一价值的商品所需的铁钱远比铜钱笨重。史料记载："蜀用铁钱，其大者以二十五斤为一千,其中者以十三斤为一千,行旅赍持不便。"① 成都市民即使在街市买卖,也要背上几斤重的铁钱,商业活动难以开展。

面对这一难题,成都百姓从唐代的"飞钱"找到了灵感。飞钱是一种票据凭证,持飞钱者可以在异地向地方官府兑付货币,类似于今天的存单。北宋成都人则更进一步,在"飞钱"的设计基础上,增强信用属性,纸上书写金额、印记和暗号让其可以直接在市场上交易流通而无须兑付,于是,人类史上最早的纸币"交子"诞生了。② 这完全是民间百姓的自发创造,"交子之法,出于民之所自为",是成都人民创新精神的产物。

不过,交子诞生之初也伴随着许多问题,有一个逐渐发展完善的过程。最开始,成都各个商家均自行印制交子,市场上流通着形形色色的交子,再加上伪造仿冒,因而"奸弊百出","讼狱滋多",交子甫一诞生,便有着"夭折"的风险。此时,主政成都的是一位名叫张咏的官员,他并没有选择简单禁止交子,而是将成都最富裕的十六户人召集起来,商议出交子改革的方案:由官府出面整顿市场,废止现行的各种交子,再由十六户人共同发行一种统一的交子,通行四川地区。经过这一番整治,交子得到迅速发展,"街市交易皆用之","动及百万贯",极大促进了成都及四川地区的经济发展。

此时的交子虽得到统一,但发行和兑付仍由私人完成。随着富户财力发生变化,交子的兑付出现问题,信用度下降。经益州转运使薛田上奏,朝廷对此进行讨论,决定将交子的发行权收归官府,设立益州交子务,派专门官员管理,负责印制交子、登记簿册、兑付铁钱等事务。至此,"交子"在完全意义上成为纸币,具有信用货币的一切特征,是人类历史上破天荒的创举。③

交子从诞生、发展到成熟,凝聚着成都人民的创新智慧,也凝聚着数代成都地方官员的心血。为了解决经济生活中的重大难题,成都人开动脑

---

① 马端临:《文献通考卷九:钱币二》,杭州古籍出版社1988年版,第102页。
② 包伟民:《试论北宋纸币的性质及其历史地位》,《中国经济史研究》1995年第3期。
③ 李埏:《北宋楮币史述论》,《思想战线》1983年第2期。

筋，创造出纸币交子；为了保护新事物的成长，地方官张咏、薛田积极作为，想方设法创新制度。从这个角度看，不仅交子是伟大的创新，成都人民勇敢探索、地方政府引导支持的模式，同样是成都文化留给后世的宝贵创新财富。

三　欲上青天揽明月：现代航空工业自立自强

新中国是在极其险恶的外部环境中建立和发展起来的，今天高新技术"卡脖子"的现象，其实在国防工业中很早就存在。建设独立自主的国防科工体系，是国防事业的重中之重。在此过程中，扎根成都的成都飞机设计研究所（即611所）与成都飞机工业集团（即原132厂）研制出了歼10、歼20、枭龙、翼龙等著名自研机型，为国防科技自主创新做出了巨大贡献。

20世纪60年代，为了国防和平衡区域发展，中央决定开展"三线"建设工程。其中，负责飞机制造的"国营132厂"选址定在成都，并于1964年建成。1970年，又从位于沈阳的飞机设计研究所"601所"中分离出新的飞机设计研究所"611所"，也设在成都，与132厂形成配套。从此，"成飞"与成都紧紧相连，难以分割。

最开始，132厂的主要任务是生产歼5、歼7等从苏联引进的战斗机型号，而611所的主要任务是自主设计歼9战斗机。然而，冰冻三尺非一日之寒，初创的611所要从零开始设计一款新的战斗机，其难度可想而知。加之国民经济基础与技术条件有限，歼9项目遗憾失败。

失败是成功之母，歼9项目虽然失败，但为成飞所、厂积累了经验，锻炼了队伍。在中央的支持下，611所开始了对歼7战斗机（苏制米格21）的自主改进工程。1984年，歼7C型战斗机成功首飞，改进工程圆满完成，这也是中国第一架拥有自主知识产权的战斗机。611所这个年轻的研究所取得了飞跃的进步。[1]

---

[1] 《歼十的摇篮：成都飞机设计研究所》，《兵器知识》2007年第7期。

20 世纪 80 年代，随着世界主要大国都陆续装备第三代战斗机，中国自主研制第三代战机的需求越发迫在眉睫。同时，开始于 1982 年的"八二工程"（又称"和平典范"项目）让中国航空人近距离接触到以美国为主的西方先进航空工业，尽管没有直接获得相关技术，但由此认识到中国与世界先进水平的差距，学习到先进的军工设计生产思想和体系，开阔了国防科研工作的视野。在新理念的指导下，成飞开始了大踏步追赶的历程。1986 年，歼 10 战斗机正式立项，设计过程中攻克了近距耦合的鸭式气动布局、全权限四裕度电传操纵系统、综合化航空电子系统和数字化设计制造四大关键技术，建立了一大批适应新一代战斗机研制的试验、试制和试飞测试设施。1998 年，歼 10 首飞成功，成为中国第一款自主研制的第三代战机。①

图 3-2　成飞公园内歼 10 战斗机模型
（摄影：李思成）

通过歼 10 战机的研制，一大批科研人员成长起来，歼 20 的总设计师杨伟便是其中的佼佼者。杨伟是四川人，从小便熟知成飞的故事，了解宋文骢和他的歼 10 项目，因此立志要加入 611 所，为研制国产战斗机贡献一份力量。他的愿望不仅得以实现，自己在飞速成长中成为第四代隐形战斗机（西方称第五代）歼 20 的总设计师。2011 年 1 月 11 日，歼 20 在成都首飞成功，美国时任国防部部长罗伯特·盖茨正在访华，他曾说"中国十年内绝不可能研制出隐形战斗机"，歼 20 的首飞则证明"一万年太久"，

---

① 《不忘初心报国志，航空强国新征程——航空工业成都飞机设计研究所发展综述》，《国防科技工业》2019 年第 11 期。

中国人"只争朝夕"。

132厂与611所落户成都，是国家的整体布局，极大促进了地方工业、科技的发展。同样地，成都人民也以自己的热情回馈着国防事业建设，在创新创造精神的鼓舞下，从这里走出了无数和杨伟一样矢志报国的国防科研人员，在各项尖端技术上奉献自己的力量。以"成飞"为代表的国防科技创新中，成都，与有荣焉！

从都江堰、交子到歼20，成都这座城市和这里百姓的创新精神从未改变。创新创造已经融入城市的文化基因中，成为城市精神的重要组成部分，为成都千年不衰、在新时代社会主义建设事业中不断奋进提供持久而强劲的动力。

四 草树云山如锦绣："公园城市"新理念

2018年2月11日，习近平总书记视察成都时指出天府新区建设："要突出公园城市特点，把生态价值考虑进去。"[①]"公园城市"首次在全国提出，成为重要的新发展理念。成都作为该理念的发源地，新理念诞生于此与成都的文化传统密不可分。

成都人民素来热爱自然。北宋成都知府赵抃在《成都古今集记》中记载，成都十二月市中，二月为花市，八月为桂市，十一月为梅市。[②]这三个月市都与花卉相关。杜甫的诗句"黄四娘家花满蹊，千朵万朵压枝低"更是对成都人喜好园艺的生动描写。后蜀的君主孟昶命人在锦城遍植芙蓉花，"蓉城"因此得名。[③]可见，成都人很早就有以花卉美化城市、装点城市，使城市接近自然的传统。

除花卉外，成都人对其他各类植物也倍加珍惜。相传，武侯祠外曾有数株古柏，为蜀汉时诸葛亮亲手种植。古柏至唐代尚存，杜甫曾作《古柏

[①] 《"绘就山水人城和谐相融新画卷"》，《人民日报》2021年10月21日。
[②] 杨慎：《升庵集》卷70，上海古籍出版社2020年版，第690页。
[③] 曹学佺撰：《蜀中广记》，杨世文点校，上海古籍出版社2020年版，第1097页。

行》赞誉："孔明庙前有老柏，柯如青铜根如石。霜皮溜雨四十围，黛色参天二千尺。"普通百姓在生活中也常常栽种植物，将宅院周围种上竹林、乔木等树木，形成著名的"林盘文化"。杜甫所住的草堂，便是一处林盘，他在《卜居》一诗中称："浣花溪水水西头，主人为卜林塘幽。"直至今日，林盘仍是川西农村文化不可分割的重要组成部分。

正因为有如此深厚的文化传统，成都水到渠成地成为首个践行公园城市新发展理念的城市。实践中，成都不断继承和创新，

图 3-3　如今的锦江绿道
（摄影：李思成）

为建设公园城市，开创了多项全国乃至"世界第一"，成立了全国首个公园城市建设管理局、全国首个公园城市规划研究院——天府公园城市研究院，制定了全国首个公园社区规划导则《成都市公园社区规划导则》，发布了全球首个公园城市指数……数据显示，2017年以来，成都建成贯穿全域的天府绿道4408千米，新增绿地面积3885万平方米。同时，一些重大公园项目也在不断开展，龙泉山城市森林公园、兴隆湖湿地公园、崇州生态公园、丹景山山地公园正在稳步推进建设。

经过数千年的实践，成都人朴素的热爱自然思想成为公园城市创新发展理念的源泉，而在践行新发展理念、建设公园城市示范区的过程中，成都人的生活也必将更加美好。

第二节
优雅时尚

在成都的文化精神中,优雅时尚是重要的组成部分。从汉赋到唐诗,无数文人墨客为城市赋予了高雅从容的文化格调;从蜀锦、川扇到现代时尚产业,引领潮流的文化风尚在中华文明中独树一帜。两者共同构成优雅时尚的文化精神,为成都积累了文化底蕴,培育了文化产业,成为城市发展的重要动力。

一 诗家律手在成都:文学创作与城市的碰撞

在辉煌灿烂的中华文明中,文学成就无疑是一块绚丽的瑰宝。而在中国文学史上,成都这座城市又具有举足轻重的地位,众多名篇佳句从这里诞生。优越的自然环境、奇丽的地理风貌、发达的城市经济为文人们提供了无穷的灵感,他们的创作又为成都注入了灵气,形成高雅从容的文化格调。

两汉时期,从成都走出了司马相如与扬雄两位文学大家。司马相如的代表作品有《子虚赋》和《上林赋》,他的妻子卓文君也富有文名,留下了《白头吟》和《诀别书》。扬雄的代表作则是《蜀都赋》《法言》及《蜀王本纪》。综合来看,两人的作品均呈现出弘丽温雅、描写壮阔、感情细腻的特点,这与成都地区的奇绝风景,沟通关中、楚地的地理位置密不可分。[①] 如《上林赋》中描写江河奔涌:"赴隘狭之口,触穿石,激堆埼,沸乎暴怒,汹涌澎湃。"这些景象的书写无疑与司马相如赴楚时过三峡的所见所闻有关。《蜀都赋》更是以描绘成都地区为主题,"仓山隐天""霜雪

[①] 罗开玉、谢辉:《成都通史·秦汉三国时期》,四川人民出版社2011年版,第397页。

终夏""都门二九,四百余间,两江珥其市,九桥带其流"等皆为成都独有的自然与人文景观。绝顶的才思与绝佳的景观相碰撞,造就了这些千古名篇。

降及唐宋,伴随着中国诗词文学达到顶峰,成都地区也迎来了文化史上的鼎盛时期。成都本土的文学家层出不穷,流寓、宦游至此的大师群星璀璨,杜甫、薛涛、陆游、范成大、唐求、张俞、范镇、魏了翁……文化交流的碰撞,带来了成都文学的历史高峰。

成都本土文学家中,好讽喻、接地气、热爱自然是其共同的风格特色。如张俞千古闻名的《蚕妇》诗:"昨日到城市,归来泪满巾。遍身罗绮者,不是养蚕人。"它深刻地表达了张俞对百姓的同情。范镇描写雨后初晴的郊外:"十里香风尘不动,半山晴日雨初收",[①]体现了他对自然深深的热爱。他们的艺术风格与成都"俗不愁苦""游赏之盛甲于四蜀""土地沃美,人士俊乂"的传统文化相吻合。

宦游于此的文士们同样受到了成都文化的感染。李白少年时游览成都,便被成都的繁华与美景震惊。后来的诗句"九天开出一成都,万户千门入

图 3-4 杜甫草堂

(摄影:李思成)

---

① 《全宋诗第 6 册》,北京大学出版社 1995 年版,第 4255 页。

画图。草树云山如锦绣，秦川得及此间无"，无疑受到少年时心理感受的影响。他在成都登散花楼，多年后仍念念不忘："北地虽夸上林苑，南京还有散花楼。"①成都高雅从容的气质深深影响了李白的文学创作，他后来出蜀，游历天下，正是"好游赏"风俗的体现。而杜甫一生漂泊，半生困顿，唯独在成都获得了短暂的安定。成都的游赏文化、林盘文化给了杜甫莫大的安慰，激发了他文学创作的灵感，其诗歌技巧也臻于炉火纯青。②脍炙人口的"窗含西岭千秋雪，门泊东吴万里船"与"丞相祠堂何处寻，锦官城外柏森森"等诗句均作于此时期。晚唐诗人韦庄宦居成都期间著作颇丰，其诗作被辑为《浣花集》，其中大部分是描写成都的内容。南宋时的著名文人陆游、范成大也长期宦游成都，留下了大量诗篇。这些顶尖文学家来到成都，使成都优雅从容的文学风格趋于成熟。白居易的诗句"诗家律手在成都"并非夸张，而是这一时期的真实记录。

明清时期受战乱影响，成都经济社会受到较大破坏，但在长期底蕴的积累下，本地仍诞生了明代四川唯一的状元杨慎（号升庵）。杨慎是大学士杨廷和之子，在家庭和地方环境的影响下，他从小博览群书，有"博学第一""著作之富第一"的美称，创作了大量词曲诗赋作品，其中以《临江仙·滚滚长江东逝水》一首最为知名，传唱不衰。除此以外，成都也以其独特自然和人文风貌继续吸引天下文士前来游览，"蓉城"的特色令人流连忘返。明代官员游览成都时记载："时当仲秋，城上芙蓉正开，烂然与雉堞相错，照映江水中。"为此留下了佳句"一江秋色照芙蓉"。③可见，明清时期的成都虽有衰退，但基本的文化格调没有改变，仍然保留着优雅时尚的精神。正是这样深厚的文化底蕴与精神，使得成都能够屡蹶屡起，接续辉煌。

---

① "安史之乱"后，唐朝以成都作为"南京"。
② 冯婵：《杜甫诗歌创作与成都地域文化的影响》，《西南民族大学学报》（人文社科版）2019年第5期。
③ 王樵：《方麓集》卷6，见《影印文渊阁四库全书》（第1285册），北京出版社2012年版，第220页。

二　蜀锦蜀扇蜀中奇：锦城工艺引领时尚

自古以来，成都的手工业便闻名于世，明代地理学家王士性称"蜀锦、蜀扇、蜀杉，古今以为奇产"①。蜀杉指四川出产的原始木材，与工艺无关。蜀锦、蜀扇则是成都古代手工业的代表产物，千年不衰，"古今以为奇产"。除此以外，成都还有与蜀锦并称"五朵金花"的蜀绣、漆器、竹编、银花丝，它们的最大特点是将优雅时尚的文化精神融入手工制品中，赋予其额外的文化价值，长期引领时尚风潮。蜀锦、蜀绣、蜀扇等工艺品中蕴含的优雅时尚精神，对今天成都发展文创、时尚产业仍有积极影响和启示。

蜀锦，即成都地区所出产的花锦，与南京的云锦、苏州的宋锦一起，并称中国的三大名锦。②蜀锦起源较早，传说古蜀王教民养蚕织锦，故得名蚕丛。"成都，古蚕丛之国，民重蚕事。"③目前的考古资料表明，成都的丝绸产生于商周时期，到汉朝，蜀锦之名已称誉天下。扬雄《蜀都赋》有言："若挥锦布绣，望芒兮无幅。尔乃其人，自造奇锦。发文扬采，转代无穷。"蜀锦此时已成为行销全国的重要商品或者说"奢侈品"，诸葛亮甚至将其视为"决战之资"，专门设置"锦官"，修建"锦官城"，管理蜀锦生产与贸易事宜。唐代蜀锦更是进贡皇家的名贵物品，被称赞为"飘似云烟，灿若朝霞"。直到明代，蜀锦仍是达官贵人、文人雅士所追捧的"奇产"，"锦一缣五十金"，即一匹蜀锦售价高达五十两银子。④由于明末清初战乱破坏、世界工业革命浪潮冲击，近代蜀锦一度陷于低迷，改革开放后随着国家的保护与重视，现代蜀锦又焕发出新的生机。

蜀锦能够延续千年，长期受到人们追捧，被视为艺术品的原因何在？首先，蜀锦自身具有纹样丰富、色彩艳丽、类别多样的特点，体现出对

---

① 王士性：《广志绎卷五：西南诸省》，中华书局1981年版，第107页。
② 钱小萍：《蜀锦、宋锦和云锦的特点剖析》，《丝绸》2011年第5期。
③ 《大明一统志》卷67，三秦出版社1999年版，第1036页。
④ 王士性：《广志绎卷五：西南诸省》，中华书局1981年版，第107页。

"美"孜孜不倦的追求,能够满足不同人群的审美偏好。其次,蜀锦在编织图案时,善于借用各类文化元素,历史故事、神话传说、自然现象等都被融入其中。如东汉时的"五星出东方利中国"织锦、"长乐明光锦"等,有效满足了人们的文化需求。最后,蜀锦经由历代文人的传扬、歌颂,相关经典作品层出不穷,建立了强大的品牌效应,各个朝代都将其视为时尚的代表。总的来看,蜀锦中注入了优雅时尚的文化精神,融入了地方文化特质,从而成为高附加值商品,引领时尚潮流。

蜀绣则是对丝织品进行装饰的一种刺绣工艺,既用于专门供欣赏的锦屏,又用于实用的被面、衣物、鞋袜、手帕、头巾等丝织品。最早记载蜀绣的文字,出于西汉文学家扬雄的《补绣》诗,表明当时蜀绣已经具备一定工艺水平。到东晋《华阳国志》,蜀绣已经被列为"蜀中之宝",可见其珍贵。现存的古代蜀绣以明代秦良玉锦袍为翘楚,完美地将蜀锦与蜀绣结合在一起。清代诗人王培荀作诗《秦良玉锦袍歌》称:"宫锦归来抚战袍,镂金错绣皆天泽。"这既赞扬了蜀锦成为皇家所用的"宫锦",又以"镂金错绣"盛赞蜀绣的工艺。

新中国成立后,党和政府高度重视传承蜀绣工艺,于1961年正式组建了成都蜀绣厂,使这一具有千年古老传统的工艺得到新生,焕发出耀眼的光彩。在整理、收集蜀绣传统产品的基础上,研究传统技法,试验新针法,丰富提高了蜀绣技艺,制作出不少高精产品,成为中国对外出口创汇的重要物资。[①]

成都的另一项"奇产"是蜀扇,又称川扇。川扇之名,唐代已有之,那时的形制是团扇,不能折叠。宋代川扇已享有盛名,是四川人随身携带的奢侈品,在成都的十二月市中,五月正是"扇市",不仅本地市民争相购买,外地客商也远道而来采购。[②]元朝时,折扇由朝鲜半岛传入中国,由于折扇可以折叠,便于存放和携带,广受欢迎,各地纷纷仿制,其中做工

[①] 朱华:《蜀绣文化探讨》,《四川丝绸》2008年第4期。
[②] 戴德源:《川扇史话》,《四川大学学报》(哲社版)1982年第2期。

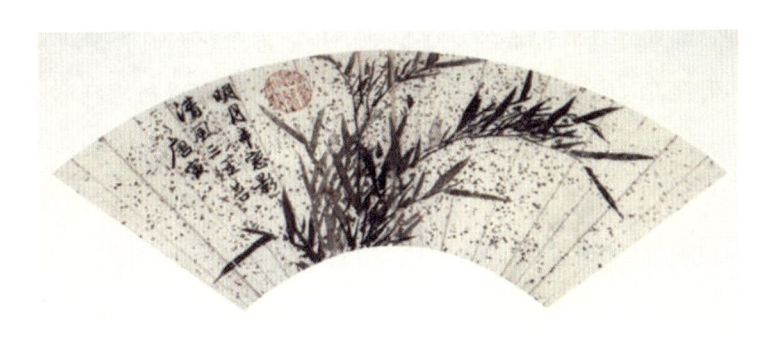

图 3-5　明唐伯虎题写扇面

（浙江大学图书馆藏）

最好、青出于蓝而胜于蓝的便是川扇。明代四川要向皇家进贡川扇11540柄，有时还会增加，用于宫廷使用、赏赐大臣和外国使臣等，这种贡扇每柄可值黄金一两。[①] 川扇也是当时文人仕女的雅玩和相互馈赠的上品。明人沈德符称："聚骨扇自吴制之外，惟川扇称佳，其精雅则宜士人，其华灿则宜艳女。"[②] 可见川扇被当时社会视为时尚物品，有"精雅华灿"之称。

在如此多种的折扇中，川扇为何能够脱颖而出，成为公认的顶尖工艺品？除了工艺精良外，还有两个文化原因。一方面，川扇材质特殊，其扇骨以成都彭县（今彭州）盛产的竹子制成。而在中国人心目中，"梅兰竹菊"是植物中的"四君子"，以竹制扇，有很好的文化意蕴。因此，"折扇凡紫檀、象牙、乌木者，俱目为俗制"，虽然贵重，却显俗气，"惟以棕竹、毛竹为之者，称怀袖雅物"。[③] 竹制川扇很好地融入了优雅的文化精神，故受到人们喜爱。另一方面，川扇的扇面以成都本地的纸制成，轻薄坚韧，可以在上面印制各种图案，如山水画、诗词歌赋、"四书五经"、人物故事等内容，可谓包罗万象。现存四川贡扇的名单里，就有33种不同的图案。从皇家喜爱的龙凤百鸟、仙人瑞兽，到文人仕女喜爱的山水花鸟、诗词章句，同蜀锦、蜀绣一样，川扇也满足了各个阶层的精神需求。

不难看出，蜀锦、蜀绣及川扇的共同特点是融入了丰富的文化内涵，

[①] 陈世松、李映发：《成都通史·元明时期》，四川人民出版社2011年版，第271页。
[②] 沈德符：《万历野获编》卷26，中华书局1959年版，第662页。
[③] 沈德符：《万历野获编》卷26，中华书局1959年版，第663页。

为地方特产赋予了优雅时尚的文化精神，从而推动它们成为誉满天下的高雅商品，引领着时尚潮流。今天的蜀锦、蜀绣及川扇产业虽然已不复当年辉煌，但它们的历史对当下成都发展文创、时尚产业仍有积极影响和启示。

三　锦城时尚尚新潮：中国新时尚之都

与辉煌的历史相比，现代成都也毫不逊色，时尚产业正在蓬勃发展。成都市对时尚产业持鼓励和包容态度。2018年，成都市发改委等部门联合发布的《成都市关于推进创意经济发展的实施方案》中，提出要"发展现代时尚业，重点发展时尚消费品工业、时尚用品业和时尚服务业，创建时尚产业园区，引进时尚设计大师，培育知名时尚品牌"。2020年，Vogue Business in China发布《新时尚之都指数报告》，成都在入选城市中位列第一。种种迹象表明，成都优雅时尚的传统正在为现代时尚产业发展提供关键动力。

《新时尚之都指数报告》从时尚消费实力、时尚商业潜力、时尚文化魅力、时尚创新人才力、时尚发展力五个维度对各个城市进行评价。其中，时尚文化魅力的占比权重最高，达29.8%，成都在这一项上得分第一。报告认为成都时尚文化魅力在众多城市中独领风骚。从评价体系来看，所谓时尚文化魅力，其实正是优雅时尚精神的体现。

具体来说，时尚文化魅力由四个部分组成。第一部分为时尚文化资源，根据博物馆、艺术馆、图书馆、电影院、书店、咖啡店等文化场所的数量评判。其中成都的电影院、书店、咖啡店三项数量在全国入选城市中领先，优雅时尚已渗入市民的生活。第二部分为时尚文化影响力，成都最出色的一项为城市艺术人文类目的地打卡人数排名，此类目的地通常与历史人文相关，可见深厚的历史时尚文化底蕴正助力现代时尚文化发展。第三部分为酷文化活跃度，成都在酒吧、KTV、Instagram城市总话题、B站时尚类话题视频排名四个分项均获第一。这些年轻人时尚文化或小众时尚文化的活跃，显示成都优雅时尚的传统在青年群体中依然得到很好的传承。第四部分为酷文化领导力，除近年来兴起的电竞、嘻哈、二次元文化外，成都还在具有传统文化元素的汉服文化上排名第一，这表明成都优雅时尚精神既有传承，又有创新。

报告还指出，成都能成为新时尚之都，既与这座城市的时尚传统密不可分，同时也与成都市宽容鼓励的环境有关。成都人有追求时尚与享受生活的传统，消费观十分开放，能够为时尚消费提供强大的购买力。在成都包容的环境下，一些新生时尚产业得到了发展的空间，如在说唱、街舞等亚文化领域，成都已成为全国的中心；消费业态迅速完善和更新，2014年，远洋太古里、IFS 正式营业，2017 年，香奈儿第三次中国大秀在成都举办，2020 年，Masion Margiela 的中国首店在成都开业。成都奢侈品消费已仅次于北京和上海。

不过，在成为新时尚之都的同时，成都的时尚产业也存在一些不足。本土原创品牌、领军和主导企业还有很大发展空间。在这一方面，成都的现代时尚产业无疑应从古代蜀锦、蜀绣和川扇的成功中汲取灵感，更好地发扬优雅时尚的文化精神，延续辉煌。

图 3-6 古老与现代的完美融合：大慈寺和太古里

（摄影：李思成）

第三节
乐观包容

一直以来,乐观包容都是成都人的天性,并由此生发为城市的文化精神。正是依靠这样的精神,成都才能够屡踬屡振,始终在重要城市中占据一席之地。无论是宋末元初的战乱,还是明清之际的浩劫,都无法摧毁这座城市。成都人民用自己的坚韧重振了城市,也使成都成为中华文明的坚强大后方。乐观包容的文化精神是成都发展的支撑性力量。

一 此心安处是吾乡:成都的移民文化传统

如果今天在成都街头询问市民是何时成为成都人,多半会得到是"新成都人"的答案。即便所谓的"老成都",往前追溯通常也是移民至此。其实,成都是一座有着悠久历史的移民城市,开放包容是这里不变的传统。

早在秦汉时期,成都便已成为移民城市。秦朝统一后,为确保蜀地稳定,削弱原六国地区分裂势力,遂官方组织移民活动,大量豪民、百姓、俘虏和罪犯被迁入成都地区。东汉末年,天下大乱,各地官僚和百姓又纷纷涌入蜀地躲避战乱,前以刘焉为代表,后以刘备为代表。这些秦汉移民通常在原籍地具有一定社会地位,掌握先进的生产技术如冶铁、酿酒、农耕等,他们的到来极大促进了成都地区经济文化的发展和对外交流。[①]

魏晋时期,随着长期战乱,成都地区人口大量减少,直到隋唐方得到恢复。而在唐朝"安史之乱"后,四川成为唐王朝稳定的大后方,关中和中原地区百姓多选择四川为避难之所,其中成都更是移民的中心城市,就

---

① 罗开玉、谢辉:《成都通史·秦汉三国时期》,四川人民出版社2011年版,第198—202页。

连唐玄宗和唐僖宗也曾来到成都避乱。唐玄宗在马嵬坡驻跸时，对于接下来是去太原、朔方、西凉还是成都举棋不定，此时高力士力排众议，分析了太原等地的缺陷后，说道："剑南虽窄，土富人繁，表里山河，内外险固，以臣所料，蜀道可行。"[1] 高力士用简洁的十六字，生动描述了唐代成都的安定和富足是吸引移民的主要原因。从记载来看，这一时期的移民无论先祖来自哪里，都以蜀人自居，表明蜀地长期具有开放包容的文化特点，使移民能够快速融入。

南宋时期，四川作为宋蒙战争的前线，长期遭受战乱，到宋末元初时，本土居民已大幅减少。此后，成都及四川地区人口的恢复发展主要得益于两波移民浪潮。一是元末湖广人明玉珍建立政权后，追随他入蜀的湖广移民，成为今天"湖广麻城孝感入蜀"传说的源头。二是朱元璋统一全国后，组织大规模移民前往四川，这些移民也主要来自湖广地区。[2]

明朝末年，成都再遭浩劫，先后遭奢安之乱、张献忠占领、清军屠杀，所余百姓十不存一，成都市区"人烟久绝"，"官民庐舍，劫火一空"，"有可耕之田，无可耕之民"。[3] 在这样的局面下，清朝政府在稳定控制四川后，再次由官府组织大规模移民，以恢复和发展四川地区。在此背景下，一个新的移民社会在成都逐渐形成。据学者统计，清末成都居民中，原籍湖广占25%，云贵占15%，江西占15%，陕西占10%，江浙占10%，两广占10%，其他省占15%。[4] 可以说，此时的成都人来自大江南北，全国各地，他们共同在成都生活发展。来自不同地区的移民相互通婚、友好交往，不仅让成都恢复了旧日风采，还创造了和睦相处的移民社会。成都开放包容的精神让移民能够很快融入当地社会，移民也使开放包容精神得到传承与弘扬。

---

[1] 司马光：《资治通鉴》卷218，中华书局1956年版，第6970页。
[2] 陈世松、李映发：《成都通史·元明时期》，四川人民出版社2011年版，第181—187页。
[3] 陈世松、李映发：《成都通史·元明时期》，四川人民出版社2011年版，第191—192页。
[4] 傅崇矩：《成都通览上册》，巴蜀书社1987年版，第109—110页。

到今天,成都已经成为一座"来了就不想走的城市"。根据经济学家任泽平的研究《中国城市人才吸引力排名(2021)》,成都吸引应届生与硕士以上人才在全国城市中分别位居第五和第四,对高学历人才和年轻人吸引力较强。同时,成都总人口也在快速上升。根据2020年第七次全国人口普查结果,成都市常住人口达2093.8万人,较11年前增加了581.9万人,其中大部分是流入人口。这些数据表明,成都开放包容的移民文化传统,在当下仍发挥着作用。

二 海纳百川成其大:包容性的文化艺术

在成都的地方文化艺术中,川剧与川菜是不得不提的代表。虽然它们都带有"川"字,是整个巴蜀孕育出的杰作,但成都开放包容的特质为其贡献良多。因此,川剧与川菜同样能够反映出成都的文化精神。

(一)五腔荟萃成川剧

以成都为中心的蜀地戏曲艺术源远流长,出土的画像砖和说唱俑表明,早在汉代蜀中便已有民间戏曲演出。唐宋时期,成都的戏曲表演十分兴盛,尤其是春季,市民"游赏几无虚辰"。明代更是出现了专业的巡回演出团,往来于各地表演。不过历经明末清初的战乱,原有的四川戏曲艺术保留很少,今天所说的川剧,是在清代融合各种戏曲艺术形成的,成都则是川剧兴起发展的核心地带。

川剧的主要特点,是荟萃了昆曲、高腔、胡琴、弹戏、灯戏五种不同的声腔。五种声腔各有来历,原本为单独表演的戏曲艺术。昆曲又称"昆剧",地位居首,是明清时期风靡全国的戏曲形式。随着清代移民和外省官僚士大夫进入成都,昆曲也随之传入,成为清代前期流行的主要剧种。昆曲因其格调高雅而被称为雅部声腔,其他四种声腔则被统称为花部声腔。其中高腔为四川本土原有的高腔与弋阳腔融合而成,具有通俗、粗犷、活泼的特点,广受底层民众喜爱,"四方土客喜闻之","一人唱而百人和",

因而流行广泛，曲目众多。胡琴即胡琴腔，分为西皮和二黄，合称"皮黄腔"，来自湖北。它依靠胡琴伴奏，声音悠扬婉转，便于抒情。弹戏又称"乱弹""川梆子"，源自秦腔，以盖板子为乐器，节奏感强，唱腔洪亮，适于农村劳作休憩等场合。灯戏为四川本土戏，源自巫师神婆作法时表演的酬神腔调，内容多为生活小喜剧，充满喜庆，适用于祭神、过节等场合。①

随着成都移民社会形成，五种声腔融合的需求不断加强。首先，随着移民融入成都本地，作为戏曲观众，已不满足于只欣赏一种戏曲，而更希望同时能看到多种表演艺术。其次，不同的戏曲共处成都，为艺人们互通有无、取长补短提供了可能。随着相互交流的深入，不同唱腔融为一体，有了实现的可能，最终促成川剧在乾隆末年的形成。五种声腔各有来历，却交融汇聚形成川剧，充分体现了川剧艺术的包容性。

（二）五味调和成川菜

川菜是中国四大菜系之一，也是目前流行最广的菜系，于清代中后期形成，以麻、辣、鲜、香为主要特色。因其原料多为家常食材，利于民间烹饪而被称为"百姓菜"。川菜中又分为以成都、乐山为中心的上河帮，以自贡、宜宾为中心的小河帮，以重庆、南充为中心的下河帮三部分。

成都人热爱饮食，古已有之，虽然现代川菜清代才出现，但饮食传统则代代相传。《华阳国志》称成都人"好滋味"，"尚辛香"，与今天并无二致。巴蜀地区物产丰富，花椒便是其中一种。成都地区种植花椒已有两千余年历史，明代四川花椒为贡品，供应宫廷使用，花椒也是现代川菜最重要的调味品。又如北宋时苏轼善于烹制猪肉，所创制的东坡肉、东坡肘子流传至今，现代川菜中猪肉类菜肴则是最大的品类。可见，巴蜀地区饮食的底蕴与精髓仍然渗透到现代川菜中。

随着清代移民的涌入与成都经济社会恢复，地方饮食文化也开始复兴。"全兴酒""郫县豆瓣"均是移民将自身手艺结合成都特产的创造。同时，

---

① 张学君：《蜀中戏曲源流与"五腔共和"的川剧》，载《天府文化研究：友善公益卷》，四川大学出版社2019年版，第466—484页。

辣椒也在清代传入四川，成为后来川菜重要的调料。这一时期的川菜结合了鲁菜、江浙菜、古典川菜多种菜系的特点，是移民文化融合的代表。之后，川菜推陈出新，独具一格，创制出开水白菜、麻婆豆腐、回锅肉、鱼香肉丝、宫保鸡丁等多种有口皆碑的名菜。到今天，川菜已享有"食在中国，味在四川"的美誉。2010 年，成都也被联合国教科文组织认定为"世界美食之都"。

无论是川剧，还是川菜，都因其包容性而成就伟大，正应了古语"海纳百川，有容乃大"。成都乐观包容的文化精神必将推动川剧、川菜等文化艺术进一步创新发展，助力现代"三城三都"建设。

三　千磨万击还坚劲：乐观坚韧的成都人

成都历史上屡遭战乱，宋元战争、明清易代都给成都和成都人民带来深重灾难，但成都人始终秉持乐观精神，从未被灾难摧垮，不但使成都得以复兴，还在国家危难时成为坚强的大后方，为中华民族贡献出自己的一份力量。

例如，唐代"安史之乱"后，长安遭叛军攻破，唐玄宗被迫逃往成都，此时四川（剑南）为唐王朝提供了大量人力、物力，为最终打败叛军、平定"安史之乱"做出重要贡献，成都也因此被升格为南京。到唐朝末期，四川更是朝廷少数能够控制的区域，《旧唐书》称当时"国命所能制者，河西、山南、剑南、岭南四道数十州"。"安史之乱"后，唐朝还能够延续百余年，成都为中心的四川地区功不可没。

唐朝之后的千年中，成都先后遭宋元战争、明清易代两次浩劫，第二次浩劫后直到清中后期，才依靠成都人乐观坚韧的精神得以复兴。成都恢复方百年，中华民族即遭到日本侵略，面临亡国灭种的危机，此时成都为中心的四川再次成为国家坚强的大后方。抗战中成都人民做出的诸多贡献难以详述，其中值得一提的是成都人的乐观坚韧精神。

抗战中，成都作为后方中心城市，屡次遭到日军飞机轰炸。每次轰炸前得到警报，市民们便需要疏散到城外，这被称为"跑警报"。由于警报紧急来不及携带干粮，交通又不发达，每次疏散时来回需徒步跋涉近一天，市民往往饥肠辘辘。于是便有人在城外道路旁设立小吃摊，卖甜水面、凉粉、锅盔等小吃，这被成都人亲切地称为"抗战快餐"。其中一些烹饪能手的制作，后来还成为地方名小吃。[①] 另外，茶馆是成都人重要的社交、娱乐活动场所，抗战中也起到了凝聚人心、宣传抗日救亡的作用。抗战前，少城公园（今人民公园）的各个茶馆便是抗战演说、动员和募捐的重要场所。抗战爆发后，成都的茶馆更成为宣传爱国和抗日救亡的阵地，演出的戏剧多是新编抗日剧目，茶客们也多在茶馆中了解最新的战争形势。[②]"抗战快餐"中浸透的是对美好未来的乐观期盼，茶馆则将休闲与抗日融为一体，充满了成都人对生活的热爱和乐观坚韧的精神。

图 3-7　鹤鸣茶社

（摄影：李思成）

迈入 21 世纪，成都人仍不时体现出乐观坚韧的精神。汶川地震中的"微笑女孩"，"谭谈交通"里说要"向前看"的坚强大爷，新冠肺炎疫情防控中心态积极的患者……成都乐观包容的文化精神在这一个个平凡人身上得以体现。正是这些秉持成都文化精神的普通人，使成都不惧战乱与灾害，一次次浴火重生，迈向新的辉煌。

---

① 郑光路：《被遗忘的抗战史——四川大抗战》，四川人民出版社 2015 年版，第 296—298 页。

② 王笛：《茶馆：成都的公共生活与微观世界（1900—1950）》，社会科学文献出版社 2015 年版，第 329—336 页。

第四节
友善公益

一座城市的温度，主要来自这座城市里居住的人，来自人们所传递的温暖回忆与幸福感受。能让人感受到温度的城市，才是勃勃生机、万物竞发的城市，成都，便是这样一座有温度的城市。友善公益的文化精神在这里代代相传，让每个居住于此的人都能够绽放生命，成为城市发展的柔性动力。

一 蜀中代有贤良出：成都历史上的慈善名人

古往今来，成都人都有乐善好施、善良热情的美名。历朝历代都涌现出大量慈善人士，这些人中有达官显贵，也有普通百姓。他们的行为表明，友善公益的精神已经浸润于城市的每个角落，成为代代相传的风尚，在潜移默化中影响着每一个成都人。

东汉赵温，字子柔，成都人。《后汉书·赵温传》记载，东汉末年，天下大乱，流民为躲避战乱逃到成都，恰好遇到收成不佳，流民陷入饥荒之中。此时赵温已经辞官回到成都，不忍发生饿殍遍地的惨剧，于是便将自己家中储藏的粮食都散发出来，救活百姓达万余人。因其义举，汉献帝任命他为侍中。董卓死后，李傕、郭汜相互攻击，赵温冒死责备李傕，希望他停止战争以保全百姓。由于赵温德高望重，李傕虽然不肯听从，但也不敢将他杀掉。赵温最后官至三公之一的司徒，卒年72岁。

宋代范镇，字景仁，成都人。《宋史·范镇传》记载，范镇在知陈州时，遇到当地灾荒，情况十分紧急而来不及上报获得批准，就将官府储存的粮食与铜钱借给百姓以度过灾荒。事后范镇承担了全部责任，上疏请求辞官，宋英宗欣赏他爱民如子，敢作敢当，而没有追究。范镇官至端明殿学士，死后谥号"忠文"，在当时被人称为"蜀中伟人"。

明代蜀王朱椿，南京人。朱椿是明太祖朱元璋的儿子，受封为蜀王，王府设于成都，他热爱读书，被朱元璋称为"蜀秀才"。朱椿来到成都后，有感于战乱之后蜀地残破，决心振兴文教，帮助成都发展。他出资刻印经典书籍，颁发给各州县学校使用，并每月资助成都府学的教官一石粮食。朱椿还重修昭烈庙与武侯祠、杜甫草堂，兴建学校、桥梁，为成都城市营建和人文景观恢复做了重要贡献。不仅如此，朱椿资助了大量士人，如王祎在云南因公殉职后，其子王绅受朱椿资助前去领回父亲遗骸。宋濂去世后，朱椿将其尸骨迎至成都安葬并修建祠堂祭祀。[1] 方孝孺称赞他："服纤丽，则恐一夫之或寒；尝珍美，则思一夫之或饥……糜粟以赈其饥，施药以安其躯，省兴作以养其力，给棺椁厚其终，可谓道足以济天下矣。"[2] 正因如此，朱椿得到了"贤王"的美名。

清代成都的慈善人物也层出不穷，其中许多是移民至此，受到成都友善公益精神的感染。同治《重修成都县志》记载，移民王子善从广东来到成都定居，他在收租时使用小斗，因此收上的粮食较少，使佃农"皆得小康"。饥荒时又将存米减价出售，乡亲们都称他为"善人"。不仅富民如此，一些平民也践行着友善公益。一位叫作杨廷广的民间医生"家贫好施"，依靠医术悬壶济世。1804年，成都发生瘟疫，杨廷广拿出自己积攒的30两银子，购置药材送给贫民，使不少人得以存活。这些民间百姓的慈善举动，表明成都友善公益的文化精神代代相传，从上至下浸透于各个阶层，成为整个城市共同的风尚。

二 急公好义美名扬：近代成都民间公益事业发展

与历史上个人的慈善行为相比，近代成都的民间公益事业呈现出组织

---

[1] 胡开全主编：《明蜀王文集（五种）：献园睿制集》，巴蜀书社2018年版。
[2] 方孝孺撰：《逊志斋集》卷9，许光大校点，宁波出版社1996年版，第268—269页。

化、规模化、专业化的特征，慈善公益向深层次发展，出现了"善堂""善会"等慈善组织，其分工日趋专业，如专门抚养孤儿、抚养孤寡老人、收留流民，等等。近代成都民间公益事业的发展，是友善公益精神随社会条件变化的新呈现。

近代成都民间公益事业主要有以下三大社会力量支持：士绅群体、同乡会馆与教会。士绅群体兴办的代表性慈善机构是成都慈惠堂，这是近代四川最大的慈善机构，于咸丰年间由叶荣庆等士绅创办。1924年，著名慈善家尹昌龄（成都华阳人）成为慈惠堂总理，负责相关工作。这一时期因民国政府腐败及财政困难，一些官方慈善机构也由慈惠堂接手进行管理。如成都市政府所办民生工厂于1931年因经费不足，难以维持而划归慈惠堂管理。[1] 由于尹昌龄一心为公，经营得当，到1942年他去世时，慈惠堂的总资产已有"房宇管业证二十有七，计为屋二百四十九间，又独院二十四所；田产管业证计八千三百四十八亩有奇，现金百数十余万"[2]。慈惠堂得到了很大发展，尹昌龄为近代成都公益事业贡献巨大。

清代各地移民涌入成都，同乡之间遂修建同乡会馆以联谊互助。这些会馆同样是民间公益的重要力量，大家在会馆"聚嘉会、襄义举、笃乡

图3-8 成都慈惠堂街
（摄影：李思成）

---

[1] 钟平：《社会与救济——成都慈惠堂研究（1924—1949）》，硕士学位论文，四川师范大学，2007年。

[2] 周开庆：《民国四川人物传记》，台北商务印书馆1966年版，第274页。

情"，互帮互助是其核心内容。①其后，会馆的慈善内容又从较狭隘的同乡互助发展出赈灾济贫、资助教育的功能，逐步参与到地方社会事务中，为清代成都恢复与发展做出较大贡献。②除了通常意义的慈善外，会馆还有一项特殊的公益行为，即会馆中举行戏剧演出不收门票，免费供成都市民观看，这无疑是让人温暖的友善之举。

清末出现的教会力量也对成都近代公益事业贡献良多。近代随着中国大门的打开，传教士开始广泛活动于中国各地。但是，由于列强对中国的侵略，这些传教士在民间遭到了强烈的敌对情绪。为了摆脱这种状况，同时也是教义所需，传教士开始通过慈善事业来改善自身形象。随着时间推移，外来的传教士逐渐被本土教会成员接替，教会慈善渐渐成为中国人自己的慈善事业。这一时期，成都诞生的代表性教会慈善组织有成都中西组合慈善会。辛亥革命后，四川陷入军阀混战，成都街头孤儿、贫民渐增。在此背景下，成都教会人士杨国屏与谢安道、陈省吾等人发起成立中西组合慈善会。慈善会的主要任务是抚孤与养老，每年收养孤儿20—80人，收养老人5—15人，其孤儿院被称赞是当时成都市"成绩最著之慈善机关"。③

图 3-9　成都育婴堂街
（摄影：李思成）

综合来看，近代成都公益事业在继承古代传统的基础上又有新发展，组织化、专业化的特点使公益事业不因一人一事而兴废，稳定性得到加

---

① 王雪梅：《四川会馆》，巴蜀书社2009年版，第15页。
② 袁月：《清代成都会馆与成都社会发展》，《成都大学学报》2018年第5期。
③ 谭绿英：《民国时期基督教在华慈善事业——以中西组合慈善会为例（1921—1940）》，《宗教学研究》2003年第1期。

强，为现代成都公益事业奠定了良好的基础。

三 天下为公书新篇：政府引领公益事业发展

21世纪以来，在市委、市政府领导下，成都公益事业有了长足的发展。2006年，成都市在四川省率先成立了成都市志愿服务工作委员会。该委员会是成都市委、市政府设立的非常设议事机构，设立目的是加强全市志愿服务工作领导，规范和促进志愿服务工作。经过多年的探索和实践，成都市志愿服务逐步形成在市文明委领导下，由市文明办组织协调、各有关单位和部门共同配合的"一体多维"的志愿服务组织领导统筹机制。

2012年，成都市先后支持建立了成都云公益发展促进会和成都公益组织服务园，为成都市社会组织和志愿服务组织发展提供了更多的第三方专业支持。成都云公益发展促进会入驻会员包括成都市内外400余家公益机构和志愿者团队，服务领域涵盖扶贫济困、扶幼助老、教育医疗、灾害应对、环保社区等内容。成都公益组织服务园作为公益组织支持平台，其主要工作内容是为公益组织提供公共空间、注册协助、专业辅导、能力建设、信息资讯、资源对接等服务，搭建与各方需求对接及沟通合作的平台。目前，成都云公益发展促进会与成都公益组织服务园已成为成都公益事业的重要品牌。

2015年，成都市委宣传部、市文明办建设成立了成都市志愿者服务活动中心，其目标是将活动中心打造成为全市志愿服务的"一窗口、两平台、两基地"。其中，"一窗口"是指全市志愿者的服务窗口，为全市志愿服务组织及志愿者提供各项咨询服务；"两平台"是指全市志愿服务供需对接平台和宣传展示平台，一方面为志愿服务对接需求，另一方面结合新媒体手段，宣传成都志愿服务事业；"两基地"是指全市志愿服务的培训基地和活动基地，为全市志愿者提供培训，提升志愿服务水平与专业度，协调志愿活动开展。目前，全市建成区的全部社区均已建立志愿服务站。

2015年和2016年两届全国学雷锋志愿服务"四个100"先进典型推

选活动中，成都获奖成绩位列省会、副省级城市前列。2012年，第二届中国城市公益慈善指数发布。报告显示，成都在全国综合排名第75位，荣获五星级慈善城市。经过两年的努力，2014年第三届中国城市公益慈善指数发布，成都的城市公益慈善指数上升了63名，全国排第12位，城市慈善星级也由五星直接升到七星。2016年，第四届中国城市公益慈善指数发布，成都综合排名上升至第9位。2018年，第五届中国城市公益慈善指数公布，在综合指数得分中，成都排名第9，在中西部城市中排名第一。注册志愿人数成都连续两年超过100万人，全国排名前10；注册公益社会组织超过一万家，排名第6，其中慈善组织超过2000家。成都的公益慈善事业取得了显著的发展。

2021年5月，成都公益慈善发展论坛举办。论坛根据"十四五"规划明确提出要"发挥第三次分配作用，发展慈善事业，改善收入和财富分配格局"，可见公益慈善事业在第三次分配中具有重要作用，对实现共同富裕的目标意义重大。在新时代实现共同富裕的征程中，成都市要继续做好扶贫济困、安老助孤、赈灾救难等传统慈善内容，同时发挥公益慈善的教育、卫生、环保等公共服务内容和社会治理功能，帮扶救助困难弱势群体，维护社会公平正义，提升社会治理水平，推进社会主义共同富裕伟大目标的实现。

成都有延续两千年的公益慈善传统，有近代紧跟风气的民间公益组织

图3-10　成都市志愿者服务

建设，有新时代党和政府领导下公益事业的新发展，友善公益的文化精神已深深扎根于城市，扎根于每个成都人的心底，未来必将长成参天大树，成为城市发展与实现共同富裕的柔性动力。

小　结

　　成都的城市文化精神可用"创新创造，优雅时尚，乐观包容，友善公益"十六字概括，其中每一项精神都拥有深厚的历史底蕴和重要的现实意义，源远流长，影响巨大。

　　创新创造精神可追溯至古蜀文明，都江堰工程的创新帮助成都人适应自然，与自然和谐相处；"交子"的创造促进成都经济社会发展，助力人类文明进步；当下成都在航空航天、电子、医药领域的技术创新，为中华民族伟大复兴与自立自强贡献良多。创新创造精神如同燃料，是成都城市发展的持续性动力。

　　优雅时尚精神在成都代代相传，已成为这座城市的品牌形象。汉赋唐诗，为成都注入文气；蜀锦川扇，让锦城工艺享誉天下；现代社会中，时尚产业更成为成都经济的重要组成部分。优雅时尚的精神为成都相关产业注入了灵魂，如同品牌等无形资产，是城市发展的隐形动力。

　　乐观包容精神随着成都历经挫折坎坷又再度崛起，越发凝练，内化于城市的每个角落。成都如同熔炉，让各地移民融入本土，不分彼此。川剧川菜，是汇聚天下精华而成的包容性艺术。经历灾难的磨难，成都人更显坚韧。当国家和民族面临危难之时，成都人挺身而出的同时保持着乐观的态度。乐观包容的精神如同基石和支柱，支撑着成都，是城市发展的基础性动力。

　　友善公益精神是在乐观包容精神基础上延伸发展而来的。成都历史上有无数的慈善名人，他们救急济困、敬老抚孤、赈灾施药、修桥铺路、发展文教，为成都发展做出了巨大贡献。近代以来，随着社会条件的变化，成都的公益事业与时俱进，向组织化、专业化方向发展，出现了慈惠堂等著名公益组织，使公益事业不再单纯依靠个人，得到了更稳定的保障。进入21世纪，在市委、市政府的大力支持下，成都公益慈善事业更是出现了飞跃，成为全国公益慈善发展最好的中西部城市。友善公益精神为城市带来了温度，如同润滑剂，成为成都发展的柔性动力。

第四章

美美与共的文化氛围

城市的文化氛围，是城市特定的精神风貌和美学特征的体现，依托于各种城市场景，集合成地方的整体文化风格和美学特色，同时也塑造、培养城市的各类精神。在后工业时代，经济增长的焦点在于城市，城市的产业面貌随着重工业雇佣工人的减少，而呈现出服务业不断增长、知识经济占比增加的特点，城市的意义也逐步从生产转向美学。越来越多的城市设施与活动以服务市民个体为目的，而这些城市设施与活动开始越来越多地定义城市场景、塑造城市文化氛围、熏陶城市居民。这些设施大到博物馆、美术馆、音乐厅、剧场、书店、图书馆，小到咖啡馆、画廊、健身房、便利店以及风格各异的餐厅。更重要的是，这些多元化的文化设施，不仅仅提供某种专业服务，如展览、表演、商品、饮食等，而且通过人与人的交流，创造具有丰富文化意义的公共空间；这些场所吸引了具备某些文化特质的市民群体来聚会和交流。不仅如此，这些文化设施渐渐与其中的人群和举办的活动有机集合，从而嵌入特定的文化意涵，而不再仅仅是单一的文化设施。恰恰是这些文化意涵，改变着人们的思想态度与行为，从而影响了整个社会生活，重新定义了城市发展的方方面面，包括城市经济、居住生活、政治活动和公共政策。这就是以芝加哥大学教授克里·克拉克为代表的城市研究团队提出的场景理论。

成都除拥有传统意义上的文化设施和场景外，还将场景理论与城市场景打造和经济发展结合起来。在2017年的新经济发展大会上，成都率先提出了新经济的"七大应用场景"，即着力构建服务实体经济、智慧城市建设、科技创新创业、人力资本协同、消费提档升级、绿色低碳发展、现代供应链创新应用。2020年，成都召开"2020成都新经济新场景新产品首场发布会"，再次提出"场景营城"，即通过应用场景的营造对原有城市生产、流通、消费活动进行重构，运用新技术、新业态、新模式提高城市资源配置的效率和质量，由内而外地提高城市运行效率，提升城市功能的一系列活动。2021年，成都进一步提出要围绕"场景营城"的核心理念，把打造消费新场景、培育消费新模式作为激发消费创新活力和释放消费潜力的重要抓手。2021年8月，成都发布《公园城市消费场景建设导则（试行）》，率先以政策形式在消费领域探索场景营城理念落地方案，提出了针对消费场景营建的导则。成都在各项政策的连续推动之下，依托多元化的城市设施和场景，塑造城市美学，一步步营造出美美与共的特色文化氛围。

第一节
高品质的文化设施

成都近年来将文化建设发展与建设高品质和谐宜居生活城市深度融合，建成了一批高品质的城市标志性重大公共文化设施，作为丰富市民精神生活的重要空间载体。城内各类文博场馆、视觉艺术设施、演艺场所等高品质文化设施空间不断集聚，基层文化生活圈日趋完善，形成了多样化的城市文化场景，润物无声地滋养着成都的文化氛围。

一　物华天宝博古今：中国博物馆之城

博物馆和美术馆承载着城市居民文化、审美精神生活的重要部分。2021年5月成都市文化广电旅游局的数据显示，成都市共有博物馆160家，其中国有博物馆50家、非国有博物馆110家，非国有博物馆的数量和质量均是全国城市第一，其中成都博物馆新馆建成不久即被评为"全国最具影响力的十大博物馆"。在第四批全国博物馆的定级评估中，获评国家一级博物馆的有成都博物馆和四川省建川博物馆，获评国家二级博物馆的有成都市青白江区博物馆、崇州天演博物馆、成都市成华区拾野自然博物馆和成都许燎源现代设计艺术博物馆。此外，成都蜀锦织绣博物馆、成都三和老爷车博物馆获评国家三级博物馆。全市国家一、二、三级博物馆总量至此达到20家（一级6家、二级7家、三级7家）。众多博物馆正成为城市的新中心、新门户和新客厅，成都也因众多的高质量博物馆成为兼具外观和内涵的"博物馆之都"。

在主城区的博物馆中，不乏历史悠久、底蕴深厚的场馆浸润滋养着城市文化。

位于武侯区武侯祠大街231号的国家一级博物馆成都武侯祠博物馆，本是一座君臣合祀祠庙，纪念的是诸葛亮、刘备等蜀汉英雄。成都武侯祠是西晋末年为纪念诸葛亮而建，由汉昭烈庙、武侯祠、惠陵、三义庙四部分组成；1984年落成，2008年被评为国家一级博物馆。武侯祠纪念的是诸葛亮"鞠躬尽瘁，死而后已"的精神和"审势""攻心"的政治智慧。另一座最具代表性的国家一级博物馆杜甫草堂博物馆位于青羊区青华路37号，是"诗圣"杜甫流寓成都时的故居。杜甫在此先后居住4年，成诗200余首，《茅屋为秋风所破歌》即是上元二年（761年）八月在草堂所作。唐末韦庄寻得遗址，重结茅屋，此后历代均有修葺重建。今天的草堂占地面积近300亩，中轴线上依次排列着照壁、正门、大廨、诗史堂、柴门、工部祠，两旁对称排列着其他建筑，完整保留了明弘治十三年（1500年）、清嘉庆十六年（1811年）扩建的建筑格局，是国内规模大、保存完好、享有盛誉的杜甫行踪遗迹地。

"天府之国"的文化积淀远远不止于汉唐遗风，前有古蜀文明，后有历代遗存。成都金沙遗址博物馆就是一处代表成都悠久历史的标志性景观。这座遗址类专题博物馆位于青羊区金沙遗址路2号，就建在金沙遗址原址上，向市民和游客展示着商周时期的古蜀文化。国家二级博物馆成都永陵博物馆位于金牛区永陵路10号，门外是繁忙干道，总占地面积约5.4万平方米，由文物保护区、综合馆、园林保护区三部分组成，是五代十国前蜀国开国皇帝王建（847—918）的陵寝。这是全国第一座科学发掘的帝王陵寝，也是全国唯一一座地上皇陵。

成都远郊的区（市）县也不乏引人注目的各类博物馆，呈现出"博物馆之城"的多样性。都江堰市青城山脚下的国家三级博物馆华希昆虫博物馆，是中国首家现代化昆虫博物馆，被多家国外媒体称为"亚洲最大昆虫博物馆"，是国际学术界公认收藏中国蝴蝶种类最齐全的博物馆。郫县古城镇还有国家三级博物馆成都川菜博物馆，大邑县安仁古镇有国家一级博物馆建川博物馆。建川博物馆为目前国内民间资本投入最多、建设规模和展览面积最大、收藏内容最丰富的民间博物馆聚落，由樊建川先生筹建，目前博物馆拥有藏品1000余万件，包括4000多件国家珍贵文物，其中404件是国家一级文物。

二　世间无限丹青手：美术馆之城

成都不仅是"博物馆之都"，也是"美术馆之城"，城中分布着各类美术馆、艺术馆和画廊等视觉艺术展示设施。伟大的城市都有艺术的高地，标定出城市的视界与格局。成都是艺术家聚居的城市，随着近年来多家高规格美术场馆的落成，城市的文化资源、文化产业和人才发生"聚合反应"，逐渐形成城市的精神图腾，激发出城市的蓬勃活力，形成城市的艺术聚落。如今，成都已经有120家形式多样的美术展馆，为市民和游客贡献着场场视觉盛宴。

锦江区、天府新区、龙泉三区交界处的三圣乡蓝顶艺术区的蓝顶美术馆是一家民办的非营利性美术馆，是继北京宋庄原创艺术集聚区之后中国第二大艺术群体聚居区，聚集了何多苓、周春芽、刘家琨、罗中立等上百位知名艺术家。自2009年建立以来，蓝顶美术馆一直致力于中国当代艺术作品的展示与推广。蓝顶美术馆总面积约6000平方米，由荷塘月色的老馆、中国著名建筑家刘家琨设计的后现代工业风和空间感极强的新馆组成。刘家琨曾在他的著作《此时此地》中阐述了建筑设计的"低技策略"，即在建筑设计时要选择技术上的相对简易性，注重经济上的廉价可行，充分强调对古老历史文明优势的发掘与利用，通过令人信服的设计哲学和充足的智能含量，以低造价和低技术手段营造高度的艺术品质。这是建筑艺术家在经济条件、技术水准和建筑艺术之间寻找平衡点的过程，目的在于探寻一种建筑策略能适用于经济落后但文明深厚的地方。

成都不仅有中心城区与自然风光相结合的美术馆，还有与商业相融合、开设在购物中心的小型美术馆，也有设于高尚住宅区的美术馆，还有设在公园里的美术馆以及创新的艺术空间。

锦江区二环路东五段 299 号附 6 号东湖公园内，就坐落着域上和美艺术馆，由意大利阿尔佩建筑师事务所承担馆区改造设计。美术馆临湖而立，馆区占地面积 40 余亩，建筑面积 12000 平方米，既落地中心城区，又能饱览全湖风光，将现代建筑与东湖公园的自然景色融为一体。成都壹购潮流广场 3 层 ART'N EGO 美术馆、银泰中心 in99-6F 展厅、万象城一期 1 层小酒馆/Littles 空间等艺术场所，则采用 "Artmall" 范式，融合了都市商业与艺术，将艺术精神浸润到城市生活的物质领域。天府新区集中着众多新建的美术馆，如位于成都市高新区天府大道天府软件园 C1 楼的成都当代美术馆以及位于天府大道南延线麓湖生态城的艺展中心麓湖·A4 美术馆，这家美术馆由 "大地建筑之父" 安托内·普雷多克（Antoine Predock）担纲建筑设计，总面积 3500 平方米，临水而建，与周围红砂岩地貌融为一体，水、城市、空间三个元素被运用得淋漓尽致，展现出成都 "水文化" 的特质。位于新津县老君山脚下的成都知美术馆也出自大师之手，日本著名建筑设计师隈研吾（Kengo Kuma）是国际建筑界继安藤忠雄、伊东丰雄之后最重要的日本建筑大师。知美术馆和隈研吾其他的建筑一样，谦逊地矗立在其所处的环境，以错落有序的瓦片笼罩着美术馆，隐藏了建筑本身，把水和中国传统建筑材料瓦片相连接，包裹着建筑，使得建筑的外在形态呈现出一种川西特色神韵，而内部则光影变幻、禅味无穷。

金牛区中环路金府路段府河摄影公园和金牛宾馆周边的天府艺术公园内，分别坐落着成都当代影像馆、天府美术馆和当代艺术馆。成都当代影像馆建筑面积 7500 平方米，2019 年正式开馆，致力于成为观测中国影像艺术生态、促进国内外影像艺术交流与合作、推动艺术与学术生产的专业影像美术馆。天府艺术公园内的天府美术馆和当代艺术馆两馆隔湖相望，功能各有侧重又相互补充。成都市天府美术馆定位为大型城市综合美术馆，旨在让观众通晓成都、沟通世界，展陈面积近 1.3 万平方米，场馆汲取成都市花芙蓉花为主要元素，屋顶采纳芙蓉花瓣造型的异形曲面金属屋面，远望如芙蓉出水。当代艺术馆定位为面向未来的国际化综合艺术中心，展陈面积约 8200 平方米，建筑设计灵感来自 "窗含西岭千秋雪"，建筑形态象征连绵重叠的西岭景致。在这里举办的 2021 成都双年展，正是对"公园城市"建设的重要实践与思考。此外，位于成都市成华区建设北路三段 32 号 CEC784 万谷智慧产业园内的 Why Art Space·为什么艺术空间是成都首家新媒体独立艺术空间，不断探索着艺术与城市的未来。

　　社区美术馆也是成都老城区街头巷尾的一道特色风景线，与老旧社区的建筑风貌形成鲜明对比，为浓郁的烟火成都味添加了艺术和精神的熏陶，"高大上"又"接地气"，使市民在家门口就能不花一文钱享受到艺术氛围。美术馆走进社区，在一老一新的相互反衬中，有力地律动着城市更新与发展的脉搏，丹青进社区，翰墨颂蓉城。

　　四川民进书画院的艺术家秉承"惟愿文教敷，遑顾心力瘁"的开明精神，积极开展具有书画特点与民进特色的社会服务活动，于 2013 年正式开放青羊区宽巷子社区美术馆。宽窄巷子历史文化保护区 2009 年完成改造开街，其改造采用与历史文化建筑具有"同代性"挪动、保存、修缮、利用、养护传统土木民居建筑，并装置"院坝式"川西民俗艺术博物馆聚落。宽巷子社区美术馆在下同仁路边，免预约、免门票，300 余平方米的展厅设在一座整洁古朴的小院坝内，绿叶衬着小青瓦和小青砖，氛围宜人；历年来举办了"'春天里'宽巷子社区美术馆邀请展"社区书法展、"天府文化润少城，翰墨丹青话廉洁"书画作品展等艺术展会，把丹青带到了市民的家门口。

　　就在宽窄巷侧旁，青羊区支矶石街 59 号还有另一座美术馆——成都画院·成都美术馆，成立于 1980 年，是改革开放后全国第一批由政府组建的从事展览陈列、艺术品收藏、艺术研究、艺术创作、公众教育、艺术交流和社会服务的公益性文化事业机构。这座古香古色、三进三出的四合院川西民居，占地 2331 平方米，2007 年被批准为"四川省文物保护单位"，是宽窄巷片区现存最大、最完好的建筑。画院前身可追溯至中国历史上第一个"皇家画院"——后蜀主孟昶的"西蜀翰林图画院"，距今已上千年。美术馆展厅的改建全部为内部加建，没有破坏建筑本体，保留了穿斗抬梁混合式的建筑架构，古朴素雅，青瓦白墙下，依着小巧精致的水景花园，古树荫下，摆设了露天茶水，供市民休憩、摆"龙门阵"。成都画院在40余年中，秉承"德厚艺精"的院训，见证与培养了一大批在全国乃至国际上具有影响力的艺术大家，影响了四川乃至中国艺术创作的时代风向。

三 别有天地非人间：演艺娱乐场馆

成都还富有音乐厅、剧场等娱乐设施和场所。2019年初，成都发布《成都市建设国际音乐之都三年行动计划（2018—2020年）》，根据行动计划，成都提出了建设以高品质音乐演艺为核心影响力的国际音乐之都，在三年时间内不断提升成都在高品质音乐演艺领域的国际知名度和影响力。《成都建设世界文化名城报告（2017—2019）》介绍，截至2019年，成都建成4个音乐园区——国家音乐产业基地东郊记忆和少城视井、梵木创艺区、城市音乐坊和5个音乐小镇——龙泉驿洛带、彭州白鹿、崇州街子、大邑安仁、邛崃平乐；成都有大中型国际化演艺场所37个，包括新建的成都城市音乐厅、成都露天音乐公园、四川大剧院等。

城市音乐厅是国内近年来不多见的在城市核心区新建的大型综合观演建筑，坐落于一环路南一段，北靠四川音乐学院，南邻城市主干道，总建筑面积10.2万平方米。城市音乐厅包含歌剧厅、音乐厅、戏剧厅、室内小型音乐厅以及2000人露天音乐广场，规模位列国内省级观演建筑前五。城市音乐厅位于核心城区，周边小街小巷纵横交错，充满老成都的气息，毗邻锦江河道，在老城区中焕发新的城市魅力。城市音乐厅的设计曾获2020年度中国建筑优秀勘察设计奖优秀（公共）建筑设计一等奖，其特色在于声学设计的精准把控，将声学效果与室内精装完美结合，完美融合了各观演厅的视觉与听觉效果。

城北凤凰山片区的成都露天音乐公园，位于三环路以北、熊猫大道以南。音乐公园占地592亩，是一座以露天音乐广场为主题的地标性城市公园，在全国绝无仅有。成都露天音乐公园各种规模、形式的剧场可以满足多种演出需求。音乐公园西南角的主舞台观众区可容纳4万人，是全国最先进的专业露天音乐会举办地。U形结构、三面闭合的主舞台由高50米、跨180米的钢结构和膜结构组成，是成都最大的穹顶天幕，可以在举办大型演唱会或音乐节和小型室内音乐会之间灵活切换。

2018年10月，四川大剧院正式对社会开放。四川大剧院位于天府广场东北侧，建筑面积59000平方米，采用"双剧场"结构，其中大剧场1600多个座位，小剧场450个座位，具有剧场演出、电影、文化展示、艺术培训、商业休闲、文创办公、公益活动等多元复合功能。四川大剧院属于灾后重建项目，其前身是锦城艺术宫，建于1987年，曾是全国最好的剧场之一，也是四川和成都的文化地标。汶川大地震对锦城艺术宫的主体结构造成损伤，艺术宫的原有建筑空间业已无法满足现代艺术演出展示等多种需求，剧场应势重建，更名为"四川大剧院"。

除了音乐厅和剧院，成都的文化馆建设也颇有成效。文化馆是公共文化服务体系建设的主要力量，耕耘着城市的文化生态，滋养着城市居民的精神家园。文化和旅游部制定了省级、副省级和地市级、县级文化馆等级的必备条件和评估标准，对文化馆馆舍面积、人均财政投入、业务门类配备、数字化服务能力等等级必备条件以及各项评估指标都提出了具体评估细则。四年一次的文化馆评估定级是推进文化馆服务能力建设、促进文化馆事业高质量发展的重要工作机制。2021年11月，文化和旅游部公共服务司发布了"第五次全国文化馆评估定级拟命名一、二、三级文化馆名单"，成都市级及各区（市）县22个文化馆全部达到一级指标，拟命名"国家一级文化馆"。成都成为全国唯一一个市县两级文化馆、图书馆均成为国家一级馆的城市，成都市的公共文化服务效能进一步提档升级。据成都市文化广电旅游局公布数据，2017年以来，全市文化馆举办各类文化活动约7万场次，其中，2020年全市活动突破2万场次，线上线下服务达3193.49万余人次。成都市文化馆不断优化硬件，新馆面积超20000平方米，总面积超10万平方米。全市推动文化馆总分馆建设，市、区协同发展，促进优质文化资源向基层倾斜和延伸。全市文化馆平台依托"文化天府",深化数字化建设,提升效能,市、区平台互联互通,实现文化馆公共文化服务全域共建共享。成都还打造了特色化品牌,塑造文化IP,包括成都文化四季风、成都街头艺术表演、公共文化服务体验师、"走近艺术"全民艺术普及讲座等市级文化品牌,以及"文化金牛大擂台""光祈音乐节""快乐周末 百姓大舞台""百村文艺大联动""优秀基层案例展演""龙腾狮舞闹元宵"等区(市)县品牌。

第二节 高层次的文化生态

城市文化是城市最根本的气韵和灵魂,城市文化生态则通过文化场景营造、文化活动举办,把人和城市紧密联结起来,人构成城,城影响人,形成人城共生、和谐共进的城市文化生态。成都是一座文化底蕴深厚的千年古城,都江堰化涛涛岷江水为温婉的锦江,蜿蜒迤逦于成都平原,灌溉孕育了成都独特的城市文化。从瑰丽神秘的古蜀文明、不知饥馑的"天府之国",到中国璀璨的"西部明珠",成都在历史长河中不断奋进,书写着成都的城市文化基因。成都的快发展与慢生活、历史沉淀与潮流时尚、乡土与国际、和谐包容、兼收并蓄的城市特质,都植根于成都特有的文化基因,并在城市建筑、文化街区、社区空间等地方明晰地展现出来,形成具有鲜明成都地域特征和历史记忆的城市文化烙印。城市文化赋予了成都旺盛的城市活力和永远年轻的灵魂,而城市环境又成为成都城市文化之魂的物质呈现。成都始终坚持文化强市的理念,把城市文化融入城市建设之中,以文化为基石,注重传承与创新相统一,贯彻以人为本的原则,整合文化产业,营造良好人居环境,发挥文化的内在驱动力,不断推动城市品质提升,促进城市的高质量发展。

一 坊里街市今胜昔：城市更新的文化街区

让大众关注城市文化，让城市文化贴近大众，只有城市文化和城市居民相互交融，才能给城市文化不断注入旺盛生命力，让城市真正"活"起来。成都文化街区建设非常注重街区历史沉淀和民俗民风的文化内涵，把历史脉络、文化延续、城市肌理、精细管理、商业业态、居民生活等紧紧结合在一起，形成了众多体现天府魅力、展示本土特色的文化街区。宋代诗人陆游曾在《梅花绝句》中描述过当年的天府胜景："二十里中香不断，青羊宫到浣花溪。"今天，古人口中的天府锦城成都又焕发了新的光彩。"八街九坊十景"的打造串起了成都千年的悠悠时光，凝练着时尚与复古、浪漫与优雅、创造与闲适的独特城市气质。"八街"囊括了寻香道街区、春熙路街区、宽窄巷子街区、华兴街区、枣子巷街区、四圣祠街区、祠堂街区和耿家巷街区，"九坊"指的是锦里、皇城坝、华西坝、音乐坊、水井坊、望江坊、大慈坊、文殊坊和猛追湾，"十景"则包含了青羊宫、杜甫草堂、散花楼、武侯祠、皇城遗址、望江楼、合江亭、大慈寺、天府熊猫塔和文殊院这些历史底蕴丰厚、极负盛名的地标。[①]"八街九坊十景"整体建设秉承了"一街一景""一街一品"的理念，充分挖掘街区根植的文化特色，因地制宜地进行业态布局，注重特色文化和商业业态的紧密结合，既有熏熏然赏美景的醉人、淘淘然品美食的便利，又有悠悠然逛铺子的安逸。文化街区把文化与生活、商业与审美真正进行了有机的统一。

（一）水井坊：时尚与历史碰撞的文化街区

水井坊地处成都东南方向，位于锦江之畔，是成都最富历史价值的文化街区之一。水井坊融汇了"馆、驿、会、坊"四种业态形式，综合了水文化、酒文化、驿站文化、民居精髓、现代金融、都市休闲等多种体验于

---

① 袁弘、张家华、缪梦羽：《留住"最成都" 亮出"国际范"》，《成都日报》2019年1月4日。

一身。水井坊的得名源自区域内元、明、清三代川酒老烧坊的水井街酒坊遗址，被称为"世界上最古老的酿酒作坊"。好水配好酒，水井坊沿锦江而逶迤，地标建筑成都香格里拉酒店矗立在府河和南河的交汇口合江亭。合江亭始建于 1200 年前，如今仍然是成都城市低碳特色景观轴上的亮点，其两侧的亲水走廊是中心城区最大的亲水平台之一。街区以"水"为主题，沿线驳岸采用下垂式绿化或水藤蔓植物做绿化装饰，再加上绿化、竖向及构筑物的夜景景观打造，形成水润天府的生态美感。承载千年历史的合江亭，正在焕发出愈加耀眼的光彩。

结合九眼桥片区的酒吧、音乐休闲文化氛围和本身的川酒文化底蕴，水井坊以酒吧和餐饮文化为主产业，从香格里拉酒店沿江打造水津街商业街区，并成功塑造了兰桂坊这一城市潮流品牌。兰桂坊创新性地把餐饮、购物和娱乐有机结合在一起，突破了成都酒吧原来的单一固化消费模式，成为全新的综合性休闲消费中心。每到阳光灿烂的日子，水井坊的锦江畔总是聚满闲适悠哉的成都市民，或沐浴阳光，或赏两江美景，或小坐闲谈，展现出成都自在安逸、平和温馨的市民文化。待到华灯初上，水井坊又换了一种风情，兰桂坊酒吧天街的璀璨灯光和安顺廊桥交相辉映，充满着激情和时尚潮流的朋克风成为夜晚的标志。水井坊汇集了环球美食、醇酒以及潮流娱乐，把本土文化融入国际化消费需求，创建了中西合璧的文化生态。

图 4-1　兰桂坊夜景

（摄影：郑妍）

整个水井坊文化街区时尚元素突出，风格鲜明清晰，景观和场所功能互补，它不仅是只供参观的街景，还是成都夜文化的标志，更是成都市民生活的截面，是真实感受一座城市的历史传承与时尚前卫的血液与肌理。

（二）华兴街：沉淀成都生活本色的文化街区

华兴街，寓意"繁华兴盛"，是最承载老成都人深厚情感的街区。从民国时期开始，最正宗的川剧、最悠闲的茶馆、最美味的食肆、最齐全的商铺，都能在华兴街找到踪迹。如今，作为"八街九坊十景"的一员，华兴街以崭新的面貌重新进入人们的视野。整个街区以"弘扬川剧文化、展现民国风情"为文化核心，集中了川剧、川报、川邮、川菜、川烟、川酒等文化元素，向大家展示着老蓉城、蜀都味的特色空间。街区建设把传统和时尚、"川味"和"洋味"用老成都的生活进行了调和与发酵，烹制出一道与众不同的"新式川菜佳肴"。街区风貌延续了传统的川西铺面风格特色，融入邮政大厦的西式建筑风格元素，以青灰为主色调，红色、绿色点缀其间，呈现出中西结合的传统商铺风貌特征。[1]

"乘风而来踏歌而去"，华兴街区的乘风巷改造后重获新生，一头连着永兴巷，一头连着华兴上街，串起了百年的悠长岁月。走进乘风巷，华兴街的辉煌过往浓缩其间，每一个大事件都讲述了一段难忘的华兴故事，成为成都的城市记忆和气韵。四川第一个综合性商贸娱乐场所劝业场，成都最早的电影院，"曲水流觞"山水艺术墙，"梨园春雪"戏台，巨型功夫盖碗茶……短短几十米的巷子以"川悦华兴"为主题，用黑白照片墙将华兴街旧日风景和今时盛况定格其中，如时光老人微笑着注目，看华兴街历史不落、繁华依旧。乘风巷里，各种传统元素和现代设计巧妙结合在一起，古典与时尚并存，一大波网红打卡点位让人们乘风而来、尽兴而去。

华兴街荟萃了成都人喝茶听戏的生活场景，传承着成都人赏味寻乐的生活本色[2]，蕴藏着从近代到现代成都人生活变与不变的悠长记忆。回顾百

---

[1] 杨澜、李萌：《不仅有"煎蛋面"还有"很多面"》，《成都日报》2020年12月27日。
[2] 邓江：《街巷志 | 你看你看华兴街悄悄地在变》，《界面新闻》2020年4月28日。

图 4-2 华兴街乘风巷

（摄影：赵卫东）

年岁月，华兴街街区满载着烟火气息与市井风景；聚焦当下风云，华兴街街区改头换面，在城市更新中演绎着时尚成都繁荣兴隆的百年"变奏曲"。

（三）望江坊：品味成都的国际文化街区

"诗"与"竹"是望江坊最具代表性的标志，在"八街九坊十景"中，望江坊可以算得上一块文化高地了。街区以望江楼为文化地标，既有竹韵袅袅的望江楼公园，又有唐代女诗人薛涛的香冢，还有以人文底蕴著称的四川大学。望江坊片区生态资源丰富，有13.02公顷公园、3.32公里绿道、28.3公顷水体，是成都中心城区的"绿肺"之一。针对以前区域内景观品质不高、散点分布的弱点，望江坊街区在现有的绿地、小游园以及开场空地等地方以点线面的形式种植绿竹，与望江楼公园相呼应，形成1.75平方公里的广域"竹园林"公园。同时，结合院落外立面整治工作，以建筑屋顶、建筑墙体、驳岸为重点，实施立体绿化，打造望江坊有别于其他林盘景致的"望江雅竹"品牌。坐落在望江路的四川大学博物馆群落是望江坊文化品牌中最亮眼的一颗，主要打造"四区一带"开放型市校共享公共文化空间。通过拆除与望江楼公园南端的围墙，四川大学博物馆群创新性地利用校园围墙的边缘空间促进景观要素的融合渗透，提升望江楼公园的景观环境，实现校园与公园的开放共享。博物馆、望江楼公园和锦江绿道相辅相成，共同形成开放共享、慢行友好的水滨公共特色文化空间。

望江坊的升级更新中，望江诗竹文化、老成都文化、码头文化、海派文化成为文化主线，同时力图通过营造"望江雅竹"之境、传承"文化高地"之魂、聚集"品味成都"之人、兴起"博览文创"之业的方式，实现打造国际文化街区的目标。[①] 街区把文化元素融入老旧居民院落风貌更新中，同步推进综合服务配套建设，打造诗竹书院、汉唐小酒馆等配套服务设施；推进诗竹文化、老成都生活文化、汉唐文化等深度体验项目，举办"竹文化国际论坛"，深入开发薛涛笺等文化创意产品，着力塑造特色文化品牌；开展"重游汉唐""望江·流动茶铺"等主题文化活动，在公园重现汉唐街区，营造蜀韵新风的文化体验场景。[②] 以"一社区一品牌"为目标，望江坊定期举办"望江文化艺术节"，初步形成"诗书共和""竹韵棕东""绿满郭家桥"等系列街区文化品牌。站在新起点，望江坊在城市更新中化蝶重生，在破与立中演绎老成都的新时代。

二 如花园林梦锦城：公共空间的文化美学

公共艺术建构城市的公共文化和美学空间，塑造城市的文化形象，传达城市的文化精神。[③] 作为全国唯一一个从未更名的城市，成都传承了数千年的城市历史记忆，同时又在飞速发展中不断汲取更广阔、更鲜活的文化养分，以和谐包容的姿态形成成都独特的城市精神。这种变化同样体

---

① 望江路街道：《成都将打造"八街九坊十景"，看望江坊如何走出"蜀风雅韵"范儿》，武侯发布公众号，2019年2月25日。
② 《武侯一马当先 吹响接续"冲锋号"》，《成都日报》2019年1月22日。
③ 李建盛：《北京公共艺术与首都城市文化建设》，《北京联合大学学报》（人文社会科学版）2014年第12卷第2期。

现在城市形态和风貌的变迁中，城市建筑和公共空间的变化使得城市美学的内涵和外延不断拓展，城市文化和空间美学也呈现丰富性和立体化的态势。

湖泊、湿地、花海、林盘、景观农田、观光休闲、游园赏景、运动健身，成都是建在公园里的城市，长度超过4238公里的天府绿道串起了成都人"望山见水忆乡愁"的幸福生活。锦江夜色、生态公园，天蓝、水清、地绿，一步一景，无一不展现着成都"建设践行新发展理念的公园城市示范区"取得的美好成就，诠释着成都的城市美学。

（一）环城生态公园：人与自然的和谐之美

2021年12月17日，成都环城生态公园最后一座跨成昆铁路桥完成90度转体，全环78座桥梁全部贯通，100公里一级绿道全环闭合。环城生态公园就像给成都戴上了一条翡翠项链，成为城市美景上的亮眼装饰。沿着环城生态公园，从熊猫国际旅游度假区一路向南，打卡熊猫"滚滚"的新家，观青龙湖的碧水清波，看玉石湿地的绝美粉黛草，赏白鹭湾湿地的"蔷薇海"，去江家艺苑玩游乐设施，到中和湿地拍摄网红小白房，赴锦城湖看一场唯美的日落……环城生态公园整合了成都最美的公园，诠释着"不以山河远，推门即风景"的城市美学风格。

环城生态公园不仅映射出成都这座雪山下城市的湖光山色，还展现着成都人热爱自然、亲近自然的精神追求。位于锦城绿道成自泸与成龙大道之间三圣乡片区的江家艺苑，除了随处可见的高颜值自然景观外，还融合了时尚和艺术的文化元素。苑区内有连绵400余米的桉树林，高大茂盛，让人仿佛走进原始森林，还规划了近400亩的花海，根据季节种植时令鲜花，四季花海赏心悦目。景观设计中，江家艺苑注重引入青春、活力、新鲜、具有互动性的各类雕塑，实现景观与文创系统融合，打造极富艺术美学的互动交流区。来自马来西亚的《心视野》、韩国的《丰收》、澳大利亚的《彩之趣》等雕塑分散于园区不同地方，鲜艳的色彩、充满创意的造型成为江家艺苑里的一道美学风景。苑区内的"K12主题公园"则用不同风

图 4-3　江家艺苑

（摄影：郑妍）

格的绘画以及精致的文创特色，从高迪的建筑美学出发，打造出一座充满色彩趣味和超现实主义风格的"太阳奇幻乐园"，将"创新创造、优雅时尚"的天府文化与健康活力的绿道建设连接起来。[①] 江家艺苑还把文、体、旅、商、农多产业融合在一起，引进了一系列突出"艺术性、运动性、市民参与度高"的项目来带动绿道经济，包括空手道竞技表演，皮划艇，达根斯马术，儿童户外探险、旱雪、滑翔伞、迷你高尔夫等户外运动项目。

漫步在环城生态公园，可以看到跑步健身、单车骑行、户外露营等喜爱运动的人，孩子们在游乐区欢声笑语，不同的人群都能在这里找到属于自己的生活方式。风吹动湖面，涟漪荡漾，水中的野鸭忙着觅食；树影婆娑，绿道上人们感受着幸福时光，人与自然在环城生态公园和谐共处，融成一幅山水相依、人城共享的美丽画卷。

（二）社区美空间：生活与创意的烟火之美

推进社区美空间建设，是成都市深化社区发展治理、落实幸福美好生

---

① 李冬：《成都江家艺苑：都市大草原，最美天际线》，《成都日报·锦观新闻》2020年10月18日。

活十大工程部署、打造全国基层治理标杆城市的又一创新举措，在全国尚属首创。① 社区美空间主要以社区为服务范围，通过空间场景营造把社会价值、生活价值与美学价值进行集中展示，向社区居民提供生活化的审美体验。5年内，成都市计划建造3043个社区美空间，要让成都市民一推开家门就能体验到成都地道的市井味和浓郁的烟火气，领略社区的生活美学。

"走到玉林路的尽头"，便看见了老成都的样子，歌手赵雷在歌曲《成都》中的娓娓倾诉让玉林路成了成都最温馨的地方之一。玉林北路社区是成都典型的老社区，社区内沿街布局的居民院落和单位宿舍，基本都是20世纪90年代末的老房子，年代感很强，外墙斑驳陈旧。但如今，一踏入玉林四巷"爱转角"文创街区，入眼便是大片的三角梅掩映着的玻璃尖顶小房子，生动形象的主题墙绘成为热门网红打卡地，原有的老旧房屋更新改造后完美地融入整个社区空间。走进"爱转角"，咖啡和茶的香味在此

图4-4 玉林四巷"爱转角"文创街区
（摄影：赵卫东）

---

① 丁宁、吴亚飞：《成都发布社区美空间评价指标 5年内要建3043个社区美空间》，四川在线（https://sichuan.scol.com.cn/cddt/202103/58073864.html）。

交融，整个建筑将近上千平方米，通过美学设计和分割被划成近10个小空间，每个小空间都设计有不同的空间主题，如成都文创、成都故事、成都盖碗茶等，再用成都元素串起主线，形成多层次、文艺范儿的潮流消费和沉浸式体验微场景。前院、后院、露天阳台各有不同的风格，文创区、手工教学区、活动区一应俱全，同时还为社区居民提供咖啡、饮品以及西式简餐和中式小吃等休闲餐饮服务。这里既有老成都的回忆，也能体会现代都市生活的惬意。

成都社区美空间将美学元素融入社区居民生活，把文化展示与艺术表达、消费体验与情感交流等多种功能交织起来，营造出主题鲜明的社区美学场景。对于社区居民来说，成都社区美空间并不是远离生活的美学范式，而是身边可玩、可看的生活场景。它可以是特色街区中的一个艺术馆、科创空间里的一个展示厅、田间地头的一个乡愁馆、道路转角处的一家咖啡店，任何体现美学运用的、带有体验性、兼顾公益性与彰显文化特质的空间都可以升级打造成为社区美空间。[①] 美学价值越来越多地渗入社区肌理，展现出成都这座超大城市特有的文化气质。

人以城为"家"，城以人为"本"，创造优良的文化生态已经成为现代城市发展的必然趋势和满足市民美好生活需要的物化空间。成都在城市更新中始终秉承城市的历史和文脉，以文化推动城市高质量发展，通过创新赋能、空间赋能、生态赋能、开放赋能、治理赋能的新动力体系，彰显出成都的城市美学价值、生态价值、人文价值、经济价值和生活价值。烟火气与时尚感比邻而居，文化底蕴与潮流先锋激情碰撞，传统与开放毫不违和，成都营造出古老与现代交融的氛围，以多元消费场景兼容文化传统差异，如同写在老式青砖上的现代字句，成就了成都兼收并蓄、独特迷人的城市文化生态。

---

① 丁宁、吴亚飞：《成都市首批社区美空间出炉 未来5年将建3043个社区美空间》，川观新闻（https://cbgc.scol.com.cn/news/928685）。

第三节

高格调的文化场景

一座城的魅力是从两个方面发散而出的，外显于景观，譬如街道、绿化、交通等；内隐于文化，譬如性格、人文、故事等。《道德经》有语："埏埴以为器，当其无，有器之用。凿户牖以为室，当其无，有室之用。故有之以为利，无之以为用。"而这"有"与"无"之用在成都这座城市里展现得淋漓尽致。

它的"有"在于直接可见的繁荣与便捷——作为西南地区首屈一指的超大城市，成都市民的消费水平正在逐年递增。由 2021 年 3 月 27 日发表于《成都日报》的统计公报可见："2020 年，成都市全年居民消费价格比上年上涨 2.5%。"从成都市商务局获悉，仅餐饮这一项，成都市 2021 年 1—10 月实现餐饮收入 1362.6 亿元，同比增长 52.7%。[1] 这一增幅正是成都消费水平升级的直接体现。成都作为旅游城市更是吸引无数外地游客前来打卡，IFS、太古里、宽窄巷子、锦里等著名景点也享誉全国。而成都的"无"则是一种无形的"范儿"——它本身的文化底蕴与特有的格调使其充满神秘的魅力，既散漫自在又充满包容和活力，而这样的文化性格让成都多了许多绰号——"慢生活之城""休闲之都""网红之都"……

在这有无之间，成都的内外兼修便浮现在了人们眼前。在这里，悠久浓厚的文化底蕴与当代现实生活完美融合在了一起。正是因为这难得的文化氛围与消费场景的融入与结合，成都形象不断提升，一方面是成都经济发展策略的正面反馈，另一方面则印证了人民文化素养正在不断提升，文化与消费的关系在成都这座城市呈积极的正相关。"成都范儿"中携带的文化基因影

---

[1] http://cdstats.chengdu.gov.cn/uploadfiles/020502/2021 年 10 月，《成都统计月报》。

响着人们在这些消费场景中的选择，提升了物质和精神层面的双重品位。成都的消费随着自身性格与文化的发扬而不断升级，成都特色愈加显著，为前来成都的游客提供更优质的体验，让成都市民感到骄傲。

一 人间滋味出锦城：成都文化与个性化餐厅

川菜的特色早在《华阳国志·蜀志》中就有所描写，"尚滋味，好辛香"既表示四川人对食物滋味的千锤百炼，也表明川菜善用辛香料来调味。时至今日，川菜在成都有了更为广泛的创新和发展，不仅有以自贡、资阳等地方菜系为正统的传统川系菜馆的遍地开花，也有融合其他地区风味进行改良的新派川菜馆，还有将其他地区菜系进行"川式风味"改造的餐厅，以及具有自我独特个性特色的"网红餐厅"等不断涌现。在竞争激烈的餐饮行业里，能够杀出重围并站稳脚跟的餐厅并不多见，而大多占据流量优势的餐厅往往都有着一个共同点：善于营造并利用自己的特色，打造文化先行的个性空间，并以此吸引流量，再以品质留住顾客。

餐饮作势，文化先行。作为1800年前的蜀汉都城，三国文化与成都关系极为密切，于是许多火锅店开始着力打造独属于四川的火辣氛围和市井古朴气质等主题概念，而"三国文化"主题常常是首选。比如，在场景打造上别出心裁地放置相关主题故事的雕塑，装潢质料上采用竹木凸显江湖气，结合四川传统民俗文化川剧变脸表演……这些元素都吸引了大量顾客前来用餐。三国义府火锅、五虎将火锅、巴蜀大将火锅、蜀大侠火锅等作为较为成功的案例，无一不是带有浓郁的三国及巴蜀传统文化特色，并吸引了众多顾客。

将时代的洪流拉近，近百年前的红色文化也在成都餐饮业中备受重视。努力餐位于成都市青羊区金河路，它创立于1929年，曾是中共四川省委秘密联络点，革命先烈车耀先以"努力餐"老板的身份做掩护，积极从事抗日救亡工作。在那个血雨腥风的年代，以车耀先为首的一代革命先烈，在这里创办救亡刊物、宣传抗日、传播革命，并以"努力为大众辟吃

图 4-5　努力餐餐厅

（摄影：张蓝兮）

图 4-6　努力餐门口招牌

（摄影：张蓝兮）

饭场所"为宗旨，开创了平民快餐店先河，具有极其深刻的红色文化底蕴，受到广大民众的尊敬与爱戴并经营至今，成为成都餐饮一个不可复制的文化标杆。

　　属于成都本土的传统川菜如今也有了大变样，那便是"新派川菜"。他们秉持传统川菜的内核，但却有着一定程度的革新，通常将分子料理、异域菜系、新式食材等与本土川菜结合，经过合理改良的传统川菜让更多人顺理成章地接受了川菜特色和四川文化。以高端新派川菜为卖点的餐厅有玉芝兰、芙蓉苑、隐庐·古法川菜、银芭、银庐等，它们通常环境优雅，装修有着清幽古朴的川西民居特色，菜系上也会选择更高级清雅的食材类型，打破人们对川菜火爆辛辣的刻板印象，展现属于川菜文化的另一面。

　　另外，极具川西农耕文化的农家乐也是最接地气的存在。成都的农家乐多位于成都近郊，是成都人周末闲暇游玩的必选。农家乐的兴起得追溯到 20 世纪八九十年代，其中温江、郫都就是全国农家乐发源地。农家乐的存在满足了成都人郊野游的需要，它们占地面积大且经营项目多，除了餐饮，一般还包括棋牌、品茗、垂钓、运动、住宿等项目，现在更是愈加

图 4-7　三圣花乡

（摄影：赵卫东）

趋于综合化。它们在很大程度上展示了属于川西的农耕文化——一种归园田居、远离城市喧闹的悠然自得，正如陶渊明所写的"采菊东篱下，悠然见南山"。

具有成都烟火气的还要数市井小吃和特色菜馆，一般经营时间长，换桌率极高，常常门庭若市，有口皆碑，是成都本地人最常光顾的餐厅，也是成都市井文化的代表。川菜小馆、本地传统小吃、特色糕点等不胜枚举，都是毋庸置疑的老字号，它们承袭着成都回忆的独有格调与成都街头巷尾一些细微的人文色彩。

二　茶亦醉人何必酒：在成都"慢吃茶"

茶馆，听起来就像提前步入了老年生活，可是在成都，这样的生活并不叫老态，而是种常态。想一想，若是能将一种老年人的从容悠闲融入生活的方方面面，不是一种极大的幸福吗？不论是不是工作日，成都的茶馆

第四章 美美与共的文化氛围

永远桌桌爆满,而最为特色的并非精英们悠闲品茶的高端茶楼,因为成都的茶文化属于老百姓。不紧不慢、不急不躁,修行人追求一辈子的"道行"不过就在这一盏下午茶里了——这是成都人刻在骨子里的浪漫。

自古以来,文人墨客赞美四川茶文化的诗句不少,中国第一茶联"扬子江心水,蒙顶山上茶"便是在赞美四川蒙顶山茶之妙;白居易也曾写"琴里知闻惟渌水,茶中故旧是蒙山";北宋书画家文同更是在享用友人寄奉的蒙顶新茶时无比欣喜,写下"一啜咽云津""莫厌寄来频"。由此可见,川茶自古就闻名于天下。但在"九天开出一成都"的这个都市,喝茶似乎不是什么值得骄傲的事情,反而是一种生活常态。所以在成都,茶馆随处可见,遍布大街小巷,这种传承是自然而然融在血液里的,并不需要大肆宣扬或刻意教导。

(一)古来今谈——充当信息交流站的川西老茶馆

位于彭镇马市坝街的观音阁百年老茶馆门口有一块"成都市历史建筑"的身份证明,有着300多年历史的观音阁茶馆就是成都地区最为著名的老茶馆之一。这里是典型的川西民居建筑,石灰青砖青瓦,还保留着民国时期的简陋与风韵。而值得关注的不只是它的历史故事,还有真实的人间烟火——这里的常客多为一些手持长烟杆、抽着烟叶的耄耋老人,而他们中有着传奇故事的老红军、挑担卖菜歇脚的老农,也有生活不济的低保户。观音阁

图 4-8 观音阁百年老茶馆
(摄影:赵卫东)

老茶馆就像他们的另一个家——这里会为他们提供免费的烟叶,而他们只需要点一杯最便宜的茶,就可以在这里享受一整天的闲暇。

同样具有人文历史底蕴的茶馆还有位于青羊区人民公园的鹤鸣茶社，它始建于1923年，同期位于人民公园内的有六家茶社，保留至今的唯有鹤鸣而已。几经沧桑的鹤鸣茶社为成都留下了原汁原味的老成都茶文化风貌。由于鹤鸣茶社位于闹市，还身处公园，所以这里总是拥挤不堪。在这儿，你能看到慕名而来的游客，还能看到气定神闲的老茶客。打牌、采耳、发呆、聊天……这是川西古俗民风的日常标配，是成都慢生活的休闲格调。

（二）戏看成都——说书人的主场，茶馆里也有喜乐人生

从前的老成都流行一种走街串巷的说书艺人，而老成都人最享受的日常就是坐在茶馆里"听茶"——一边喝茶，一边听艺人说评书。而将这种成都文化发扬光大的则是李伯清，他从小打小闹一直说到了华兴街头的大茶楼：悦来茶馆。从此，一提到悦来茶馆，便离不开李伯清的评书，而一提到李伯清，也就绕不开成都的茶馆文化。总之，这两种文化的碰撞擦出了难得的火花，而这样的经营模式，也被许多成都传统戏剧班子和茶馆学以致用起来。

图4-9　哈哈茶铺
（摄影：赵卫东）

同样是茶馆与说书唱戏的结合，哈哈曲艺社与哈哈茶铺也是将成都茶文化与戏曲文化完美结合并进行有力传播的得力干将。哈哈曲艺社成立于2009年，承袭于四川最早的曲艺社团五一茶社、文化茶园的相声演员丁宝祥先生，也是四川最为正宗的享受传承之一。哈哈曲艺社在成立之后受到了四川省曲艺家协会、成都市曲艺家协会、中国曲艺家协会的大力支持，并且被中央电视台、新华社、四川卫视等多方媒体大量报道。

（三）难得清闲——老成都的个性展现

成都茶馆数量之庞大，仅是有记录的便有 19500 余家。[①] 成都茶馆大众化、平民化也是成都茶文化的一大特点，它将茶的风雅气质与成都街头巷尾的风流杂糅成一股浪漫的烟火气息。成都人清闲的常态便流连于这些街巷市井茶铺——顺兴茶馆的碧潭飘雪飘的还是 30 年前的茉莉花香；陈锦茶铺有旧貌也有新颜，坝坝茶依然是成都人的最爱。水井街、大慈寺、文殊院、人民公园、浣花溪公园……闹事有茶楼，陋巷有茶摊，公园有茶座，处处有茶馆。一茶一座二人世界也好，三五围坐、七八成群也罢，成都的茶馆就是一个社会，在悠闲甚至懒散的不经意之间，老成都的个性就在这一方茶桌间弥漫开来。

三　锦城格调雅而新：成都特色咖啡店

咖啡馆风潮在成都可谓突如其来，却又"蓄谋已久"。突如其来是因为咖啡作为舶来品，在成都本没有培育它们的土壤，但它们开店的速度与数量却呈爆发性增长趋势。"蓄谋已久"则是因为，成都环境的年轻化和成都人的高品质需求为它们的生长提供了独有的空间。至 2021 年末，成都专营或主营咖啡的咖啡店已达 7190 余家，算上提供咖啡饮品的咖啡厅则达 9000 余家，而在 2020 年末，成都的咖啡馆数量在 4200 余家。[②] 疫情未清，但咖啡馆的数量却在激增，这样迅速的扩张从侧面反映了成都咖啡的需求人群也正在递增。

一家咖啡店要在众多竞争者中生存下来，首先要有明确的目标和定位。譬如在选址上，有的咖啡店另辟蹊径，将目光瞄准了极具老成都风格的社区街巷——玉林、牛王庙、肖家河等，这让习惯了欧美复古、工

[①] 大众点评网，http://www.dianping.com/search/keyword/8/10_茶馆/g134。
[②] 大众点评网，http://www.dianping.com/chengdu/ch10/g132。

图 4-10　Pause Coffee Express
（太古里店）门口
（摄影：张蓝兮）

图 4-11　禧柿咖啡门口
（摄影：张蓝兮）

业风、韩风咖啡厅的年轻人们耳目一新，这些原本只有成都老年居民的破旧街区瞬间被前来打卡的年轻人挤破头。有的老旧街区的经济甚至因此被激活了，并进行了改造和翻修，整条街都旧貌换新颜。

有的咖啡店则是将目光放在了产业化和标准化，在竞争中准确把握了机遇，带着精准的商业眼光瞄准自己的辐射范围与群体，注重口碑、品质与性价比，将小小的独立咖啡馆一步步扩大成本土连锁品牌。它们更加注重品牌化、品质、整体性，着力打造成都本土的咖啡文化，兼容高品质与性价比，对标其他精品连锁咖啡馆，还有属于自己的咖啡杯、雨伞、服装等周边产品，将精品连锁和独立文化进行了较好的内外融合，并且打造了属于自己的生存空间，将自己的咖啡文化深入客人的生活当中，既能留住原有客群，又能开辟新客源，譬如Pause 咖啡、G1 咖啡、野鸽子等。

大量的网红咖啡店走红往往存在天时地利的巧合，譬如在 2021 年 10 月，位于青羊区柿子巷的禧柿咖啡落满金色银杏的屋檐被一位顾客拍下并上传至抖音，这一绝美画面在抖音平台上获得破万留言点赞，而禧柿咖啡也一炮而红。成都范儿的场景配合咖啡的休闲属性成就了这一个性化的偶然。

由此可以见得，咖啡文化作为舶来品，在成都生存必然要结合一定的文化特色，并且能够持久输出自身的品牌力量，引导顾客可持续地消费。咖啡品控只是一个基础项，更多地在于自身文化的输出。

四　蜀都自古飘酒香：成都丰富的酒吧文化

成都夜生活之丰富早就享誉全国，但成都的酒吧文化并非只是大家眼中耀眼迷乱的灯红酒绿。成都的酒吧文化具有远超人们刻板印象的可能性，它们或清新文艺，或随性自在，或高端深沉……但是这些都只是成都夜生活的一部分，因为"酒"作为人们交流的载体，酒吧也不过是人们交流的一个场所——不同的人们可以在这里抛掉白日里的疲惫与伪装，享受真正做自己的快乐时光。

成都的夜店文化构成了人们对成都酒吧的刻板印象，穿着时尚的红男绿女和喧哗吵闹的音乐可以说是酒吧标配，而这样的夜店在成都有大大小小 1600 余家，多聚集于成都电视塔、339 购物中心、兰桂坊等附近。[①] 它

图 4-12　小酒馆的夜晚

（摄影：赵卫东）

---

① 大众点评网，http://www.dianping.com/chengdu/ch10/g133。

们的共同点就是分布密集,方便大家一场接着一场地狂欢,较为出名的有PLAY HOUSE、CLUB DNA、PH 成都、Panda Club 等。它们各自的特有文化内核则体现在自己的音乐和 DJ 上,追求刺激的感受,释放紧张工作带来的压力。这也许就是夜店的吸引力,也是夜店生存的竞争重点。

除了"夜店经济",成都以文艺音乐为主打的清吧占据更大的市场,有驻唱的文艺范儿清吧在成都有将近 3000 家,其中以大冰的小屋、小酒馆、音乐房子等老牌酒吧最为出名,在这里打造了一种与"丽江文化"类似的文艺范儿,更有属于成都洒脱自在。大多无法直接融入"夜店氛围"的顾客往往会选择这些酒吧作为过渡。

除了以上两种占据酒吧文化两大消费主体的类型外,成都各种小众鸡尾酒吧、威士忌酒吧也有着自己的生存空间,它们散布在成都的街头巷尾,深夜悄然开张,吸引的多半是有一定品质追求的回头客。在它们的文化之中,老板或是调酒师的个人魅力带动着客人的消费,比如位于磨坊街的暗门酒吧"BAR 兀派吧"、白天卖咖啡夜间变身鸡尾酒吧的"GOOD SAUCE",等等。除此之外,还有许多定居在成都的外国人经营的具有外国风情的酒吧。这些充满爱尔兰或墨西哥风情的酒吧与成都性格中的热情有趣相得益彰,它们是酒吧,更是一种文化交流平台。

五 为有源头活水来:书店与文创的小确幸

成都人的格调不只体现在吃喝玩乐上,还体现在近年来层出不穷的书店里。虽然纸媒大受互联网与自媒体的打击,但成都的书店却不少,目前成都开设的书店就有 3200 余家(且数量仍在持续增长)。[1]

大型书局或连锁书店自不必说,如西西弗书店、新华文轩书店、方所、言几又、四川省图书馆等,这里图书类型齐全、空间舒适,常常聚集着许多静心阅读的年轻人,也是大多成都人的素质教育第三课堂,许多家

---

[1] 大众点评网,https://www.dianping.com/search/keyword/8/0_ 书店。

长与孩子常常一同在这里读书学习，既增长知识又促进亲子关系。它们的分布也随着成都的不断扩张而不断增加，这意味着成都对于文化素质本身的重视已经被提上了新的高度。

大型书局有广泛的客源与稳定的读者，但是私人经营的特色书店也在陆陆续续地出现。它们开辟了属于自己的一番天地，具体体现在两大极端性分化上——一种更具针对性，另一种更加综合与多元。

第一种独立书店具有明显的个人情怀，它们多出于爱书之人的分享，比如十方书屋、一苇书坊、阿奇书店、星星诗社、老韵味民国书店，等等。它们通常选址在老社区附近，而附近的居民也是它们的常客，老板的私藏或是旧书常常吸引读者们前来"淘金"，而同样热爱书籍、享受如此文化氛围的人们得以聚集于此，形成独属于他们的安静空间。

图 4-13　十方书屋
（摄影：赵卫东）

第二种独立书店并非只以书籍为主体，它们通常会与文创、杂货、唱片等产品一起展示售卖，并且形成了自己独有的文化氛围，也常常举办小型的联名艺术展、杂货展，吸引着各种保有求知欲和趣味心的人们。这些文创空间通常都会结合具有成都本土特色的主题开展展会活动、结合文创产品售卖宣传，打造一个以"书"为媒介的文化展示空间，如YOOU·F Book store、soul、不荒音乐书屋、新旧书店、NU SPACE，等。它们的选址通常也较为隐蔽，作为书店这一特殊性质，保持低调与神秘感也是其沉淀自身的必然。以位于成华区的桃蹊书院·毛边书局为例，书院共有三层，分别有着借阅、交流讲座、读书售卖的功能，分区明确，并且书籍专业完备，结合书院进行学术研讨、读书沙龙、文献主题展、分享会等。来这里

图 4-14　桃蹊书院

（摄影：赵卫东）

看书自习的人占多数，所以书局的学习氛围浓厚。毛边书局在2018年以前还是位于青羊区老旧小区内的库房式老旧书局，被吸引前来的多为书籍爱好者，直到2018年后，它才与桃蹊书院联合，有了新的归宿，为附近的社区居民与读者提供了一处精神寄托。

在成都层出不穷的书店里，有趣事物也在不断出现，这需要读者去耐心发现。此时的书店不仅是书店，更是一个交流空间，有同样爱好的人们在书架前相遇，拿下同一本书的瞬间，人和人心的距离才真正开始拉近，人生的小确幸无非也就是如此。

小　结

成都的餐饮文化既涵盖了高级格调，也同样具有生活的味儿，各位主理人更是有自己的独特想法与坚守。多亏了成都的包容性、多元化，这些既传统又年轻的城市特色才能完美展现。成都范儿就在这俗与雅、静与动、理与情之间和谐相融，达成了一种平衡。成都腾飞的经济和鲜明的城市性格带动了自身文化的拓展，将属于成都的生活美学渗入了消费产业的各个领域，进一步推动消费的升级，使成都的发展里里外外都获得了正面反馈。

第四节
高水平的文化活动

爱凑热闹是成都人共有的性格,一旦有大型集会,成都人必然最为捧场。成都近年来的大型展览活动越来越丰富多彩,除了每年都会举办的婚博会、车博会、糖酒会,以及家博会、茶博会、咖啡展、宠博会、餐博会等,几乎每个月都会涌现许多文化艺术展、文化集市活动,让成都人周末不再宅在家中,更是为大家提供了拓宽视野、交流沟通的好机会。不仅如此,包容敞亮也是成都人不显山不露水的另一面,对外来人事物的热情和友好,是成都人天生的乐观主义情怀的体现。北上广深、西安、重庆,乃至全球的联动活动也越来越多,各个地区的文化交融不仅丰富了人们的生活,更拓宽了成都的视野。多样活动的陆续展开,为有着不同爱好的成都人提供了自己可以撒欢儿的土地,而成都独有的"范儿"也走向了世界各地。

一 风俗流传几千祀:惠及市民的大型节庆活动

中国传统节日一向是会演与节庆活动的主战场。在节庆日,成都的各区市县都发挥着自己的文化特色,力图为市民的业余生活增添丰富有趣的一笔。最为成都人熟知的传统节日分别有正月初二至正月十五的黄龙溪火龙节、正月十五的成都灯会、农历二月的成都花卉、三月中下旬的成都桃花节与清明节的都江堰清明放水。这几个大型节庆活动都源自深厚的文化积淀。每年火龙节,整个黄龙溪古镇都会被火红的灯笼、烟火笼罩,沉浸在热闹吉祥的氛围之中,游人如织,烧火龙、彩龙表演、南狮表演、漂河灯、燃放孔明灯、川剧表演等精彩的传统活动轮番上演,足以慰劳辛苦了

图 4-15　黄龙溪火龙节

（摄影：赵卫东）

一年的人们。这时，每个人都是喜悦的、满足的，火红的气氛为市民们营造了十足的新年新气象，让大火燃起人们对新一年的期待。而到了春季，每年的 3—5 月是川西大地最美的季节，成都的各色鲜花盛开，大地回暖，市民们也纷纷走出家门迎接春日。成都作为"花城"也有着被大家称为"百花生日"的传统花朝节（农历二月十五）。在此时，成都青羊宫通常会办起"花式"展示花园春景，盛大热闹的场面为成都人的生活增添了不少田园情趣。紧接着的 3 月就到了龙泉山桃花盛开的时节，每一年这里都会召开国际桃花节和桃花诗会。成都传统的文艺气息扑面而来，村民都会创作顺口溜、打油诗，还会吟诵唐诗宋词。赏花购花、踏青游玩，各种活动热闹非凡，展现了成都人热爱自然的天性和热情好客的性格。每年清明，都江堰的放水节，则更注重仪式感。2000 年前李冰父子修建的都江堰水利工程，惠泽成都平原千年，在清明节这天举行放水大典的传统，既抒发了对以李冰为代表的历代治水先贤的感戴之情，同时又祈祷新的一年风调雨顺、五谷丰登。"都江堰水沃西川，人到开时涌两边；喜看杩槎频拆处，欢声雷动说耕田"，就体现了当时的盛况。如今，延续了上千年历史的清明放水这一独具特色的民俗活动已深入人心，再现了成都平原农耕文化漫长的历史发展过程和民俗文化。除此之外，成都还有正月十五闹元宵的武侯灯会，纪念金沙祭典、气势恢宏的金沙太阳节，祭拜"诗圣"杜甫的草堂"人日"，等等。这些节庆活动旨在传播优秀的成都文化，促进成都与外地的文化交流，丰富民众的精神生活，吸引外地游客融入成都的城市文化氛围。

不仅如此，许多新兴集市也悄然出现在成都街头：天府美食岛、院子文化定期组织的咖啡集市、夜游锦江等文化活动和文化集市等，又聚集了不少相关从业者、爱好者和感兴趣的市民。从东门大桥到合江桥，长达1.3公里的"夜游锦江"项目增强了人与人、人与成都之间的三联互动，拉动了周边夜市集会的经济，也对外展示了成都的夜间风貌。

图 4-16　夜游锦江的船只
（摄影：赵卫东）

许多新兴的线上活动形式也在逐步推进，譬如独立艺术家的线上艺术展、小众数字艺术展以及线上音乐节。这些结合互联网新模式的展览方便了新媒体环境下的人们参与活动。以庆祝中国共产党成立100周年举办的"拍公园城市地标美景，赞成都百年辉煌成就！"展览为例，摄影师们用镜头记录了成都的发展与成都人点滴的幸福生活，并于2021年6月进行了线上线下双线展览，让更多市民关注到了成都的美好。

二　盛享饕餮文化宴：带来新鲜趣味的文化会展

成都大大小小的艺术空间已达1130余所。[1] 大型的艺术展厅，如成都博物院、四川美术馆、成都天府艺术公园、四川当代美术馆等，它们都有着自己的特色常设展，并且定期举办极有吸引力的大型巡展，通常都是具有一定影响力与历史沉淀性质的艺术展或文物展。这些展览为成都人民扩宽了视野，让世界各地的文化艺术相连接。同时，在大型文化活动景区也定期举办双年展，达到市场供需两旺、文旅融合主旋律、丰富文旅活动、

---

[1] 大众点评网，http://www.dianping.com/chengdu/ch10/g133。

引领文旅精品消费等目的。譬如 2020 年 9 月 29 日至 2021 年 1 月 3 日于成都博物馆展出的"光影浮空：欧洲绘画五百年"、于 2021 年 4 月 10 日至 7 月 11 日与 A4 美术展开设的"马克·夏加尔"（这也是迄今为止中国规模最大的夏加尔真迹巡展）等艺术展，都在展出之时受到了来自各行业的极大重视。不仅是各大媒体前往报道、新媒体公众号积极宣传，普通市民也深受文化艺术氛围的影响，怀着尊敬与崇拜之情前往观赏。除此之外，还有许多小众艺术家、插画家、设计师的个展或群展，比如在 enter. 工作室展出的小型展览"小步入川"，就以诙谐风趣的俚语为媒介，展现了成都的幽默风趣。人们对于文化艺术的追求和支持，正是成都人精神层面高度积极的体现，也帮助整个城市形成了富有内涵、积极灵动的生活文化氛围。

　　不仅是文化艺术，成都在商业会展方面也无比重视，积极拉动贸易消费，联系各地区风物产品进行展示宣传，并且相应地展示自我，既"引进来"，又"走出去"。2021 年 7 月 8 日，由成都餐饮企业联合会与上海博华国际展览有限公司共同主办的"第八届成都国际酒店用品及餐饮博览会"在世纪城新国际会展中心盛大举行，这一展览紧贴成都人"好耍"的性格。作为世界"美食之都"的成都，面对来势汹汹的疫情，既要抓住机遇，也要迎接挑战，各方领导加大管理力度，市民们也积极配合，形成了良好的互动。同期，还举办了宠物爱好者们蜂拥打卡的"成都国际宠物博览会"、露营爱好者们开着房车会聚一堂的露营房车展览会，还有小众艺术家的·娱乐游戏手办展……这些"千奇百怪"的展会让有着不同爱好的人有了自己的归属之地，也是成都在文化展会交流、文化商品贸易方面取得成功的证明。

三　内外互进国际化：跨区域的综合文化交流

　　在艰难的新冠肺炎疫情防控期间，为了让成都生活美学"走出去"，让全国乃至全世界看到成都格调，成都举办了多场跨省市活动，并且采取了新的线上活动模式，在做到文化交流与传播的同时保证安全。2021 年

10 月，成都联合德阳市、成都区县和成都大学等 15 个分会场举办了成都国际友城青年音乐周。音乐周由成都市人民政府牵头主办，市政府外办、市文广旅局、成华区人民政府和成都传媒集团共同承办，采用了线上线下会场相结合的方式——共设 15 个会场。主会场为成华区东郊记忆，另外 14 个分会场分别位于天府新区、高新区、金牛区、武侯区、青白江区、双流区、新津区、都江堰市、彭州市、邛崃市、崇州市、大邑县、蒲江县以及成都大学中国—东盟艺术学院。在音乐周期间，东郊记忆外设立了相关主题的音乐创意集市，力图打造一场别开生面的音乐文化主题派对。本届音乐周也是一次国际化的音乐盛宴——来自美国"音乐之都"纳什维尔的创作人索腾·克莱因创作了此次表演的专属主题曲 *We Are One Symphony*，并且首次推出了虚拟偶像 CDP（Chengdu Panda）进行表演。这是主办方面向新媒体时代的一大积极尝试，也是对年轻潮流的天府文化的传播发扬，对于打造成都独有的音乐周品牌文化，建立吸引人、有故事的 IP 形象有极大的积极意义，让更多游客朋友、国际友人了解成都音乐文化。在新冠肺炎疫情全球肆虐的时期，这一活动的创新开展，体现了成都的国际担当和科技特色、激情包容的城市形象。

其实，成都与国际的文化接轨一直备受重视。2018 年于东郊记忆举办的"成都·蓬皮杜：'全球都市'国际艺术双年展"便是一场聚焦于全球化、殖民扩张等国际现实，具有前瞻性的艺术眼光与高级试验性的大型艺术展览，吸引了无数本地与外地观众前来一观。2020 年 12 月至 2021 年 4 月，在成都当代影像馆也举办了"写真黄金一代 | 日本摄影五人展"，展出了日本知名摄影师森山大道、荒木经惟、细江英公、石内都、深濑昌久的 116 件经典作品，展现了日本 20 世纪六七十年代的文化风貌。毫无疑问，成都人的参与是非常积极的，并且在主流社交媒体上呈现火热的探讨，从另一方面印证了成都这座城市的大格局。

引进的异域文化广受好评，而成都也要将自己的文化"走出去"——带往全国乃至世界各地。2015 年 7 月 8 日，在米兰世博会中，成都的茶文化、古琴、蜀绣、川剧等地方特色就向世界展现出了独特魅力，成都的蜀锦、漆器、竹编、熊猫已享誉全球。随着自身文化"走出去"的步伐不断迈进，成都的国际影响力和吸引力与日俱增，对缤纷文化的主动包容与择优学习也是成都强大文化自信的体现。不仅如此，作为成都非物质文化遗产的相声、川剧、变脸也广为人知，许多外地游客和国际友人前来只为一睹成都文化风采。经典大戏川剧《江姐》作为建党100周年的献礼于2021年5月在全国巡演，将川剧魅力带向全国；"成都哈哈曲艺社"也以四川本地特色相声为卖点走向了各地。伴随着成都文化不断"走出去"的步伐，成都的国际吸引力也正快速提升。国际知名的音乐剧、舞蹈剧也前来巡演过数场经典——百老汇知名剧目《猫》《芝加哥》《音乐之声》《永恒的探戈》等世界经典也都在四川大剧院演出。

小　结

　　成都的心是年轻的、热血的、永恒跳动的。市政府为广大市民提供了更为有趣的文化艺术体验，丰富了大家的业余生活，还有许多自发号召响应的文化艺术活动也在不断开展，让我们在享受安逸的物质生活之余，在精神层面也愈加丰富。

　　年轻化和多元化不仅仅限于成都的年轻人，它们属于每一个认真生活的人，属于积极向上、充满魅力的成都。

第五章

多元新颖的文化创意

从理论视角看，文化创意源于公共文化政策与创意经济理论的融合。20世纪80年代起，"文化产业"概念开始兴起，它被认为是具有象征意义的文化生产方式和消费方式。90年代，英国政府率先将文化创意产业的发展列入国家议程。[①] 许多国家随之对文化政策进行重新定位，借此促进文化多样性、鼓励文化创意、带动社会创新。英国经济学家霍金斯在《创意经济》一书中对创意产业给了一个比较宽泛的定义——创意产业和创意经济是由版权、专利、商标和设计产业这4个部分共同组成，创意产业实际就是产品都在知识产权法保护范围内的部分。[②] 本章中探讨的"文化创意"侧重于文化创意经济、文化消费体验和对外文化贸易。

---

① 标志是英国工党政府在《创意产业路径文件》中第一次提出"创意产业"的概念。之后，英国确定了与创意产业相关的13个领域，包括广告、建筑、艺术与古董市场、工艺品、设计、时尚、影片和视讯、互动休闲娱乐软件、音乐、表演艺术、出版、软件及计算机游戏、电视与广播。

② Howkins, J, *The Creative Economy: How People Make Money from Ideas*, Allen Lane/Penguin Press, 2001.

第一节
文化创意经济

"文化创意经济"是从产业角度提出的概念，是以创意为核心、新兴科技为支撑、各类丰富的文化产品为内容，随时代发展而演变的文化产业的高级模式，是版权产业、创意产业、内容产业以及文化产业的总和。[①] 文化创意经济较为常见的是被分为文化艺术业，新闻出版业，广播电影电视业，软件、网络及信息技术服务业，广告会展业，艺术品交易业，设计服务业，文化创意旅游及休闲娱乐业和其他辅助服务业这九大业态。[②]

成都是联合国教科文组织批准的全球创意城市网络第 20 名会员和加入该网络的第二个中国城市（2010 年）。作为 2012 年全球网民票选胜出的"最中国创意名城"[③] 和 2018 年中国城市新文创活力指数第一城[④]，成都 2018 年明确提出建设西部文创中心。根据《建设西部文创中心行动计划（2017—2022 年）》，成都现代文创产业体系有八大重点领域：信息服务业、创意设计业、现代时尚业、传媒影视业、教育咨询业、文体旅游业、会展广告业和音乐艺术业。

2018—2019 年，文创产业增加值保持双位数增长，分别为 1129 亿元，

[①] 王操：《文化创意产业比较研究：内涵、范围界定、发展现状和趋势》，《国外社会科学前沿》2019 年第 10 期。

[②] 刘杨：《我国文化创意产业统计的三个基本问题》，《经济研究参考》2018 年第 62 期。

[③] 2012 年底，成都在全球网民票选的十大"最中国创意名城"中，位列第二，仅次于深圳。

[④] 2018 年 9 月 17 日，中国城市新文创活力排行在"新文创·新动能"2018 新文创产业峰会上揭晓。成都凭借人才活力、传播活力、政策活力等方面的优势，在 100 个城市样本中取得综合排名第一的好成绩。

占 GDP 比重达 7.64%；1459.8 亿元，占 GDP 比重达 8.58%。①2020 年，实现文创产业增加值 1805.9 亿元，较 2017 年增长 127.8%，占 GDP 比重首次突破 10%。②

从产业优势的角度分析文创产业经济，成都近年来主要聚焦于产业基础积淀深厚、文创人才储备充足、辐射带动能力较强、有望赋能传统产业的信息服务业和创意设计业等四大文创主导产业。

一 信息科技促发展：信息服务业表现亮眼

5G 时代来临，以"互联网+"为主要形式的信息服务业成为中国经济发展的重要动力、国际竞争力的重要指标，其对国家创新发展的重要作用已经在全球范围内形成共识。信息服务业一直是成都文化创意经济中增速最快的行业之一，它通过数字创意的形式演绎城市文化和生活方式，助力成都建设世界文化名城。

（一）网易成都数字产业基地

发挥网易等国内互联网头部企业的主导带动作用，坚持文创产业化、产业文创化，推动网易成都数字产业基地落地运行，以加强信息整合，增强服务能力，促进平台搭建，赋能城市生态。

该基地③于 2021 年 6 月在成都高新区开园。园内建有数字产业创新服务平台、工业互联网平台、教育服务平台等公共技术平台，开展数字产业创新基地、青年"独角兽"实训基地、科技文创产业基地、工业互联网示范中心等合作项目，全面推进网易数字产业全产业链落地。目前，网易成

---

① 《数字文创，成都新赛道》，成都文旅集团公众号。
② 肖莹佩、蒋君芳：《成都 2020 年文创产业增加值超 1800 亿元 占 GDP 比重首次破 10%》，2021 年 4 月 8 日，http://www.sc.gov.cn/10462/12771/2021/4/8/35f489a2f205433887d5102b91fa2af0.shtml。
③ 网易于 2020 年 9 月在成都高新区落地全国第二个、中西部首个产业基地，项目总投资 130 亿元，选址成都高新区新川创新科技园，占地 95 亩，建筑面积 11 万平方米。

都数字产业基地在AI创新中心的过渡办公载体已正式启用。开园活动现场，慧眼之家、匀速攻、捌斤科技、来趣智旅、静木科技、睿云物联、星埃森与基地运营公司正式签约。网易数创致力于挖掘培育下一代产业"领头羊"，整合网易内部数娱、文创、技术、教育、电商等产业生态，通过链接各方合作伙伴，共同搭建数字化基础设施，加快聚集产业要素和配套资源，全方面驱动产业高质量发展。

8月28日，网易成都数字产业基地启航训练营（首期）开营。启航训练营以网易杭州研究院MINI项目孵化体系为依托，由课程培育、沙盘推演、模拟路演、正式路演等板块组成[①]，对处于初级发展阶段的创业者开展体系化的培育，提供创新全链条服务，助力信息服务企业落地成长、集聚发展。训练营第一期路演吸引了国内6家投资机构到场，13家优秀入营企业参与路演，数家企业获得投资意向书或机构投资意向。

11月9日，"启航训练营"第二期暨2021CITC网易创新创业大赛·成都赛点决赛上，6家投资机构对进入决赛的9个路演项目进行评估评奖。最终，成都向己科技有限公司等3家企业胜出。

（二）天府国际动漫城

天府国际动漫城是数字文创加速发展的实体化展现。它聚焦ACG（动画、漫画、游戏的总称）头部行业资源，以动漫IP孵化、文旅体验、商业消费无界融合为基础，通过行业龙头引领+孵化器的方式，形成线上+线下一体沉浸式服务，定位打造集产业城、娱乐城、生活城于一体的全国首创动漫主题产商旅无界融合中心，构建ACG产业生态圈创新生态链，打造国家级信息服务产业高地。

天府国际动漫城位于成华区，紧邻成都动物园和千年禅林——昭觉寺，距两地距离均约100米，距成都大熊猫繁育研究基地仅4公里。首期项目占地面积约200亩，地上建筑面积23.68万平方米，正与腾讯合作，

---

① 《网易成都数字产业基地启航训练营一期路演成功举行》，https://baijiahao.baidu.com/s?id=1709666713880435079&wfr=spider&for=pc。

围绕打造世界级动漫产业集聚地的定位，建设科技探索中心、动漫产业孵化中心、动漫创客基地等业态，并配套完善动漫主题步行街区、大型动漫主题场馆、动漫酒店、商务办公、人才公寓等功能。

  2021年10月29日，天府国际动漫城展示区正式对外开放。该区域建筑以折纸艺术为灵感，配以最新全息技术+VR技术等科技元素，涵盖产业孵化、办公展示、餐饮娱乐等业态，打造梦空间、玩聚方舟等体验区域，为成都信息服务业助力构建全民美好生活场景带来引爆点和新引擎。

图 5-1　天府国际动漫城展示区实景
（摄影：赵卫东）

  依据主题功能策划，天府国际动漫城分为未来科幻不夜城、造梦空间等六大区域。造梦空间将打造以"动漫产业办公孵化+展示+技术支持+研学"为一体的动漫城"造血中心"，规划建设花园办公、共享办公、孵化器、动漫工作室、产研学基地。项目还将整合全球顶尖的VR/AR/MR技术，以线上线下结合、虚拟结合现实的方式打造虚拟体验空间，共同推动虚拟现实与人工智能生态系统的发展。

  除建成开放的天府国际动漫城展示区外，其他区域正加快推进建设，预计2024年实现全面开放运营。届时，以天府国际动漫城为载体，持续推动信息服务业产业链要素聚集，为成都数字文创腾飞增添强劲动力。

二 传承创新焕活力：创意设计业推陈出新

创意设计既传承文化，又引领创新。在城市有机更新过程中，经过修旧如旧、创意设计或改造后，传统企业（社区）传承城市记忆、演绎文化复兴、创新消费场景、提升产业价值，持续为在地居民或游客提供文化服务和情感依归，彰显城市的韧性、张力、温度和韵致。

（一）完美文创公园

在保留原工业遗址风貌基础上，二仙桥原禾创仓库立足产业运营根基，以创意设计赋能城市文化，建设国际顶级音乐大师品牌集结地、泛娱乐产业联动营销平台、综合商学研游一体化的产业社区——完美文创公园。[①]

图 5-2 保留了工业遗址的完美文创公园
（摄影：赵卫东）

---

① 园区是全国首个"5G 文创综合体"，获"2020 年四川省 5G 创新应用大赛"第九名，工信部 2020 年第三届"绽放杯"5G 应用大赛上作为四川省唯一文旅项目入围全国总决赛。

完美文创公园以文化娱乐产业为产业主轴，以音乐、影视、教育为产业内容集群，围绕产业人才教育、原创内容创作、IP及艺人孵化、文娱产品消费打造产业生态圈，建成立足西部、辐射全国、享誉国际的都市文化新地标，助推区域经济快速增长和城市品质的全面提升。目前园区已有近60家企业和20余家大师工作室入驻，20余家产业机构挂牌，20余家人才基地落地。

完美文创公园打造了"一站式"服务的西部音乐制作及演艺中心，主要包含多功能录音棚、Livehouse等产业空间，形成音乐内容的创作、发行、排练、演艺、消费等"一站式"产业应用场景。公园还与中国电信成都分公司正式达成战略合作，建设"5G文创综合体"项目：共建5G文创产业基地，率先营造优质的5G网络环境，建立5G创新实验室与创新空间，并打造出多个5G应用场景，如5G云课堂、5G云livehouse、5G云直播等。

（二）国风汉服

汉服又被称为华服、汉装、唐服、衣裳、汉衣服、汉衣冠等。汉代以后，其词义从"汉代服饰"逐渐转向"汉族服饰"。2003年，以复兴汉民族传统服饰体系为内容的汉服运动初启。[1]2016年以后，汉服市场规模呈现爆发式增长。仅2019年汉服市场规模已超20亿元，并且保持着大约150%的高速增长。[2]到2020年，全国汉服购买者数量已达1800万，预测潜在用户超4亿人。[3]

从突然火爆到快速流行，成都对汉服的接受度在全国名列前茅——有近7万名汉服爱好者、104家汉服实体店，位居城市排行榜第一；[4]有4万多人在淘宝上售卖汉服，年增速位居全国第一；在《2020汉服品牌TOP

---

[1] 2003年因"郑州王乐天事件"而被汉服圈称为"汉服运动元年"。

[2] 《汉服经济井喷：2019年汉服市场规模超20亿元》，央视财经（http://news.efu.com.cn/newsview-1292312-1.html）。

[3] 《天猫服饰线上汉服消费洞察报告》，第一财经商业数据中心（CBNData）（http://cbndata.com/ report/2218/detail?is Reading=report&page=1）。

[4] 杨树、吴枫：《成都变身汉服之都》，《四川日报》2020年11月23日第6版。

50》中,成都在品牌 TOP 10 中占据三席。成都变身"中国汉服第一城",相继诞生了第一家汉服实体店、第一个汉文化主题书店、第一个大型汉服主题体验文创区……大街小巷时常见到汉服爱好者束发盘髻、衣袂飘飘。2021 年 8 月,全国首家汉服产学研创新发展联盟(筹)成立;10 月,"颂时代强音,品盛世华美——产业化·数字化·品牌化"2021 中国汉服产业发展论坛举行,成都成为这一盛会的永久举办地。

汉服产业"潮"聚成都,主要得益于其创新思维、集聚品牌和跨界破圈。

现代汉服创新的代表是汉服产业开创性品牌、2021 年汉服十大品牌排名第二的"重回汉唐"。2006 年,它在文殊坊历史文化街区开了全国首家汉服实体店;次年,首家汉服淘宝店铺"重回汉唐汉服店"正式上线。截至 2021 年 12 月,它已拥有 5 家线上品牌店、20 多家汉服直营实体店、100 多家代理店、300 万粉丝群。作为行业头部品牌,"重回汉唐"一直致力于以文物为考究,以传统复原、时尚日常为主打,兼具汉服形制、材质、纹样和气韵,推动现代汉服设计创新、形制创新、穿法创新、面料创新和市场营销创新。

成都建立了商品品牌、活动品牌、区域品牌三位一体的汉服品牌体系,促进现代汉服供应链协同,建设汉服特色主题商圈,培育平台型总部企业,打造汉服全产业链生态。除了 2019 年初打造的"春熙路香槟广场汉服一条街"和"文殊坊汉服特色街"外,2020 年,以"政府支持引导,市场化运营"的方式,荷花池商圈核心位置规划建设了"池上锦"汉服文化产业街区,成为中国第一个以汉服产业高度聚合而成的汉文化交流中心、汉服文化消费中心。街区落地翌年,相继吸引"重回汉唐"、蜀绣省级传承人赵崇延品牌"蜀延坊"、中国首家非遗博物馆收藏的香云纱品牌"莨奘国礼馆"等全国汉服知名品牌入驻。目前,其正承接成都第 31 届世界大学生夏季运动会参赛国家和地区代表团引导员主题汉服定制任务。

成都推动汉服品牌、基地、商圈和旅游景区、文创园区、网红 IP 项目以及影视、动漫、游戏等跨界合作，促进汉服周边产业、衍生产业和关联产业发展，实现品牌拓延和破圈。

成都文化百年老字号"诗婢家"以创意设计融合文、博、节、展，联合汉服品牌"墨名堂"打造面向年轻群体的中国传统文化体验馆——诗锦官。它位于琴台路，毗邻百花潭公园、人民公园、青羊宫、散花楼等文化地标。馆内设有中国传统服饰文化、成都传统美学课堂、成都诗书节展、"非遗"大师体验课程等，以汉服的设计销售和综合体验为呈现形式，致力于传统文化的产业研究与作品孵化。诗锦官等场馆的出现，说明成都拥有鲜明的汉服文化、汉服销售和综合体验，代表着成都本土品牌力求让中国文化和成都意趣成为世界青年关注的流行文化趋势和生活方式。

图 5-3　诗锦官传统文化体验——2021 汉服中秋诗会
（图片由诗锦官传统文化体验研究馆提供）

近两年，成都锦江公园、宽窄巷子、杜甫草堂等景区陆续开展线下汉服活动——2020"天府相邀美丽之约"汉服文化节（文殊院）和 2021 中国成都国际汉服节（平乐古镇）吸引了上千名汉服爱好者参加。平乐古镇通过挖掘古镇"汉服＋无限体验模式"，已构筑如"邛州园传统文化实景研学基地""平沙落雁历史文化特色商业街区""印象天府"等国风国潮文化消费新场景。其中，邛州园传统文化实景研学课程以"汉服＋研学"模式，吸引了不少海外华人及外国友人前来穿汉服、读国学，体验传统文化礼仪。

2021年6月，成都大熊猫繁育研究基地举行"首届熊猫汉服出行日"，"最萌汉服体验官"小梦、听月掌柜等上百位汉服爱好者身着汉服会聚于此，共同迎来一场国宝＋国潮的探秘之旅。10月，成都文旅国潮"佳"年华系列活动之夜游锦江篇开启——汉服达人融入码头光影秀，数名抖音达人在现场打卡互动和巡游直播，体验放河灯祈福的传统文化习俗，再现"门泊东吴万里船""银烛光中万绮霞"的千秋盛景。

三 文化创意引时尚：现代时尚业蓬勃发展

以世界时尚潮流、时尚科技为引领，文化与潮流双向触达，将精致时尚与市井烟火完美融合，用特色消费场景对时尚进行解构重塑，培育成都特色的时尚制造业和时尚服务业，打造时尚空间、时尚标志、时尚社区，营造出独属于成都的城市气质和时尚态度。2018年至今，成都先后举办Chanel、Chloe、Dior、Louis Vuitton、Hermès等时尚大秀，成为继北京、上海之后的时尚第三城。2020年，成都更是迎来2020ELLE风尚大典、巴尔曼Balmain-天际大秀等一系列国际活动，凸显了城市的时尚地位。[1]

（一）首店经济

2020年和2021年，成都分别引入386家、801家各类首店，仅次于上海、北京，居全国首店数量第三位，蝉联新一线城市榜首。[2] 其中，零售业态首店全面涵盖国际一线品牌、独立设计师品牌、时尚潮牌、顶级集合店等各种潮酷品牌，如日本人气包袋品牌阿耐洛（anello）、充满童趣和法式浪漫的法国童装洛洛精灵（Les Lutins）、英国环保牛仔Monkeegenes的

---

[1]《2020年成都首店全国第三 仅次于上海北京》，《成都商报》2020年11月25日。
[2] 上海中商数据、成都零售商协会：《2020成都首店报告》《2021年度成都首入品牌研究》。

中国首店等。国际大牌匠心工艺、小而美多业态、品牌新业种汇聚，呈现出美学时尚、多元化创新、全民运动、商圈趋于平衡发展的特点。[1]

时尚消费不乏各种接地气的民生实用品牌，更关注个人生活的提高——诸如新零售代表京东 7 Fresh 超市西南首店、六好鲜生首店、幸福场城市生鲜新零售首店、唯品仓实体店成都首店、新华全球购线下店。多维度、多元化、多类型的首店遍布地标潮购商圈、特色街区社区：网易考拉线下体验店西南首店、Kids Winshare 文轩儿童主题书店、小米盈家智能生活体验中心全国首店、Goodbaby 好孩子全国首家旗舰店、华为荣耀全球首家社区科技体验馆、拓高乐中国首店、朵云书院·交子店等，传统与时尚的碰撞，亮出成都时尚表达新气象。

图 5-4　首店林立的时尚街区远洋—太古里

（摄影：赵卫东）

国潮新品与"市井味"本土品牌联手打造的定制首店最能诠释成都时尚的烟火气。体育品牌李宁、泡泡玛特（POP MART）、喜茶等国内当前最热门的品牌，为宽窄巷子量身定制，开出了超越本地所有门店级别的"城

---

[1]《"首店经济"助大牌入蓉　释放疫下消费活力》，2020 年 10 月 21 日，https://m.gmw.cn/2020-10/21/content_1301703058.htm。

市概念店"和"旗舰店"。以李宁为例,它挑选宽巷子唯一保留原有建筑结构的 24 号院落,采用中式榫卯、复古 Logo 灯牌和川西竹编、灯笼、皮影等元素,塑造出川西庭院和成都文化的时尚感,打造出全国首家城市概念店。门店专设中庭茶歇区,借此体验老成都悠闲的生活。在传统业态基础上,杂糅茶饮零售和休闲体验等新业态、新消费、新场景,成为李宁品牌具有地域文化主题的形象展示和多元体验店。

首店业态中,餐饮业态占比最高达 46%。①成都遍布个性化餐厅、私人定制餐厅、主题餐厅、时尚火锅等新型餐饮业态。大众点评数据显示,成都 2022 年 4 月有 1190 家"私房菜"相关商户和 252 家"创意菜"相关商户。中华老字号"盘飧市""夫妻肺片总店""龙抄手食府"等提档升级,展现时尚新风貌。"餐饮+音乐"场景打造日益成熟,胡桃里、不二等音乐餐厅发展势头良好。"餐饮+绿道"场景不断创新,江滩公园集装箱美食成打卡热点,"田园送"绿道外送渐次落地。成都还结合机器人、二次元、电子竞技、影视 IP 等新热点消费领域,发展夜宴美食,打造时尚夜宴品牌。

高端餐饮加速入蓉。大蔬无界、正斗粥面专家与芽庄越式料理三家米其林餐厅品牌相继在成都开店。截至 2020 年,成都入驻 19 家特色餐厅的中国首店与西南首店,其中包括米其林餐厅新加坡螃蟹之家 House of seafood、高端日料鮨·初雲,以及合点寿司等特色日料与 EN SPACE、BellaMia 意大利餐厅、Tapasbar 西班牙餐厅、Ellis'Dream House 等西餐首店。②

(二)东郊记忆·成都国际时尚产业园

2019 年 7 月,由都市工业区转型发展的"东郊记忆"③正式挂牌为"东

---

① 《2019 年上半年成都首店数据报告》,中商数据(https://www.meadin.com/yj/203260.html)。

② 《2019 年上半年成都首店数据报告》,中商数据(https://www.meadin.com/yj/203260.html)。

③ 原为国营红光电子管厂,2011 年 9 月 29 日开园运营。历经十年发展,现已成为国家音乐产业基地、国家 4A 级旅游景区、科技与文化融合示范园区、国家工业遗产旅游基地。

郊记忆·成都国际时尚产业园",定位由之前的"以音乐为核心的多元文化创意产业园区"跃升为"时尚设计与音乐艺术双柱求发展的国际时尚产业高地"。作为成都文旅地标,东郊记忆瞄准艺术展演、数字娱乐、影视传媒主攻方向,构建以展演为支柱、以策展式创新商业为特色、以天府时尚秀场为新形象,具有全球时尚视野的新一线城市文化名片。

升级形态,打造都市时尚打卡新地标。一是以国家工业遗产为载体,优化公共设施服务,提升园区商企服务及公共服务水平,先后建成"十大国家工业遗产旅游""国际化营商环境十佳创新产业园区""中国开放发展最具活力园区"。二是用"时尚+互联网"新理念改造传统服务模式,构建智慧园区,实现基础设施智能化、公共服务便捷化,提高资讯服务品质,优化园区服务功能。三是通过"产业场景公园化、消费场景景观化、体验场景艺术化"规划,优化园区空间布局,利用"时尚地标+可进入+有温度"叠加效应,营造优越的创业、生活平台空间。

更新业态,建设"工业风、文创范"特质的时尚产业典范。通过对工业遗存的产业化改造、商业植入、文旅运营,依托"东郊记忆·名堂""GOGOPANDA""天府戏剧聚落"等创意机构,每年都有上千场活动在此举办,包括英雄联盟LPL春季赛、米兰时尚周中国行、中国成都·金砖国家电影节闭幕式暨颁奖典礼、2019"达芬奇IN成都"全球光影艺术大展、首届东郊记忆时尚艺术节[①](见图5-5)等。这些极具文化创意的项目,不断吸引会集新青年艺术家和时尚达人,培育策展式创新商业和时尚消费模式,打造高端时尚发布平台和创意设计众创空间,塑造时尚产业品牌影响力——在小剧场观看雅俗共赏的艺术展,聆听小众精彩的音乐演唱;在记忆长廊里翻阅红光厂的辉煌历史;在东郊食堂中品味几十年前的地道川味;在漫画涂鸦墙边各种造型照相留影,绽放独特个性;在酒吧

---

① 2021年9月29日,在开园营业十周年之际,以"共未来 再出发"为主题的首届东郊记忆时尚艺术节开幕。通过自有艺术节IP的打造,东郊记忆不仅是一个场地载体、活动平台,更是文化品牌和时尚IP的缔造者。

图 5-5　首届东郊记忆时尚艺术节（2021）中的成都音乐光影秀

（图片由成都东郊记忆园区运营管理有限公司提供）

工厂里驻足停留，置身岁月光影……①

提升文态，搭建时尚文化交流新平台。以人的需求为核心，对标国内外一流时尚产业园区，对接国内外优质资源，依托以演艺中心、国际艺术展览中心与成都舞台为核心的18个特色展演场馆，持续吸引国际性高端艺术展会、时尚发布、音乐演出、摄影展览、运动赛事等文化交流活动落户园区，增强怀旧和时尚气息并存的艺术氛围，形成独特的艺术空间和创意的时尚舞台。

优化生态，构建全天候时尚消费新场景。以融合文创园区、商业街区、生活住区为手段，依托时尚产业园及周边的多态聚集发展，整合园区内斯坦威钢琴音乐厅、成都舞台、泰府泰国餐厅、X先生密室、忆咖啡等品牌IP，重构时尚产业与关联产业间相互借力、相互赋能、融合发展的共生关系，加速融合发展，构筑起时尚行业"最新趋势传播中心"、引领时代的"时尚消费集群"和国际化的"时尚体验基地"，加速孵化"人城产"有机统一的泛时尚产业生态型园区。

四　产业完善育生态：传媒影视业更迭升级

传媒影视业包括创作制造、版权交易、出版发行、网络视听和广播电视电影服务等。成都一是引进培育出版、影视龙头企业，如光线传媒、熊

---

① 侯雯雯：《时间新起点，东郊记忆再出发》，《天府文化》2021年第10期。

猫互娱、巴别时代、优酷等，鼓励本地传媒影视机构与国内外知名企业联动合作，增强行业资源整合能力，培育本土企业。二是推进产业聚集，补齐加强传媒影视业上、中、下游产业链，提升成都传媒影视科技创新能力，争取形成传媒影视全产业链条。三是紧抓网络直播产业等新兴发展机遇，通过抖音、完美世界等头部企业的入驻运营，前瞻性布局直播电商领域[①]，打好产业基础，探索城市网络直播特色模式。

（一）成都影视城

毗邻四川传媒学院而建的成都影视城以建设国家影视科技典范、现代时尚艺术之窗为目标，着力构建集影视文创、动漫电竞、时尚艺术类的公共技术支撑平台、创新产业园、研发基地、孵化中心为一体的中国影视文创高地和国家超高清科技创新基地，是成都市66个产业功能区之一。

成都影视城是校地企合作新范本。2018年，郫都区人民政府、凤凰卫视集团、四川传媒学院签订三方投资合作协议，共建"凤凰影都"项目。三方共同招商先后引入西南融媒体研究中心、5G超高清研究院等项目，成立中国(成都)影视艺术类高校联盟促进合作。通过"以校招商、以商招商"强大合力，截至2021年，成都影视城招引影视文创项目67个，注册市场主体310户，形成集项目孵化、影视融资、拍摄制作、宣传发行为一体的综合性产业园区，为影视企业提供全面配套服务和发展空间，形成"产学研"为一体的综合性影视产业聚集区。

成都影视城已举办中国电视好演员、喜马拉雅"声创"高峰论坛等10余项具有国内影响力的品牌活动，制作了《我的父亲焦裕禄》《战旗飘飘》《宿敌》等10余部影视作品，并不断招引行业内知名企业入驻，拍摄更多主旋律影片，增加功能区产出。7月初，基于全球畅销电影《阿凡达》所打造的《阿凡达：探索潘多拉》全球顶尖世界巡回展览在影视城开启，传媒博物馆正式开门迎客。随着一个个优秀IP主题作品和新地标的诞生，成

---

① 直播电商包括企业直播、娱乐内容直播、电商直播、体育直播、教育直播和游戏内容直播。

都影视城正在成为集产业、服务、消费、观赏为一体的生态化国际社区。

（二）川影·影视文创城

川影·影视文创城是由四川电影电视学院投资打造，集影视、教育、文化、商业、娱乐和旅游于一体的文化产业集群。该项目位于大邑安仁镇，建设占地200亩，建筑面积22万平方米，地处成都市构建西部文创中心"双核共兴，两带共振"的龙门山文化产业带核心圈内。

图 5-6　川影·影视文创城全景
（摄影：赵卫东）

园区主要由5部分组成。一是"中国百年城市街区"：还原近百年中国城市风韵与西方古典风格的建筑实景群，包括历史特色街景、祠堂、教堂等；同时建有四川省唯一的3000平方米、2000平方米等超大型影视专业摄影棚集群10座，建成后将成为具备专业化影视生产、提供大型拍摄内景的摄影棚，填补四川省影视行业摄影棚集群的空白。二是"中国百年高校街区"：具有浓郁诗书气质、高校氛围的中国文化街景，以著名建筑学家梁思成先生的设计风格为主基调，呈现中国百年高校的历史积淀和文化自信。三是"大学生创业园"：以传统影视产业师傅带徒弟的形式，集合大学生创新创业培训、指导、交流等为一体的成果孵化产业体验区。四是"互联网+创意中心":建设基于互联网技术平台的影视艺术教育、文化创意功能区。五是"影视动画、电竞游戏体验区":具有电影院线及影视体验、电竞场馆及游戏比赛和旅游休闲功能。

园区按照"修旧如旧、最小干预、完全可逆"原则,引导各类市场主体统一组织实施整体修缮提升工程。以民国街景区为例,依托公馆老街3条老街、14座公馆、210余间商铺,区域总面积15.8万平方米的历史街区,入驻华侨城、北京视袭时代、北京沃天文化投资公司、广州方所书店等国内顶级文化产业机构,引进虫子、红馆等轻奢酒吧,打造锦堂、锦舍、锦苑安仁公馆酒店群系列。

发挥四川电影电视学院的人才优势,《桐籽花开》《红色记忆》《龙虎人生》《暗算》等多个剧组在安仁取景拍摄,孵化《今时今日安仁》《我是川军》《遇见安仁》等沉浸式演艺作品20余部,建成国家宝藏、华公馆、方知书房、今时今日安仁等文博新消费综合体21个,形成集文博、演艺、影视、体验等多种业态为一体的文博影视综合体。

园区还以福文化和中国传统二十四节气等为主题,实施风貌提升和光彩工程,通过引进商户、整合资源,寻源历史,重塑环境,将川西民居风格建筑与人文景点融为一体,创构两天一夜的剧本杀"乐境印象·仁",植入安仁春日芳华的小酒馆、安仁戏院的川剧表演、长嘴壶茶艺表演、漫街美食等夜间文旅活动,打造集老酒厂菜馆、音乐酒吧、手工创作、天然染坊为一体的天福美院文创空间,形成集餐饮、娱乐、购物、文化体验、创新创客等多功能于一体的美学空间。

小 结

2019年,高水平建设世界文创名城的发展定位让成都文化创意经济迎来全面提升全国引领力、全球竞争力的时代机遇。近三年,以文化为灵魂、以产业为依托、以业态融合为核心,成都促进IP+产业、场景体验、科技创新，激发文化创意活力，推动要素资源整合利用，实现产业价值链延伸突破。信息服务、创意设计、现代时尚、传媒影视等重点业态创新发展，"文创+"融合性业态快速新生。通过多元文化形态迭代开发，促进内容形式交叉融合，强化用户体验和多场景触达，成都实现了产品连接、受众关联和市场共振、多元供给与多样化需求的有效对接。

第二节 文化消费体验

文化消费，是指对精神文化类产品及精神文化性劳务的占有、欣赏、享受和使用等。[①] 文化消费的内容广泛，从消费对象角度看，既包括专门的精神、理论和其他文化产品，以及文化消费工具和手段的消费，又包括对文化产品的直接消费，为消费文化产品而消费的物质消费品（包括文化设施）。从地域范围角度看，既包括本地、本民族、本文化体系的文化产品和劳务，又包括世界范围的、外民族的、其他文化体系的文化产品及劳务。[②] 从消费者需求感知角度看，既包括文化核心产品即狭义文化产品的消费，又包括文化相关产品和文化延伸产品的消费。

近年来，成都市居民文化消费总量不断增长，文化消费能力总体水平逐步提高。从2015年到2019年，城镇居民家庭人均文化教育娱乐消费支出由2175元增加到3213.98元，农村居民人均文化教育娱乐消费支出由1113.59元增加到1557.46元。[③] 为了进一步满足人民群众对美好生活的向往，加快建设国际消费中心城市，成都市出台了《成都市发展周末文化旅

---

① 杨晓光：《关于文化消费的理论探讨》，《山东社会科学》2006年第3期。
② 邓敏惠、何里文：《基于文化消费视角下的广西文化产业可持续发展的战略思考》，《山东社会科学》2016年第3期。
③ 《2020年成都市统计年鉴》，中国统计出版社2021年版，第116页。

游经济促进国际消费中心城市建设实施方案》《关于发展全市夜间经济促进消费升级的实施意见》等，通过打造文化旅游消费空间、推出文化消费新体验产品、发展"夜间经济"等，全力促进文化消费提档升级。

一 游人如云环玉帐：文化旅游消费空间升级

近年来，成都大力营造文化消费场景，通过全面促进旅游与农业、康养、商贸、体育等产业有机融合，推出了大邑南岸美村、华侨城欢乐田园、龙门山·柒村等一批小而特、特而美、美而精的文化旅游新消费地，形成特色镇、川西林盘、精品民宿互为支撑的高品质消费场景，带动市民和游客文化旅游消费。2020年，成都市乡村旅游接待游客1.33亿人次、总收入达到515.6亿元。[1]

（一）大邑南岸美村

仰不愧于天，俯不怍于人。俯仰天地间，是一处隐野天蓝、穿花见水的林盘庄园。清源村，大邑安仁镇一处极美的世外桃源。这里有清朗的川西坝子、最淳朴的川西民风，用"农创+文创"解锁之后，就成了阳光倾城、细雨情动的南岸美村。

南岸美村是大邑安仁镇依托古镇所进行的"新型城镇化+乡村振兴"双轮驱动的项目，项目总规模2600亩，前后投资将近10亿元。在这里，希望用艺术和美学点亮乡村，打造一处以花卉园艺为特色的南岸美村，同时以产业联动、丰富的产品、优美的场景来营造乡村美学的样本。

南岸美村通过联动一产和三产，盘活既有的林盘和农田资源，提升乡村土地的经济价值和美学价值。一方面，为农业赋能，在农业里面找到和美最有相关性的花卉主题元素，把它作为农业和文旅的结合点，打造出包括花卉种植培育、花卉展览体验、花卉加工销售以及花卉观光旅游的场景，为文旅

---

[1] 《成都2020年乡村旅游总收入500多亿元》，2021年6月12日，人民网（http://sc.people.com.cn/n2/2021/0612/c379471-34774133.html）。

提供良好的环境；另一方面，以美为核构建产品体系，在一、三产业联动的基础上，发展乡村文旅和康旅的一系列产品项目，构建起南岸美村的产品体系。把南岸美村融入乡村美学和艺术乡间，用美学唤醒乡村，从而构筑起一个乡村美学生态圈，也是产品组合生态圈，包括美人、美田、美宿、美园等"六美"的产品体系，创造一系列具有原乡美感的创新消费场景。

图5-7　南岸美村

（图片由安仁文博产业功能区管委会提供）

（二）华侨城欢乐田园

以尊重原始风貌、注重保护环境为前提，以"敛天府农耕盛景，创乡村振兴华章"为目标，创新打造了川江草海、锦城花岛、古佛花溪、武阳茶谷、七彩森林、大河梯田、鹿溪牧场七大主题区域。欢乐田园将农、商、文、旅融于一体，以旅游助力农业发展，促进三产融合，充分整合农业生产、乡土文化、农垦资源，让人们在欢娱中认识乡村、探索农业、享受田园，让人们体验川蜀田园文化生活。

欢乐田园不仅是一个超大型旅游综合体项目，而且更重要的是对人们"乡愁"记忆的重塑。通过开发不同年龄阶段的游览项目，欢乐田园对不同年代的"乡愁"记忆进行重塑：针对青少年和儿童，设置了丛林穿越、森林冒险、鸟巢攀爬和多样化原木游戏等无动力游戏项目；配合科技感十足的蝶恋花艺术馆及科技综合农业展馆，将自然意趣与科技互动教育结合，为都市孩子注入缺失的"乡愁"。年轻人则能够选择在音乐广场聆听爱的赞歌，在树屋、蜂巢、帐篷等野趣酒店仰望森林和星空，在花溪花树下嬉戏玩乐，感受现代艺术建筑与自然元素交互交融，触摸渐行渐远的"乡愁"。而年长者能够通过在稻田茶室沐浴茶香稻香，在稻子餐厅、牧场餐厅品味乡味传统小吃，体验川西乡村文化、返璞归真的桑田劳作等活动，重拾记忆中的"乡愁"。

（三）龙门山·柒村

人类的居住首先是根植于自然的。自然中的一山一水、一草一木看似寻常，却是人类感受美最普遍、最直接的源泉。龙门山·柒村通过融汇和开掘自然之美，让建筑融进周围环境，不使其破坏自然形成的全局美感，使人无论身处室内室外，都能感受自然的美妙，获得心灵的安宁。

龙门山·柒村以国际化视野高标准打造"龙门山民宿"IP品牌，提出了以"民宿点亮乡村，用艺术对话世界"的民宿集群发展构想，[1]将民宿产业作为新的经济增长点，力争成为成都市最重要的生态功能区、国家生态宜居的现代田园城市典范区、世界旅游目的地核心区和天府文化重要展示区，形成"东有莫干山，西有龙门山"的新格局。[2]

在旅游住宿消费升级的当下，龙门山·柒村依托山、林、溪、竹自然环境，围绕乡野山居生活方式，形成了集主题化度假住宿产品、特色餐饮体验、乡村文创、山林休憩、度假物业开发等于一体的旅游度假区。为了使来客更好地体验本地历史文化与生活风情，柒村策划并举办了生活节、开窑节、蟠龙家宴、陶瓷论坛、彩虹跑等特色活动。

---

[1] 刘应其等：《乡村振兴战略下彭州市发展民宿产业的调查与思考——以"龙门山·柒村精品民宿产业园"为例》，《中共成都市委党校学报》2019年第6期。
[2] 《"宿"在龙门山吧！"柒村"将给你最惬意的田园乡野生活生态》，2018年12月11日，搜狐网（https://www.sohu.com/a/281134465_348901）。

图 5-8　柒村一景

（摄影：余梦秋）

二　乐事新年入锦城：推出沉浸式体验型消费新产品

以新场景、新空间、新体验营造"沉浸感"，以年轻人为主要目标对象，不断拓展文化消费领域的广度和深度，成为成都布局消费新赛道、塑造城市未来竞争优势的关键之举。《幻境·2020中国沉浸产业发展白皮书》的数据显示，沉浸体验在中国的城市分布非常不均匀，呈上海和北京双龙头之势，成都、杭州、西安、重庆、武汉、广州、深圳均有较快发展态势，其中上海24%，北京16%，成都7%，杭州6%，西安5%，重庆5%，长沙3%，南京2%，沈阳2%，天津1%，大连1%，宁波1%，厦门1%，其他14%。

（一）全球超大规模浸没式戏剧《成都偷心》

浸没式戏剧（immersive theatre）的概念最早源自英国，近几年迅速成为全世界关注的文化热点。它重新定义了观众与演出空间"观看"的关系，以及演员与叙事的"表演"关系。[①]它打破了表演者在舞台上而观众在舞台下观看的单方面的表演方式,而是采取互动式的体验。演员会在不同的空间移动,观众则在表演场地内自由地选择想去的地方和追随的角色,由此看到的剧情会因自己的选择而有所不同。

《成都偷心》由域上和美携手亚洲剧坛最具影响力的著名实验戏剧导演孟京辉在成都东湖联合打造,自2019年6月8日首演以来,收获了来自各大媒体、专业剧评团及观众们的广泛好评。作为首部反映成都当代文化精神的浸没式戏剧,该剧打破传统的环境戏剧观剧形式,让观众跟随演员穿行于戏剧表演空间,完全浸没在戏剧氛围之中,以逼真的气氛营造、自主选择的剧情设置、充分调动五感的场景氛围、不重复的动线设计,实现音乐戏剧的跨界、剧情空间的再造,为观众提供更加多元及互动的定制化观剧体验。

(二)"实景剧+戏剧游戏"《今时今日安仁·乐境印象》

近两年,在中国最大百年公馆群落——安仁古镇,推出了"实景剧+戏剧游戏"《今时今日安仁·乐境印象》。这让观众不再止步于观赏,更能亲身参与到故事中来。

《今时今日安仁》是一部大型公馆实境体验剧,戏剧讲述了表面身份为天福会会长、实际身份为代号"梅花"的共产党员刘雨知筹集物资和支援川军抗战的传奇故事。该戏剧以安仁古镇里百年古建筑群落为表演场景,通过移步换景、裸眼3D、空间成像、激光矩阵、全息镜像等方式,给观众提供了沉浸式的体验。它从空间和戏剧体验上,最大限度地给观众带来身临其境的沉浸戏剧体验。"不是大片,胜似大片",现场观众看后无不感叹。该节目曾获得2019中国文旅产业"金峰奖"最佳文旅融合夜游创意奖、2019峰火文创大会奖·年度文旅项目等多个奖项。

[①]《新"风口"!"沉浸式"旅游演艺如何深化发展》,2020年7月10日,城市光网(https://www.urbanlight.cn/newsdetail/1786ff42-5a20-46c0-90fa-14b47c2526ee)。

图 5-9 《乐境印象》游戏场景
（图片由大邑县安仁文博产业功能区管委会提供）

《乐境印象》IP沉浸式戏剧游戏则是戏剧《今时今日安仁》的全新衍生。它依托戏剧底色，刷新"剧本杀"常规玩法，取景于公馆生活动态博物馆，是全国首个集历史文化、知识、故事为一体的实境戏剧游戏。游戏融合剧场表演、角色扮演、推理互动、机关道具于一体，全方位为玩家带来沉浸式的游戏体验。故事中的一砖一瓦、一草一木触手可及，实景实情带领玩家"入戏"。玩家可以通过与故事中的人物交流互动，触发不同的剧情。只要游戏开始，玩家便开始书写自己的人物线，引导故事走向未知结局。游戏共设置两天一夜的时间，玩家再也不用因为戛然而止的故事、"刚入戏就结束"的情况而遗憾了。

（三）博物馆里剧本游《金沙之夜·回望长安》

《金沙之夜·回望长安》剧本游，是金沙遗址博物馆围绕主题临展"回望长安——陕西唐代文物精华展"开发的社教文化体验活动，利用展厅场

图 5-10 《金沙之夜·回望长安》场景
（图片由成都联创众娱文化发展有限公司提供）

景与博物馆公共空间开展。"回望长安"展以唐代首都长安人的生活为主题，集结陕西省 7 家博物馆及成都蜀锦织绣博物馆的 120 余件（套）唐代珍藏，展现了唐都长安的繁盛景象及丝绸之路沿线的文化交流与互鉴。

金沙遗址博物馆剧本游的剧情设置基于展览时代背景和单元主题策划，以陈列文物为解题线索，参与者通过随机抽取角色，扮演各式唐代人物，在与演员的互动中触发闯关任务，推动剧情发展。

这种"展览陈列＋角色扮演和剧情任务"的活动形式，对于博物馆来说，是一次对公众服务和社会教育的全新尝试。活动中，观众从观展时的"被动接收"转变为"主动探寻"展览信息，通过游戏就能轻松获取展览知识，不仅极大调动了观众看展的积极性，还有效拓展了展览和展品的信息层级，产生深刻且生动的文化体验。

（四）城市文化题材的"剧本杀"——《宽窄十二市》

《宽窄十二市》剧本杀是以成都十二月市真实人文做背景，萃取了漆艺、蜀锦、蜀绣、酒醋等代代传承的传统民俗珍宝，以贯穿宽巷子、窄巷子、井巷子里的信息线索，以及众多专业真人 NPC（non player character，指游戏中的非玩家角色）与玩家深度互动，满足不同属性玩家在同一时段中任意选择解谜线、拜师线、趣味线等迥异的情节走向，同时游戏。

图 5-11 《宽窄十二市》场景
［图片由十二市科技（成都）有限公司提供］

这是以剧本杀为方法，将宽窄巷子景区 IP 升级，让玩家在景区内沉浸式体验在地文化，展现出文旅景区的独特魅力。事实上，这种"文旅＋剧本杀"模式，成都已经走在全国前列。2018年底，成都的壹点探案在青城山推出了"两天一夜"的沉浸式剧本杀，吸引了不少外地游客打飞的赶来体验。

三　从今绝胜西园夜：发展夜间周末经济

成都的夜生活不仅有美食、美酒，更重要的是体验。这包括了文化场馆、文化集市、文化演出、电影院剧场、行浸式夜游等消费场景，是一个文化、艺术、商业结合发展的新形态。中国旅游研究院发布的《2020中国夜间经济二十强城市》中，成都市排名第三位，仅次于北京和上海。[①]

（一）夜市繁华大川巷

作为"夜游锦江"项目所涉11条街巷之一，古老大川巷历经"蝶变"重生，从一条老旧街巷"摇身一变"，现如今成为一条主导产业突出、建筑风貌雅致、文化品质鲜明、彰显生活美学、功能有机兼容的新街巷。

150米的大川巷，一头正对着成都东门城墙遗址，一头连接着锦江，过去它是"快递一条街"。2019年以来，按照政府引导、企业主体、市场化运营方式，大川巷进行全新的改造，不仅打造成为成都市第一条原创画廊街区，也让老旧社区焕发年轻活力。

5-12　大川巷标志
（摄影：赵卫东）

大川巷狠下功夫挖掘夜间经济潜能，打造了成都艺术夜市的第一品牌，街区每周会按照不同的主题举办好物夜市，带来买卖原创、社群交

[①]《不愧是高活力城市，成都市夜经济全国第三，仅次于北京、上海》，2021年1月12日，知天府（https://baijiahao.baidu.com/s?id=1688599960029313077&wfr=spider&for=pc）。

流、以物易物的新鲜体验。每天下午五六点钟，街上的人逐渐多起来，画廊的经营者和一些经过甄选的流动店主、街头艺人共同构成夜市的主体。等到了七点半左右，居住在大川巷附近的居民则会带着孩子，在各个画廊参加儿童美术培训或各种沙龙和工作坊。

大川巷的改造是以"政府主导、市场主体、商业化逻辑"创构生态投资和价值转化的新范式。在改造过程中，政府的主要工作是服务和协调，街区铺面的收拢，门头、路面、路灯、装置等街区外围风貌的基本呈现，其他资源的协调联动等。但在后续业态衍生、创新消费场景上，政府遵循"不插手"原则，邀请域上和美集团全程负责街区创意策划、建设实施、运营管理和品牌推广。与此同时，合江亭街道坚持机制创新，以党建引领、共治共享为原则，构建起社区党委领导，街区规划师、商户代表、居民代表、辖区民警、两代表一委员组成的街区治理商协会，制定了《风貌设计管控导则》《街区业态指导目录》《风貌业态提升支持政策》，将街区的业态准入、风貌品质、经营秩序、商居关系等纳入协商共治，建立起"党委政府主导、商协会作用前置、居民共治"的协同治理体系。

（二）夜游锦江

"夜游锦江"以"锦江故事卷轴"为主线，串联都市休闲、东门集市、闹市禅修、锦官古驿四大片区，打造夜市、夜食、夜展、夜秀、夜节、夜宿六大主题场景，绘制出老成都、蜀都味、国际范儿的生活美学地图。[①]

夜游锦江项目还将成都诸多夜间经济繁华地区纳入其中，太古里、339、兰桂坊、九眼桥等锦江沿线的夜间经济触发点被串联、点燃，固定消费场所与体验消费场景互为依托，通过"夜游锦江"这条纽带将场景转化为实际消费力。

由香香巷、望平街等成都老牌美食街巷组成的"东门深夜食堂"，就坐落在锦江畔。因此，市民游船、逛公园后，还可一头钻进这些美食富集

---

① 《"夜游锦江"再次起航　看最美人间四月天》，2020年7月10日，四川观察（https://baijiahao.baidu.com/s?id=1663934339744931053&wfr=spider&for=pc）。

的街巷，一饱口福。

东风大桥旁的国税大楼及纸箱厂，融合工业记忆与现代精神，改造成为"最成都·文创合集"。其中，国税大楼的一楼被打造为猛追湾城市更新展厅，通过 VR 技术，市民游客可以身临其境体验猛追湾旧街景与未来规划，"穿梭"于过去与未来，感受"老成都蜀都味国际范"的发展与繁荣。合江亭旁的仿古式房廊听涛舫，也成为一个展厅，讲述成都因水而兴的城市历史、锦江水的历史故事和崭新姿态，展示成都人对锦江不变的情怀。

夜景的光影设计从功能照明入手，从文化着眼，通过对空间结构及场地文脉的梳理，借助创新的设计语言、现代科技互动技术，实现了场地过去与现实的对话，打造了一个串联起场所历史记忆、充满烟火气息的成都味道。

仅 2021 年春节期间，夜游锦江就吸引游客 21.86 万人次，夜间线上消费近 2.2 亿元；2021 年国庆期间，"夜游锦江"接待 28 万人次，再现了"水岸街坊船，锦江不夜天"的盛景。

小　结

近年来，成都市以满足市民和游客日益增长的需求为导向，紧扣建设世界文化名城和国际消费中心城市战略，顺应文化和旅游消费提质转型升级新趋势，以"文化+"为核心，通过提升文化旅游消费空间，发展夜间经济、周末经济和新经济，着力创新文化消费内容和模式，增强文化消费的参与性和体验感，促进文化消费高质量跨越发展。随着融合艺术、文创、文博等新兴消费业态的出现，以及更具"国际范儿、蜀都味"的多元沉浸消费场景的打造，国内外游客和成都市民拥有了更多更潮的文化旅游体验方式和文化消费的途径。通过各种沉浸式的演出、角色扮演、观赏等，它给消费者带来了全新的戏剧体验，形成特别近景甚至零距离的冲击和震撼，从而将场景转化为实际的文化消费能力。正因如此，成都市在 2020 年 12 月被文化和旅游部定为第一批国家文化和旅游消费示范城市。

第三节

对外文化贸易

对外文化贸易是全球服务贸易和世界贸易的重要组成部分，它不仅是一个经济活动过程，而且还蕴含着丰富的文化内涵，是经济与文化互动的过程。[①]对外文化贸易的发展不仅有助于提升城市的开放水平和软实力，而且还能提高城市在国内外的知名度和影响力。近年来，党中央、国务院高度重视文化"走出去"工作，先后出台了《国务院关于加快发展对外文化贸易的意见》等政策文件。特别是《"十四五"服务贸易发展规划》中明确提出，推进国家文化出口基地和对外文化贸易基地建设，培育一批具有较强国际竞争力的外向型文化贸易企业，形成一批具有核心竞争力的文化品牌等。

无论是成渝地区双城经济圈要建设成为具有全国影响力的重要经济中心、科技创新中心、改革开放新高地、高品质生活宜居地，还是成都打造全国重要的经济中心、科技中心、世界文化名城和国际门户枢纽，提升国家中心城市国际竞争力和区域辐射力，文化产品和服务的对外贸易是文化城市建设的重要内容。因此，成都市要不断加强对外文化贸易发展，特别要充分发挥文化出口基地的引领作用，培育一批具有较强国际竞争力的文化企业，形成一批具有较强辐射力的国际文化交易平台，加强文化产品创新能力，带动文化贸易高质量发展。

一 三国雄豪晓天下：着力国家文化出口基地建设

开展国家文化出口基地建设是商务部等四部门推动对外文化贸易创

[①] 王靖：《国际文化贸易》，清华大学出版社2015年版。

新发展的一项重要举措。国家文化出口基地建设的宗旨就是创新文化贸易发展的体制机制和政策措施，发挥基地的集聚、引领和辐射作用，培育一批具有较强国际竞争力的文化企业，形成一批具有较强辐射力的国际文化交易平台，摸索一批适应文化贸易创新发展的模式和经验，带动文化贸易高质量发展，为提升中华文化软实力提供支撑。[1] 自 2018 年以来，包括北京天竺综合保税区、上海市徐汇区、江苏省无锡市、四川省自贡市、中国（浙江）影视产业国际合作区、安徽省合肥市蜀山区等在内的首批 13 家国家文化出口基地，在优体制、优政策、优渠道、优服务等方面持续发力，积极探索模式创新、业态创新、载体创新，推动文化和科技、旅游等融合发展，不断释放文化贸易潜力，努力将基地打造成推动中华文化"走出去"的动力引擎和创新高地，在推动对外文化贸易发展方面取得了明显的成效。

2021 年 8 月，商务部、中宣部、文化和旅游部、广电总局组织开展了第二批国家文化出口基地认定工作，初步认定 16 个行政区（功能区）。其中，武侯区三国创意园（三国创意设计产业功能区）入选，是此次四川唯一入选的功能区。2020 年，四川省服务贸易总额达 1212.2 亿元，规模跃居全国第七，创历史新高，居中西部第一。[2] 文化服务贸易作为服务贸易的一个重要组成部分，已成为当今全球服务贸易竞争的重点领域之一。

成都市武侯区三国创意园成立于 2019 年 12 月，是成都市 66 个产业功能区之一，也是目前全国唯一以三国文化为本底，面向全球的文创产业功能区。该功能区规划面积 15.03 平方公里，聚焦创意设计产业，重点发展城市设计、视觉设计、文博文旅，融合发展中高端商业、高端商务、服务贸易等现代服务业，打造"三国文化传承地、体验消费目的地、特色文创承载地"核心功能，形成了业态丰富、多元发展的三国文化产业体系，

---

[1]《国家文化出口基地》，2022 年 1 月 12 日，百度百科（https://baike.baidu.com/item/%E5%9B%BD%E5%AE%B6%E6%96%87%E5%8C%96%E5%87%BA%E5%8F%A3%E5%9F%BA%E5%9C%B0/58459128?fr=aladdin）。

[2]《四川服务贸易朝金字塔尖奔跑》，2021 年 5 月 26 日，四川频道国际在线（http://sc.cri.cn/n/20210526/3364b4fa-1c84-99bb-2da4-73534f1b3a26.html）。

已集聚一批较强国际市场开拓能力的企业，三国文化 IP 具有较大的海外影响力。被列入国家文化出口基地后，未来计划以"一轴三片"空间布局，打造三国文化创意产品、衍生品的出口核心区，联动河南南阳、陕西汉中、四川阆中等三国文化地标城市，构建"多城、多展、多景"的拳头产品出口体系，完善三国文化细分产业链及生态圈资源。[①]力争到 2023 年，区域内实现三国文化产品和服务进出口额 20000 万美元，建成国家文化出口基地 1 个，省级重点文化企业 5 家，将三国文化产业打造成为成都市新的文化出口产业增长极；力争到 2025 年，三国文化产品和服务年进出口额超 10 亿美元，增加国家重点文化出口企业 10 家以上，增加国家文化出口项目 10 个以上，成为国家文化出口的新兴增长极。

图 5-13 三国文化产品

（摄影：余梦秋）

二　锦城魅力四海扬：培育一批文化出口企业

近年来，成都市不断加大力度培育壮大对外文化贸易企业。2021 年，成都市共有成都乐曼多科技有限公司、四川赛领文化贸易集团有限公司等 10 家在蓉文化企业和蜀道风流、休斯敦冬季梦幻彩灯节等 6 个在蓉文化项目入选 2021—2022 年度国家出口重点企业和重点项目，创历史新高。

[①]《成都市武侯区三国创意园：打造成都市新的文化出口产业增长极》，2021 年 9 月 15 日，澎湃（https://www.thepaper.cn/newsDetail_forward_14509888）。

（一）成都乐曼多科技有限公司

成都乐曼多科技有限公司进入《2021—2022年度成都市国家文化出口重点企业名单》，是对其在体育文化出口方面取得成绩的肯定。乐曼多持续深耕全球体育游戏市场，其拳头产品街篮系列实时篮球竞技手游先后上线全球数十个国家和地区，均获得全球玩家一致好评。2016年上线的《街篮》，曾在多个国家和地区获得iOS免费榜及畅销榜第一，时过5年，如今仍在全球十数个国家运营，备受当地玩家喜好。2020年，先后上线中国及日本市场的《街篮2》，上线首日即获得App Store Today推荐，同时登顶iOS免费榜第一，并在日服一周年之际，力压日本国民游戏《赛马娘》再次登顶iOS免费榜第一。同时，《街篮2》中国台湾版本上线，首日即登顶iOS免费榜第一。

在获得全球体育竞技游戏玩家肯定和支持的同时，乐曼多还致力于全球电子竞技事业的发展，通过不断创新的游戏产品，加上时下备受全球用户关注的电子竞技赛事，通过"体育游戏＋电竞"的形式，让中国自己的精品体育游戏走向世界，让全世界玩家见识到中国体育游戏的魅力和独特之处，打造属于中国特有的体育文化潮流，并持续向全世界范围传播。

（二）四川赛领文化贸易集团有限公司

四川赛领文化贸易集团有限公司因休斯敦冬季梦幻彩灯节应运而生。从2015年首届休斯敦冬季梦幻彩灯节成功举办以来，公司致力于中国彩灯在海外市场的推广，并将中国传统杂技、非物质文化遗产展演以及传统工艺品和仿真恐龙等通过灯展平台推向国际市场。目前，四川赛领文化贸易集团有限公司已经成为自主投资、独立创意、设计制作、外展现场运营为一体的非传统意义上的彩灯文化企业标杆。

休斯敦冬季梦幻彩灯节已在休斯敦成功举办5届，受到当地民众的喜爱，成为感恩节和圣诞节以及新年跨年家庭团聚的一个重大节庆活动，被热情的游客赞誉为"来自东方的迪士尼""德州人的迪士尼"。在合作方美国 MWL 公司的不懈努力下，它已获得"VISIT HOUSTON"（休斯敦旅游局）颁发的最佳旅游景点奖、最佳水晶球营销奖，以及 2019 年全美圣诞灯饰大赛第一名等各种奖项。

（三）《蜀道风流》

《蜀道风流》是凤凰卫视、四川广播电视台联合出品的大型纪录片。它以人类历史上伟大的交通基础设施——蜀道为载体，以"有形"蜀道和"无形"蜀道两条脉络展开，探究多元、开放、理性、浪漫等诸多中华文化的本质特性。"有形"蜀道立体串联四川独特的自然、历史、建设风貌，还原蜀地瑰丽多姿；"无形"蜀道着力弘扬巴蜀精品传统文化，追溯中华文明的前世今生，折射四川人独特的生活方式和性格之美。《蜀道风流》不仅聚焦于前世，也观照了今生。蜀道精神激励着一代又一代四川人民走出盆地，通江达海，走向世界。

三　文化名城声远播：搭建对外文化贸易平台

近年来，成都市通过"实体园区、网络平台、线上线下"立体结合，大力发展国际文化会展、保税文化交易、文化进出口仓储物流、国际文化市场信息服务等新兴业态，促进文化产品和服务的对外贸易。成都创意设计周、成都国际"非遗"节等展会在全球的知名度越来越高，影响力也越来越大，为成都文化产品和服务"走出去"提供了重要的平台。

（一）成都创意设计周

按照习近平总书记来川视察重要讲话精神，贯彻落实国务院《关于推进文化创意和设计服务于相关产业融合发展的若干意见》（国发〔2014〕10 号），由成都市人民政府主办的成都创意设计周于 2014 年起每年在成都举办，至今举办了八届，取得了丰硕成果。

自 2014 年起，成都创意设计周累计吸引 30 多个国家和地区的近 3000

家创意设计机构和专业设计人士参加，共征集创意设计奖项作品13000余件，展览面积累积达22万平方米，累计展示创意设计作品超15万件，接待观众超200万人次，以成都为中心掀起了关注创意设计、参与创意的风潮，在中西部地区率先树立了创意设计产业全国知名品牌，广泛运用新媒体和专业媒体，进一步面向国内外传播了"创新创造、优雅时尚、乐观包容、友善公益"的天府文化精神。

今日头条数据显示，成都创意设计周影响力位居全国前三。目前，它已成为成都市具有一定影响力的创意设计自主品牌，为推动成都市文化创意和设计服务与相关产业融合发展奠定了基础，为成都高水平建设世界文创名城发挥引领带动作用。

2021年11月4日，第八届成都创意设计周在世纪城新会展中心开幕。本届创意周的核心活动——成都创意设计产业展览会以"创意成都 美好生活"为主题，设置"未来设计馆""产业创意馆""生活美学馆"三大展馆，旨在用创意设计优化生产性服务业产业结构，推出一批可阅读、可感知、可体验、可传承的文化精品工程。本届创意周除了举办金熊猫天府创

图5-14 第八届成都创意设计周

（图片由成都新东方展览有限公司提供）

意设计奖以外，还将同期举办"世界建筑节·中国"嘉年华、2021金犊奖等设计赛事。赛事丰富程度为历届之最。本届创意周创新了文旅融合发展的区域合作模式，积极推动创意设计"内循环"的深化发展。重庆、苏州、杭州、厦门、温州等城市组团参与本届创意周系列活动。本届成都创意设计周创建了"1+N"云端观展平台，打造文旅会展项目传播推广新通道和互动体验新场景。"1"，即成都创意设计周云端展，这是集创意周整体介绍、活动直播、VR看展、文创交易、约见洽谈等功能于一体的数字化展览平台；"N"，即多平台开展网络直播及视频传播。[①]

（二）中国成都国际非物质文化遗产节

中国成都国际非物质文化遗产节是党中央国务院正式批准的国家级、国际性文化节会活动，是联合国教科文组织参与主办的国际社会唯一以"非遗"为主题的文化节，是国内唯一的联合国教科文组织参与主办的文化节，是继中国北京国际音乐节、中国上海国际艺术节、中国吴桥国际杂技节后，国务院正式批准的第四个国家级、国际性文化节会活动品牌，是国际社会首个以推动人类非物质文化遗产保护事业为宗旨的大型文化节会活动。"非遗"节定点四川省成都市，每两年举办一届，目前已经举办了七届。

2019年10月17日到22日，第七届中国成都国际非物质文化遗产节在成都举办，此次"非遗"节举办包括非遗国际论坛、国际非遗博览园等四个板块活动，重点展现"非遗+扶贫"的路径探索和实践成果，有近90个国家、地区和国际组织参与，5600多名代表参加。数据显示，此届"非遗"节期间，500余家参展单位现场销售额达5000余万元，签约金额超1亿元；吸引570余万人次参与；吸引媒体报道5000余次，其中"非遗"节的微博相关话题点击量就达到1.6亿人次。中国成都国际非物质文化遗产节是成都对外展示的重要窗口，是成都建设世界文化名城的重要支撑。

---

① 《线下展云上览 乐享文创新场景 成都创意设计周昨日开幕》，《成都日报》2021年11月5日。

四 天府物产向世界：创新对外文化产品服务

过去，成都文化产品和服务的出口主要是聚焦传统文化、单一的劳动密集型项目，如玩具、蚕丝、机织物、演出业等，涉及图书出版等知识密集型的核心层产品所占比重相对较小。近年来，成都加大力度创新对外文化产品和服务，增强知识密集型核心层产品的开发，不断推出有竞争力的文化产品和服务，扩大对外文化贸易。

（一）"非遗"产品传承与创新

作为成都文化产品服务出口贸易中的重要一部分，被誉为成都"非遗五朵金花"的蜀锦、蜀绣、漆器、银花丝、瓷胎竹编，不断创新产品形式，受到更多人的追捧。蜀锦产品除了服装外，还大到桌布、抱枕、床上用品，小到书签、杯垫、鼠标垫、领带、手机壳，涵盖各类使用场景，特别是联合一些大IP联合推出汉服。过去，蜀绣以芙蓉鲤鱼、大熊猫为内容居多，现在则取材花鸟虫鱼、山水人物、民间吉语和传统纹饰等，绣制在日常用品上，如衣服、鞋、枕套等，颇具文化韵味和喜庆色彩。成都银花丝工艺品则更多，主要集中在佩戴饰品和家居饰品等类别，如戒指、手镯、项坠、盘、花瓶等，深受人们喜爱。

（二）数字娱乐产品渐成"急先锋"

当前，数字娱乐产品正成为文化贸易的主力。随着中国对外文化贸易的日益深入，一些西方文学、艺术产品，以及日本的动漫产品、韩国的影视作品、欧美的电影作品也深深影响着中国广大受众。世界文化的融合也为中国网络游戏市场提供了充足的IP（版权题材）资源，受此影响，中国的动漫、网络游戏厂商也研发了许多适合西方玩家的产品。[①] 通过网络游

[①] 李小牧主编：《文化贸易蓝皮书：中国国际文化贸易发展报告（2018）》，社会科学文献出版社2019年版。

戏这一高度互动、参与性强的艺术产品,中国的文化娱乐产品从"民族的"向"世界的"转变。2019年,由成都乐狗开发、莉莉丝发行的SLG游戏《万国觉醒》,在全球共拥有2600万名玩家,曾登上多个国家和地区App Store畅销榜前列。

小 结

近年来,成都市着力推动对外文化贸易发展,通过建设国家文化出口基地、支持成都市国家文化出口重点企业和成都市国家文化出口重点项目等,加强构筑文化贸易高端平台,着力培育创新型文化贸易骨干企业,强化产品创新,促进文化贸易产业链、要素链、价值链、创新链、供应链的加速融合,形成文化出口生态圈,进一步推动文化创意产业的高质量发展。

第六章

互惠共生的"文化+"融合

文化的强渗透性、强关联性，铸造了"文化+"的发展形态，迈向了文化融合发展的新阶段。基于"共生"理论的"互惠""双赢""共存"的"共生理念"，文化融合现象旨在引导共生主体建立良好的共生关系，促进彼此作用、互惠共存、共生发展。"文化+"融合，是将文化中所蕴含的各类元素、各项内容、各种形式，与不同领域、不同行业、不同要素的理论、方法、手段相互结合，形成新内容、新服务、新功能，从而更好地满足人民对生活美好期待的共享共建过程。

成都着力以文化与科技、生态、产业融合发展为方向，探索一种更高层次的融合创新，注重从"老思维"向"新思维"的转变，从传统的文化艺术、新闻出版和影视创作到不断增强文化认知，艺术化、技术化的科技变革；强化从"小文化"向"大文化"的扩展，从仅仅重视基础建设、资本投入的"小文化"到迈向国民生态的"大文化"的阶段跨越；聚焦从"浅融合"向"深融合"的发展，从单向融合到多向融合，实现文化产业由"平面交叉"向"系统交融"的深层融合。"文化+科技""文化+生态""文化+产业"的成都文化融合样本塑造了先进信息技术的新业态、新集群、新产品，营造了公园城市示范片区及多元化、艺术性的消费新场景、人居新环境，打造了一批网红打卡地、特色街巷街区，推出了城市精品旅游线路和特色体育赛事，形成了科技引领、生态保护、产业支撑的文化融合特色 IP，引领城市发展，彰显城市魅力。

第一节
文化与科技融合

文化与科技紧密联系、相辅相成，两者的融合创新已然成为常态化的发展趋势。以习近平同志为核心的党中央高度重视文化与科技的融合工作，指出"文化和科技融合，既催生了新的文化业态、延伸了文化产业链，又集聚了大量创新人才，是朝阳产业，大有前途"[1]。文化部、科技部等六部门陆续颁布系列文件[2][3][4]，明确"文化+科技"融合的战略思想，加大对"文化+科技"的扶持力度，形成重点领域与关键环节全覆盖的"文化与科技"创新融合体系。习近平总书记的指示意义深远，文件政策丰富的内涵指向，为成都"十四五"时期通过"文化+科技"激发创新创造活力，满足人民群众对美好生活向往的精神文化需求，指明了方向和路径。

近年来，在党中央的高度重视下，成都的文化与科技融合发展、协同推进，新型文化业态蓬勃兴起，为成都文化高质量发展注入新的动能。作为西部数字科技发展高地，成都奋力打造独具匠心的文化名城，顺应科技革命和产业变革新趋势，以满足广大市民对幸福美好生活向往为导向，对

---

[1]《闯出新路子 展现新作为 彰显新担当》，《人民日报》2021年5月24日第2版。

[2] 科技部 中宣部 财政部 文化部 广电总局 新闻出版总署《关于印发〈国家文化科技创新工程纲要〉的通知》，中华人民共和国中央人民政府网站（http://www.gov.cn/zwgk/2012-08/24/content_2210057.htm）。

[3]《关于推动新闻出版数字化转型升级的指导意见》，中华人民共和国中央人民政府网站（http://www.gov.cn/xinwen/2014-04/30/content_2669106.htm）。

[4]《科技部等六部门印发〈关于促进文化和科技深度融合的指导意见〉的通知》，中华人民共和国中央人民政府网站（http://www.gov.cn/zhengce/zhengceku/2019-12/03/content_5457868.htm）。

文化与科技的创新融合发展进行了积极探索，走出了一条彰显科技特征、文化特色、成都特点的科技赋能文化高质量发展之路，有效推动了成都文化繁荣发展，从而为加强新时代文化建设提供了成都样本。

一 数字应用新体验：催生文化业态

成都顺应"文化+科技"的市场浪潮，在创新发展理念、健全体制机制方面用力甚深，逐步加大对文化新业态发展的扶持力度，优化业态形式，引导文化新业态优先发展，尤其在以网络视听为主的数字娱乐、数字出版等新业态中注入科技内涵，为传统文化形态向新兴文化业态的发展奠定了坚实的基础。从成立成都市数字娱乐产业发展推进领导小组到编制《建设西部文创中心行动计划（2017—2022）》、出台《关于弘扬中华文明 发展天府文化 加快建设世界文化名城的决定》，再到《成都市数字文化创意产业发展"十四五"规划》，成都市由"点"到"面"，从政策层面明确重点培育网络视听、数字出版等新业态，加快推进互联网、物联网、云计算、虚拟现实、大数据等高新技术成果向文化领域转化运用，确定文化新业态发展方向，在国内城市中形成先发优势。

一是网络视听。网络视听产业是基于互联网技术的新兴文化业态。根据内容形态的不同，可以将其划分为网络视频、网络音频、网络游戏、网络直播、数字传媒等主要领域。其中，网络视频分为长视频（综合视频）、短视频以及网络直播等；网络音频主要分为数字音乐和有声音频等；网络游戏则包括移动游戏、客户端游戏、网页游戏、云游戏等。成都作为中国西部地区重要的网络视听产业高地，在游戏电竞、网络音乐、影视动漫等细分领域已形成多个增长极和规模优势。新经济发展研究院和成都市网络视听节目服务协会联合编写的《2021年成都网络视听产业发展报告》显示，"2020年成都网络视听标上企业高达2000余家，网络视听业务收入为2284.81亿元，同比增加31.2%，网络视听从业人员整体规模已达到14万人，成都在游戏电竞、网络音乐、网络视频等细分领域已形成一定规模优势"①，尤其是通过举办中国网络视听大会建设中国（成都）网络视听产业基地建设网络视听相关功能区等多措并举，建立了以成都高新区、天府新区为核心的成都网络视听高地。随着大数据、云计算、人工智能等信息科技赋能视听领域，文化IP内容全产业链的开发，将进一步拓展网络视听应用场景，为成都网络视听发展带来新的机遇。

二是版权保护。将数字科技手段应用于出版业已经成为成都形塑"文化＋科技"新业态的重要一环。由于市场的大量需求，部分旧的业态需求开始下降，新的文化业态不断涌现，其中最突出的便是实体书店、传统纸质出版业日渐衰微，数字出版产业的发展势头强劲。目前，中国数字出版市场虽已取得巨大进步，但数字版权保护问题是传统出版业数字化转型的核心问题。为保障新业态规范、有序发展，有效发挥文化效能，2020年11月27日，成都数字版权交易博览会在成都天府新区西博城开幕。开幕式上，中国数字版权产业联盟正式成立，旨在聚合数字版权产业链优质资源，发挥数字版权的独特优势，共建数字版权产业的良好生态，提升数字版权的交易效能，激发数字版权的产业活力。针对数字版权侵权行为的检测、取证与维权等环节，成都音像出版社有限公司正式推出自主研发并运营的"斑马"（B-MARK）平台，"斑马"是一个开放性全产业链数字版权综合服务平台，更是运用区块链、云计算、大数据等关键技术取得的突破性成果。同时，成都作为全国首个版权示范城市，充分借助"成都国际版权交易中心"，将版权作为城市创新发展的核心要素和关键环节，创新版权服务，推动版权转化，仅2019年就为相关版权人提供版权咨询14万次，版权宣传350余次，版权登记服务4.2万件。②

三是沉浸式体验。沉浸式体验是文化与科技融合创新的结果，它将基础理论、大数据、先进技术等融入其中，具有鲜明的智能化、虚拟化特

---

① 《〈2021成都网络视听产业发展报告及机会清单〉发布　成都网络视听产业交出年度答卷》，四川经济网（https://www.scjjrb.com/2021/06/04/99268135.html）。
② 《"保护版权　创享经济"　成都启动4·26知识产权宣传周活动》，川观新闻（https://cbgc.scol.com.cn/news/276992）。

征。成都的沉浸式体验主要包括沉浸式演艺、沉浸式展览、沉浸式影视、沉浸式游戏，目前正成为发展势头强劲、表现形式丰富的新业态之一。一方面，沉浸式体验集成信息科技，以全息投影、虚拟现实等技术，共同搭建沉浸式体验的结构和形态；另一方面，以"主题空间"设计场景，营造交互式的叙事空间，让人们沉浸在特定的情境与氛围当中。例如2019年《镜·界》科技艺术概念展，通过10件互动艺术装置，向观众展示5G时代文化与科技融合的更多可能性。其中，"中国古代家

图 6-1 沉浸式实景剧本杀《十二市》
（摄影：陈科有）

族树"互动装置，基于中国古代家谱数据库，在40多万历史人口中探寻千年的血脉之源，将上千的人物个体血脉相连，按时间顺序向上生长，生成了唐、宋、元等大型家族树，反映出各家族的内部特征，显现出兴衰更迭的宏观沉浸场景。又如全国首款以城市人文为题材的大型沉浸式实景剧本杀《十二市》，它采用前沿的诸如VR、AR、裸眼空飘3D等智能交互技术，形成"文化+科技"融合升级的"高配"沉浸体验。

二 产业集聚新方向：引领文化产业集群

"文化+科技"需要优势产业集群的带动，通过推进优势产业集群多维度、立体化的相互渗透，是提升传统文化产业科技含量的重要举措。产业集群并不是简单的产业地理集中，而是特定区域中一群具有竞争与合作的企业，在地理上集中，彼此之间通过各种产业链与价值链交互关联，从而实现规模效应和集聚效应。成都文化产业采用行业集聚、空间集中的发

展策略，充分发挥成都中国西部高科技城市的特色优势，培育建设了一批文化重点项目，形成了"文化+科技"产业集群发展新模式。

一是科技赋能形成文化新布局。瞪羚谷数字文创园区充分发挥科技企业在数字技术创新中的主体作用，高度重视数字技术的创新需求，着力推动文化科技转型，培育了一批具有核心技术研发、共性技术应用的文化科技产业集群。瞪羚谷数字文创园区位于成都数字文创产业基地，不同于其他产业园，它着力彰显文化创意、科技前卫的融合氛围。瞪羚谷作为文化与科技融合发展的生态谷地，已成为数字文创产业集群式发展的重要承载园，有"文艺范儿"的"网红"——可可豆动画影视公司，有总投资达50亿元的腾讯首个功能型总部——腾讯新文创总部项目，有爱奇艺国内首家线下科技赋能与深化文创体验为一体的爱奇艺潮流文化坊，有传统酒企的跨界之作——泸州老窖创意文化中心，有知名艺人的造梦工厂——北京中体明星四川影视产业基地（刘天池表演工坊），有亚洲顶级电竞赛事"亚洲电子竞技大师杯·中国赛"的赛事运营基地，还有阿里巴巴数字生态基地、韩国KakaoPage、日本未来株式会社、云想控股短视频创新中心、完美世界天智游、同程艺龙西南总部等。瞪羚谷数字文创园区坚守优质科技企业的定位，做好技术积累及产业布局，加快促进文化集群创新升级。

二是科技赋能生成文化新效应。少城视井新型视听中心乘"文化+科技"之大势，以网络视听与影视产业有机融合为契机，创新思维，着力推动高品质科创空间的规模化发展，打通上下游产业链，形成科技催生下文化产业 1+1>2 的联动效应，进一步提升区域带动力和国际影响力。无论是从影视与游戏 IP 的特点去搭配合适的曲风及编曲，还是从影视与游戏 IP 的属性去邀请契合的歌者加盟献唱，少城视井的音乐、电影、电视、电竞之间的"视听娱创"联动，在网络视听内容成分的构建思路上，已然逐渐形成一条清晰的脉络和体系，使得音乐、电影、电视、电竞之间的跨界联合产生联动效应。进入数字化时代，音乐内容的产出、游戏内容的输出、影视内容的生成想要更有说服力，就需要有现代科技来做定量的支撑。少城视井携手打造网络视听内容的过程中，凭借强大的大数据优势，通过结合不同内容的特点以及用户倾向的洞察，为音乐、影视、游戏等精准适配歌者和曲风，从而释放出视听跨界的乘数效应。随着移动互联网、虚拟现实等一系列数字技术的逐步成熟和应用，现代科技内容逐渐成为文化高质量发展的新动能和新增长点，与少城视井新型视听中心传承历史基因、坚持文化底色、不断守正创新的发展思路相得益彰。

三是科技赋能创设文化生态圈。随着科学技术的不断发展，数字技术、人工智能技术越来越成熟，科学技术赋予文化实现新变革，文化建设的高质量发展关键在于文化新生态的构建。天府长岛围绕人们的文化需求，延伸产业链关键环节，打造文化价值链核心点，优化与完善文化生态系统，提升文化服务性与竞争力。天府长岛作为成都天府软件园的姊妹园区，由天府软件园运营管理，配备全方位、平台化产业服务体系，实现了天府软件园专业运营和品牌全覆盖，成都高新区及天府软件园产业、企业资源全链接。天府长岛推出人才服务、品牌服务、金融服务、创业服务、公共服务，构建"新经济局数字文创处+网络视听与数字文创业界共治理事会+软件园管理公司+瞪羚谷公园社区"四位一体"业界共治"工作机制，深化文化生态圈建设。

以瞪羚谷数字文创园区、少城视井、天府长岛为代表的"文化+科技"集群式发展，齐聚科技企业，召集影响力人群，创设文化生态圈，有利于优化文化产业布局，打通上下游产业链，形成由"聚合"到"聚变"的规模效应，释放巨大发展潜能。

三 国风动漫新潮流：赋能文化产品

成都不断在文化资源中融合各类科技创意，结合互联网、大数据、人工智能等信息科技，着力提升文化产品的科技内涵、文化内涵。当前，动漫影视文化产品正成为成都"文化+科技"创新融合发展的重要内驱力，在其产品设计、制作的过程中，融入多元文化元素，结合国家民族背景，并依靠数字科技将文化元素拍摄制作成一部部优秀、时尚、潮流的文化产品。近年来，成都动漫得到了大力发展，形成漫画原创、科技支撑、动漫企业、动漫人才培养的产业基地，催生出艾尔平方、成都可可豆等明星公司，动漫产品逐步占据国内市场，逐渐成为数字时代下国产动漫产品的领军人物，以《哪吒之魔童降世》与《姜子牙》为典型代表。

一是场景画面"国风色"。为了营造出中国味道、东方神韵，《哪吒之魔童降世》《姜子牙》动画电影的诸多技术处理都扎根于对中国历史文化的尊重。《哪吒之魔童降世》片中引人入胜的《山河社稷图》，每片荷叶都寓意着一个小世界，瀑布、山峰等景观均取材于中国的盆景艺术。其设定概念就是一花一世界，一叶一菩提，广阔无垠与渺小甚微皆可融汇。师徒四人在《山河社稷图》里打斗的场景被设计成三维弹球的效果，一方面，致敬这款经典电脑游戏，契合现当代社会与影片制作者思维的碰撞；另一方面，弱化了抢夺神笔打斗时混乱且暴力的场面，强化了喜剧效果，创造了已被淘汰但又重拾经典的可能。《姜子牙》引人注目之处在于视觉美感，无论是天界的昆仑之巅、日落归墟等场景，还是设计构图，都极具东方美感，堪称完美。元始天尊座下十二金仙的面部参考自商周时期的三星堆青铜面具，战争中人类士兵所驾驶的马车则复刻自汉画像砖的记录，贯穿古今、情感共振的玄鸟异兽与北海幽都山，以及出场时间不多的腾蛇均取材于古籍《山海经》，妲己的头发和衣服镶上金边是为了具象化商王朝的纸醉金迷。《姜子牙》基于"金木水火土"五行理念，运用数字技术进行设计：神权至尊的静虚宫是金色的，冰封万里的北海是蓝色的，幽暗恐怖的幽都山是紫色的……每个场景都有其独特的颜色和材质，每种颜色、材质、光线都统一在东方艺术视觉样式下，展现出一个真实而又令人震撼的封神世界。

二是特效片段"东方美"。特效制作是产品后期处理中一种常见的技术处理方式。在影视作品中，数字特效的运用可以使角色刻画更为丰满、人物行为更为生动，极大地增强影视动画的渲染力、感染力，给观众带来极强的空间感、意境感。在《哪吒之魔童降世》动画电影中，从每一个人物模型的建立、云雾缭绕的缥缈状态、进入《山河社稷图》的漩涡、哪吒与敖丙打斗时的水火交融，到魔丸与灵丸相融时的巨大气流，几乎随处都可见到对特效的运用。创作者通过特效场景构成画面信息的主要部分，通过特效间的结合统一整个画面的色彩、影调、质感，呈现逼真的效果。特效的成功表现也是这部动画引起轰动的重要原因。三维动画《姜子牙》在开头 1 分 22 秒至 3 分 32 秒中，创新性地加入了一段高难度二维片段，对手绘动画技术与传统文化元素的完美融合进行了中国式表达。二维片段中，九尾妖狐化身火焰，姜子牙一路驰骋，劈开一道血路。该片段生动诠释了妖狐的魅惑、姜子牙的英勇，中国味十足。画面中的每一个细节都在运动，仿佛是彩色的青铜画流动了起来，同时又具有敦煌壁画的特征，用色块和线条带动转场，精细炫酷又极具国风艺术感。值得一提的是，《姜子牙》制作团队专门成立了二维动画小组进行设计绘制，从入行 20 多年的教师，到刚毕业的学生，三代动画人薪火相传，共同打造中国人自己的动画。

三是人物立形"寓意深"。动画电影《哪吒之魔童降世》《姜子牙》中的人物都采用了解构与重构的手段，将其形象进行颠覆与重塑，加上数字技术的扩充，开启了更为辽阔的表意时空。《哪吒之魔童降世》中哪吒的形象为三维角色，其形象设计是在继承哪吒传统造型的基础之上，沿袭了传统故事中的形象特征，即身着肚兜，扎丸子头，拿着火尖枪、混天绫、乾坤圈，但突破了固有的莲花化身、手持乾坤圈、脚踩风火轮的小英雄形象，对哪吒的身体部位如眼睛等进行夸张处理，童年时的哪吒有夸张的头身比例，配合圆润的身体进行了卡通化的表现。单单是哪吒的人物设计，建模团队就设计了一百多个版本，其细节更是多达一千多个。片中哪吒顶着两个黑眼圈、玩世不恭外表的设计，实际上却是重情重义，对亲情、友情以及他人认可的渴望，这种人物的数字设计也为片中主题"我命由我不由天"做了铺垫。

动画电影《姜子牙》对人物形象设定进行大胆的创新和颠覆性的重构。影片中的姜子牙和以往封神故事里仙风道骨的形象反差很大，摒弃了"脸谱化"形象，展现了一位忧郁、执着、隐忍、患有洁癖的"忧郁大叔"形象。

这位去神化后的凡人大叔，是徘徊于迷茫中、纠结于困顿中、彷徨于信仰中的普通人。他的数字形象塑造具有现代中年人的影子，人物的立意建立在对"超我"的探究层面。电影里姜子牙眼睛的技术处理是绝妙之笔，像是一面镜子，折射出他看到的纷扰世界，反映出对真相与信仰孰真孰假、孰对孰错的思辨论证，寓意姜子牙既是苦难的亲历者也是命运的见证者，折射出他为了追求理想不惜付出一切，摒弃了利己主义观念的行为，体现了超我下最高道德化的自我。姜子牙技术化的形塑更贴近哲学思考。

《哪吒之魔童降世》《姜子牙》动画电影并非只是传统神话故事的简单呈现，而是通过数字技术突破了哪吒、姜太公这些传统人物形象的文化作品，由"脸谱化"的神仙形象，转化为现实主义的"人化"英雄形象，并以现代人的视野进行人物形象重塑、情节改编、主题重构来唤起民族文化记忆。这种逐渐从"神话"走向"现实"，从"土味"转为"国潮"，顺应了电影市场的现代潮流，也是中国文化内涵式发展的必然选择。

第二节
文化与生态融合

生态建设在国家现代化发展中居于重要地位，是"五位一体"伟大战略设想不可或缺的部分。习近平总书记在中共中央政治局第二十九次集体学习时强调，党的十八大以来，我们加强党对生态文明建设的全面领导，把生态文明建设摆在全局工作的突出位置，全面加强生态文明建设，一体治理山水林田湖草沙。[①] 习近平总书记围绕生态文明做出的提纲挈领式的重要论断实则是生态与文化有机结合的体现，突出了生态在人类演进过程

[①] 《习近平在中共中央政治局第二十九次集体学习时强调　保持生态文明建设战略定力　努力建设人与自然和谐共生的现代化》，新华网（http://www.xinhuanet.com/politics/2021-05/01/c_1127401181.htm）。

中的基础性地位以及有针对性地融入文化元素的必要性,对成都市加快构建生态文明体系、建设美丽宜居公园城市给予了科学指导。

在一系列宏观决策的指引下,成都市加快构建生态文明新格局,出台实施《成都市美丽宜居公园城市规划(2018—2035)》[①],立足于将成都打造成一座"看得见山,望得见水,留得住乡愁"的现代化公园城市。经过多年的努力,成都最终形成了以天府绿道、龙泉山城市森林公园为代表的公园城市示范区,以七里诗乡、岷江村为特色的乡村人居新风貌,以蓝顶、浓园为标杆的艺术文化创意园区。

一 鸟鸣山更幽:打造公园城市示范区

成都作为"公园城市"的首提地和示范区,一是基于自身丰厚的历史文化底蕴和强大的包容性,二是蜀中平原沃野千里,物产繁盛,向来有"优越秀冠,表仪百代"之美誉。占据着"天时、地利、人和"优势的成都自然而然地成为时代的弄潮儿。2018年2月,习近平总书记带队考察天府新区,在听取有关四川及成都的情况介绍后提出"公园城市"发展战略,强调要把握好公园城市的内涵特色,积极融入生态价值,从而打造出经济增长新引擎,建设内陆开放经济高地。"公园城市"不同于"城市公园",前者是要建成覆盖全市的生态系统,后者旨在打造多个绿色孤岛。传统的在城市中片面式建公园的理念已无法满足社会发展的需求,而是应把城市变成大公园,聚焦提升居民生活品质,发挥生态的潜在价值。

公园是城市的见证者,是城市历史的缩影。作为公园城市建设工程的一大亮点,龙泉山城市森林公园以生态为本底,同时吸纳一定的文化元素,成功走出一条"1+1>2"的城市发展道路。龙泉山城市森林公园位

[①] 《成都市美丽宜居公园城市规划(2018—2035)》,成都市规划设计研究院(http://www.cdipd.org.cn/index.php?a=show&c=index&catid=85&id=88&m=content)。规划旨在围绕"人、城、境、业"四大维度,打造出"以绿色为底色、以山水为景观、以绿道为脉络、以人文为特质、以街区为基础"的人城境业和谐统一的新型城市形态。

图 6-2　龙泉山城市森林公园

（摄影：赵卫东）

于风景秀丽的龙泉山，总面积约 1275 平方公里，地跨简阳市、青白江区、龙泉驿区、高新区东区、天府新区直管区、金堂县 6 个区（市）县，域内有龙泉湖、翠屏湖、丹景山等一众自然风光。2017 年，龙泉山城市森林公园正式启动建设仪式。

据《〈成都市环境保护"十三五"规划〉中期评估报告》[1]和 2020 年《成都市生态文明建设现状及问题建议》[2]的介绍，龙泉山城市森林公园在绿化增景、绿道兴建等方面成绩斐然，并且在开发过程中巧妙地运用域内文化资源，通过种种发掘及保护措施推动文化附加值的跃升。据统计，龙泉山

---

[1] 《〈成都市环境保护"十三五"规划〉中期评估报告》，成都市人民政府门户网站（http://gk.chengdu.gov.cn/govInfoPub/dept.action?classId=070329）。规划统计，熊猫绿道建成开放，建成天府绿道 2607 公里。稳步推进龙泉山城市森林公园建设，实现龙泉山增绿增景 6.53 万亩，建成龙泉山森林绿道 200 公里。

[2] 《成都市生态文明建设现状及问题建议》，四川省生态环境厅官网（http://sthjt.sc.gov.cn/sthjt/c103879/2020/10/20/9d3966d9d0ac4ad78c98d9a944a56f6a.shtml）。建议介绍了成都打造生态工程的最新成果。加快推进龙泉山城市森林公园等标志性生态工程建设，累计建成天府绿道 4081 公里，森林覆盖率提升至 39.9%。

城市森林公园现有人文资源592处（见表6-1），如洛带古镇的客家文化、五凤溪古镇的哲学文化、花果山桃花故里的诗歌文化等交相辉映，糅合文化要素与生态资源，为成都建设美丽宜居公园城市交出了一张完美答卷。

表6-1　　　　　　　　龙泉山城市森林公园人文资源数量[①]

人文资源种类	数量（处）
文物保护单位	43
历史文化名镇及传统村落	3
历史古迹	275
文物建筑	231
文化传说	40

天府绿道[②]的打造同样引人注目。天府绿道被定义为"绿道3.0"，是一个庞大的城市绿道工程，影响着成都未来城市布局和市民休闲体验等诸多方面，绿道涵盖的地域范围从成都核心城区一直延伸到龙泉山等远郊地带，涉及的农耕文化、佛教文化、民俗文化、熊猫文化等不计其数。

图6-3　天府绿道

（摄影：陈科有）

譬如代表着当前成都网红地和极高人气的"锦江绿道"，依托锦江而

---

① 王胡林：《打造成都乡村旅游升级版——以龙泉山城市森林公园为例》，《四川农业科技》2018年第2期。

② "天府绿道"可高度概括为"一轴、两山、三环、七带"："一轴"即锦江绿道，"两山"为龙门山与龙泉山，"三环"即由内而外的熊猫绿道、锦城绿道、田园绿道，"七带"为沿走马河、江安河、金马河、杨柳河—西河—斜江河—邛江河—临溪河、东风渠、沱江—绛溪河、毗河七条水系组成的滨河绿道。

建，南北贯通都江堰精华灌区，串联东门集市、锦官驿站、佛寺古刹、街区娱乐四大区域，既有清新优雅的自然环境，又坐拥得天独厚的文化资源，由此衍生出的"夜游锦江"体验活动风靡一时。此外，以道教圣地著称的鹤鸣山，以刘氏庄园闻名的安仁古镇，以竹编文化出彩的竹里，以熊猫主题走红的熊猫绿道，以游戏 IP 受热捧的江滩公园……无不彰显着天府绿道的生态文化价值，强化了绿道自带的"造血"功能，成为周边区域乃至成都整体蜕变的强力引擎。

二 复得返自然：建设乐享人居环境

东晋陶渊明有诗曰："久在樊笼里，复得返自然。"现代化城镇遍地是钢筋水泥拼凑成的高大建筑，即便是乡野，也越发地显得与自然隔绝。因此，有效改善人居环境，帮助民众重归自然的怀抱，直接关系着人的可持续发展以及生活品质。人居环境的改善应以生态为本底，文化为支撑，政府为主导，民间为补充。成都市在城乡人居环境专项整治行动中多措并举，积极在街区开展老旧设施改造、街区涂鸦装饰、休闲场所营建，同时在农村实施生活垃圾分类、"厕所革命"，鼓励发展民宿，发掘乡村特色文化，培养市民新的生活理念和习惯。经过一番综合治理，城乡风貌焕然一新，生态环境再现优良，市民的生活舒适度和乡土情结明显增加。不少传统村社依托自身内在的文化积淀，在公共空间尽情挥洒涂鸦艺术，创作各类主题墙画，打造文化长廊和示范展区等，摸索出文化与生态共生的另一种路径。这其中涌现了不少鲜活的案例。

一是依靠"诗歌文化"成名的七里诗乡。七里诗乡地处都江堰市七里社区，距都江堰市区 27 公里，距成都市区 41 公里，是中国"田园诗歌小镇"的文化传承核心区。当地长期片面依赖农业维持发展，取得一定经济效益的背后是以生态环境为代价。穷则思变，当地基层干部决定组织民众参与到村社环境的综合治理中，发扬主人翁精神，实施农村垃圾分类、土地整改、林盘保护、改水改厕等"面子工程"，努力营造全民参与

图 6-4　七里诗乡

（图片由都江堰市社科联提供）

的氛围。

在改造人居环境时，七里诗乡依托特有的文化影响力，一方面，传承融合"薅秧歌"等非物质文化遗产、诗歌创作等民俗文化、手工作坊等农耕文化；另一方面，在院落规划中植入文化传习所、西林书院国学体验馆、杨牧诗社、林盘诊所、耕舍田园火锅、猪圈咖啡等，培育青城雪竹、青城苦丁茶、稻草编艺品等精深加工农产品和文创产品近30种，实现了经济口碑双丰收，一时间成为舆论关注的焦点。百姓的腰包鼓了，生活美了，日子更有盼头了。诗歌作为七里诗乡最核心的文化品牌，早已浸润在人们的生活中。置身其间，一股浓厚典雅的诗词氛围油然而生。依托"柳风农民诗社"和田园诗歌节的绝佳平台，游人可以畅享田园风光和诗意生活，吟诵千古，待到金秋十月，相约"开轩面场圃，把酒话桑麻"，展望"稻花香里说丰年，听取蛙声一片"。七里诗乡的发展模式无疑是成功的，值得借鉴的。

二是享有"桂花村"美誉的岷江村。岷江村坐落在成都市温江区寿安镇北部，西靠岷江，东临江安河，毗邻陈家桅杆、谢家院子，坐拥乌龙岛。全村面积2.4平方公里，有耕地2300余亩。纵横的交通网络、优良的生态环境赋予了岷江村巨大的发展优势。

岷江村是以农业为本的传统村落，曾走过"先污染，后治理"的弯路。

随着基础设施、居住环境等方面问题频发，村民们怨声载道，纷纷要求探寻新的出路。村"两委"得知情况，组织人及时摸排村落卫生现状，继而启动了全方位的村域环境整治工程。一方面，引导村民摒弃不合时宜的生活方式，推广"垃圾分类"新生活理念，帮助村民树立垃圾分类回收的环保意识；另一方面，全面推进村道的拓宽硬化，加强村落公共空间的文化包装，主推"桂花"题材，以公告展览、宣传海报、小型文创饰品等点缀金角银边，向社会展示岷江村的致富密码。

村落人居环境的治理带给岷江村民的直观改变是物质生活的飞跃和居住体验感的提升，而对"桂花文化"的宣传利用则满足了村民的多元精神文化需求。岷江村在寻求变革的过程中始终立足其引以为傲的桂花产品，以桂花为原材料，陆续推出多种桂花食品及文创产品，诸如桂花糕、桂花茶、桂花醋、桂花酒。民以食为天，此类由桂花衍生出的附加产品迅速打开了消费市场，为岷江村的经济复苏注入活力。此外，当地村民生产制作的桂花香囊、熊猫玩偶、精美吊坠、桂花主题手机壳等无不蕴含桂花元素，形式多样，小巧便携，弥漫着桂花的淡淡清香，深受不同消费群体的青睐。

岷江村的"蝶变"一石激起千层浪，引得多地争相效仿。陶勋花更是凭借出色的乡村治理能力当选为第十九届全国人大代表，得以向更多的人讲述"岷江故事"。岷江村的成功案例离不开对人居环境的系统治理和对桂花元素的深度挖掘，围绕桂花创立的系列食品、文创产品、主题墙画、民宿旅游等，打造出了富有岷江特色的未来路径。桂花成就了岷江村，岷江村又宣传了桂花。

三 曲径通幽处：培育多元艺术土壤

成都市近年来尤为重视文创产业经济的发展，从政策、技术、人才、资金各层面大力孵化具有潜力的艺术新区，陆续出台各类计划方案，取得了喜人的成果。2018年，成都先后发布《建设西部文创中心行动计划

(2017—2022年)》[1]和《成都市发布推进创意经济发展实施方案》[2]。借着文创产业发展的时代大背景和成都市全面倡导培育艺术园区的东风,成都如雨后春笋般涌现出蓝顶、浓园、北村、西村、明月村、竹艺村等文创艺术区,其各有千秋,依托成都坚韧的文化根基和优越的生态环境汲取养分,野蛮生长,经历着繁荣、衰落、振兴的发展轨迹。在时代潮流的裹挟下,一些佼佼者脱颖而出。

一是老牌文创艺术园区蓝顶。蓝顶的发展大致经历了两个过程,首先是老蓝顶时期,然后是2007年政府主导下出现的新蓝顶。2003年,由周春芽、赵能智、郭伟、杨冕几位艺术从业者自发集聚,选址成都机场路旁的废弃厂房进行改造,因厂房的顶部是块蓝色铁皮,因此得名"蓝顶"。蓝顶早期的发展势头比较乐观,但是在资本潮流的裹挟和自身定位缺失的情况下,老蓝顶不可避免地走向下坡路。2007年,政府出面鼓励支持蓝顶艺术新区的开发建设,选定双流新兴街道庙山村四组为新蓝顶基地。新蓝顶毗邻锦江三圣乡以及龙泉驿,周边有白鹭湾湿地公园、荷塘月色、幸福梅林、七彩田野等一众自然休闲景观。进可天下,退可田园。嵌入式的林盘院落既保留原有的农田屋舍,又充分遵循人与自然和谐共生的理念,最大限度地发挥生态文化的价值,为艺术家的创作保留了舒适的氛围和想象的空间。漫步园中,颇有"躲进小楼成一统,管他春夏与秋冬"之感。2009年,一期工程蓝顶艺术中心建成使用,首批以周春芽为首的14位艺术家搬迁入

---

[1] 《建设西部文创中心行动计划(2017—2022年)》,成都市人民政府网站(http://www.chengdu.gov.cn/chengdu/c114667/2018-02/22/content_b6b9c20516df40d09515745f9632de54.shtml)。计划强调吸引优秀创作人才,鼓励国内外工艺美术大师等移居成都或设立工作室,支持蓝顶、浓园、西村、明月村、无根山房、完美世界、邛窑十方堂等原创艺术基地和艺术家发展壮大。不仅如此,计划还提到要积极开展文创园区旅游。支持武侯浓园、蒲江明月村等文创园区申创A级风景区,支持蓝顶、西村、明堂、御翠草堂等都市文创园区举办艺术展览、主题节会、文艺演出等开放性活动。

[2] 《成都市发布推进创意经济发展实施方案》,成都市人民政府网站(http://www.chengdu.gov.cn/chengdu/home/2018-06/08/content_e20783a8bfc843d9942839d47889eab8.shtml)。方案提出推进创意产业全面发展,推动创意产业链垂直整合和横向融合,构建文创、科技、金融、旅游、商业、体育、康养融合发展的产业生态,促进全域创意产业发展。

图 6-5　蓝顶艺术生活广场

（摄影：陈科有）

住。同年 9 月，二期工程随之启动，重点打造 80 亩产权工作区，同时全面改造租赁工作室。2010 年，蓝顶青年艺术村问世，面向尚处于起步期的年轻艺术者。2016 年，蓝顶三期"最后的工作室"顺利竣工。

　　新蓝顶的设计规划似乎缺乏明确的界限，乡野包围蓝顶，蓝顶又填充乡野。特别是蓝顶美术馆新馆外的院坝，深受周边百姓的喜爱，扮演着展览、艺术交流、婚宴、寿辰各种角色，具有十足的生活气息和鲜明的乡土风格，拉近了艺术家与普通百姓的距离，让艺术更接地气。每年定期举办的"艺术嘉年华"——蓝顶艺术节，成为国内外知名艺术家、收藏家以及普通民众接受艺术熏染的大好机会，外界新的艺术理念传到这里，蓝顶艺术家的作品再从这里"走出去"。赓续不断的艺术交流推动着蓝顶与时俱进。

　　二是正处于蓬勃发展期的天艺·浓园艺术博览园。天艺·浓园艺术博览园位于武侯区金花、华兴街道及双流白河公园，占地面积超 200 亩，有 A、B、C 三区，分别对应的是浓园国际艺术村、天艺村、天艺浓园艺术生活体验馆，是集文博、文旅、文创为一体的新型创意产业园区。2005 年，在杨丽、蒋林夫妇的一手创办下，浓园文化艺术传播有限公司应运而生，两年后，浓园国际艺术村开村。浓园艺术村极富特色且发展态势良好，如今有超过200位艺术家在此设立工作室，上下游关联产业20余个，获"四川省文化产业示范基地""中国创意产业最佳园区"等多个荣誉称号。[①]2016年，浓园更是晋升为国家4A级旅游景区。天艺村在浓园国际艺术村的基础上进一步挖掘文创产业的内在潜力，融合艺术体验收藏、展览展示、科普教育、品茗休闲等多种功能，内有天工造物坊、草坪舞台、天艺论道堂、天艺海瓷馆、天艺美术馆、天艺博物馆、创意街区等。天艺浓园艺术生活体验馆坐落于双流白河公园，以文化艺术深度体验为主题，通过举办艺术沙龙、文化讲堂、特色文化产品活动，满足不同阶层的深层次文化需求，引导新的消费观念和潮流。

艺术大师程丛林将"浓园"解释为"艺术氛围很浓，人情味儿很浓，很多美好都'浓缩'其中"。的确，浓园的整体布局讲究与周边的完美契合，艺术家们"隐藏"其中，能过滤掉不少外界的纷扰与浮躁，园区内满是郁郁葱葱的植被和林木，以及栖身其中的昆虫鸟类，极致宁静的环境催生了艺术家们的灵感涌现和成果转化。

图6-6 浓园国际艺术村A区
（摄影：陈科有）

园内的艺术家大致分为艺术大师、中青年艺术家和初入社会的年轻艺术者。在业内享有盛名、实力超群的艺术大家不定期指点提携后辈，传授行业知识和技巧，形成"传帮带"的良性人才培养机制。对于毕业不久的艺术者，浓园可为这类人提供不超过3年的免费场所以及其他方面的人文关怀，供

[①] 陈伶、吴雅婷：《"浓园模式"及其对成都文创产业聚集区的启示》，《传播力研究》2019年第3期。

其度过困难期。3年期满仍不合格的将按照"末位淘汰制"出局,腾出空间给更多的有理想的年轻艺术家。浓园不主张与艺术家签约,而是基于彼此相互的信赖和支持,这更像是一种君子协定。得到充分尊重和认可的艺术从业者努力以优质的作品回馈浓园,同时成就自己。他们的代表作在浓园年度展、浓园闹春展、中外艺术交流展等展览盛会上大放异彩,形成更大规模的文化聚落。浓厚的文化氛围点燃附近居民对文化艺术的渴求,在簇锦街道永兴社区开办的"浓园小画院"时常围聚着一群艺术爱好者,大方地分享各自的作品,在交流中成长。浓园的成功秘诀正是基于其对文化艺术与生态相互关系的独到认知,以及经过不懈实践总结出的文创产业之路。

第三节 文化与产业融合

"文化+产业"促使产业间技术环节、业务范畴等相互渗透和相互交叉,产业边界模糊,产品出现新功能,产业属性或产业形态发生新变化,在技术进步与市场需求的驱动下,打破产业"壁垒",促使产业之间竞争又合作,引发产业内部分工重组,实现互利共赢。

成都拥有丰富的文化资源,良好的商贸产业、旅游产业、体育产业发展基础,促进文化与商贸、旅游、体育产业的深度融合,是推动城市转型升级、高质量发展的必要举措。成都世界文化名城建设大会的召开,为进一步谋划和部署文化与商贸、旅游、体育产业创新融合发展奠定了坚实的基础。实质上,文化与商贸、旅游、体育产业的融合,是相互促进、互惠共生、同行同向发展的动态过程。文化是贯穿于成都商贸、旅游、体育各个产业发展的核心要素,成都商贸、旅游、体育各个产业的发展又彰显着成都的文化个性,譬如古蜀文化、三国文化、饮食文化、民俗文化等都为各个产业发展带来了独有魅力。因此要以文化为引领,促进商贸、旅游、体育产业功能集成，相互赋能、相互关联、相互交融，打造新场景、增加新供给、创造新消费，培育文化发展新动能，加快形成"文化＋产业"融合发展的新格局。

一　青砖小瓦生碧烟：再现市井消费盛景

在城市文化振兴的今天，历史文化街区的兴盛来源于文化与商业的跨界融合，市场化已成为历史文化街区改造的重要动力，商业项目的发展则是当地历史文化的创新性传承。成都因商而立，因商而兴，自秦汉时候开始，就有了繁荣的商业和特色的文化。历史车轮滚滚向前，成都的商业一直与文化相生相伴，形成了成都特色商业文化脉络。

一是"寺"与"市"共生的文化传承。在社会主义市场经济条件下，历史街区商业化改造无疑是一种快速、高效实现遗产经济价值的有效途径。大慈寺街区从历史文脉中生长而出，庙宇和商业和谐共生，符合成都的城市特色和脾性，为历史街区商业化改造提供了成功范本。

一方面，以建筑文化景观为核心的商业化元素。大慈寺街区商业化在保留城市历史文脉的基础上，通过建筑规划、景观营造振兴老街区商业化经营，对城市发展与历史街区保护具有积极意义。为丰富商业化运营的现代化、时尚感，大慈寺片区将一些新的街巷穿插于历史街道之中，新旧结合产生"历史"与"现代"的独特碰撞。比如，仿古风格的建筑群由外向内延伸至大慈寺，古建元素逐渐增强，再有机融入川西风格青坡屋顶的独栋建筑；又如樱桃造型的景观小品，其原型便是大慈寺片区以往售卖樱桃的小商贩。可以看出，街区将历史文化变成"壳"，将现代商业内填其中，在现代规划中重构并演绎，让建筑景观作为文化的"符号""意象"自发地注入城市商业的"血液"中。

另一方面，以消费为动力的商业化机制。远洋太古里是大慈寺街区的商业化项目，是融合历史文化、高端商务的杰出作品。作为开放式、低密度街区购物中心，远洋太古里利用广场、街巷、庭院、店铺等系列空间再塑城市商业核心。悠久的历史与优越的地理优势赋予太古里新的经济增长点，同时也为大慈寺街区保护提供资本支撑。太古里从建筑体验、业态体验、商家体验多个维度将体验式消费做到极致，立体式、全方位地营造出富有个性的场所感和认同感，对消费者产生独特的吸引力，从而引发消费行为。同时，太古里抓住成都地域特色"快耍慢活"的文化理念，在满足人们消费需求的基础上又为其提供舒适安逸的街区环境。太古里在满足市民消费需求的同时，为市民提供了可以安逸生活的街区环境。太古里以现代商贸的"新酒"诠释传统布局的"旧瓶"，市井文化的旧元素被重新激活，并在新的商贸环境中被再度书写，成为文化与商贸和谐共融的示范。

二是市井记忆与时尚引领并蓄的文化坚守。文化是城市的灵魂，而步行商业街记载了老成都的城市历史和市井记忆，孕育了现代成都的生活精神。以成都宽窄巷子为代表的特色步行商业街，文化与商业高度融合是古老街区的吸引力所在。一方面，古街的新消费场景。宽窄巷子作为成都三千年少城文化和三百年满城文化的最后遗存，2020年入选首批全国示范步行街名单，在文化的脉络中，提供了中国首个院落式情景消费生活体验场景，保留了具有清代川西民居风格的庭院，从细节上再现了老成都的生活韵味：宽巷子的"闲生活"、窄巷子的"慢生活"和井巷子的"新生活"。这里有老成都原真生活体验馆、本土雕塑家朱成打造的文化墙浮雕、琉璃会会馆。值得一提的是，琉璃会会馆是中国第一家全面展示古法琉璃文化的会馆，也是全国唯一一家参观收取门票的餐厅，极致体现了成都宜居休闲与现代时尚的生活。

图 6-7 成都宽窄巷子
（摄影：陈科有）

另一方面，老街的新消费时尚。除了打造消费生活场景外，老街全方位布局零售、餐饮、休闲、娱乐等多种商业服务，培育出品牌化、标志性经济示范点位。比如"首店经济"是各大城市争相布局的板块，在引领品质消费上扮演着先行者的角色。成都作为首店第三城，成为各类首店的首

图 6-8　泡泡玛特成都概念店
（摄影：陈科有）

选之地。宽窄巷子创新引进泡泡玛特全国首家景区概念店、喜茶主题概念店、阿拉比卡中国旗舰店、中国李宁首家城市主题概念店、好利来成都首家巴蜀限定概念店等，搭建起中高端消费平台，让各种中高端消费得以集聚，消费潜力得以激发，实现街区与品牌的强强联合，从而促进消费资源集聚、消费时尚引领、国际消费回流。以宽窄巷子为代表的历史古老街区在顺应产业发展规律的基础上，不断培育新业态、新模式，打造消费新场景，精准对接消费新需求，促进供需匹配，激发消费新活力，引领城市发展时尚潮流，实现可持续发展。

二　游人如织不思归：开发精品旅游项目

提起成都，似乎总有说不完的话，道不尽的美。成都作为一座"来了就不想走的城市"，多年来持续散发着魅力，上演着"迁客骚人，多会于此"的盛景。在官方以及民间的数次访谈调查中，成都无不有口皆碑，自带网红体质，俨然"顶流"的存在。最新的机构民调显示，成都再次登顶"2020 中国最具幸福感城市"名单，连续 12 年勇夺"中国最具幸福感城市"桂冠。此外，由中央广播电视总台联合国家统计局、中国邮政集团、北京大学国家发展研究院等单位共同推出的"中国美好生活城市（2020—

2021)"发布盛典在成都交子公园重磅上演,成都名列"十大大美之城"和"十大向往之城"。成都的美感与时尚像是刻在骨子里的。成都之所以屡获殊荣,离不开自身多样的旅游文化资源,以及政府与社会各界在整合文化要素与旅游业态中起到的积极作用。

近年来,成都市政府遵照中央部署及地方现实,融合文化资源和旅游产业,大力推动旅游业态的创新升级,打造旅游城市名片,开发各类精品旅游项目。成都市政府围绕"三城三都"的城市定位,努力在实践中探求建设"文创名城""旅游名城"的可能路径,尊重城市和乡村的差异化需求,一方面优化城区文旅,另一方面振兴乡村旅游,以精品旅游项目盘活地区经济,进而产生强大且持续的城市内生动力。其中,成都大熊猫繁育研究基地和战旗村成绩斐然,获得了显著的经济效应和优良的业界口碑。

一是享誉海内外的成都大熊猫繁育研究基地。熊猫文化是成都的特有符号。1987年,成都市支持建设珍稀濒危野生动物保护研究机构,其后又依托成都大熊猫繁育研究基地和"熊猫文化"打造北部片区熊猫星球旅游、生态、会展等。2021年,成都大熊猫繁育研究基地营建的全球首家以大熊猫为主题的互动体验专题博物馆——成都大熊猫博物馆正式开馆,包括"熊猫前传""竹林隐士""发现熊猫""濒危年代""保护之路""生态家园""创享未来"七大展区。熊猫基地内的指示牌、休息区、仿真建筑和文创商店等,无不浸润着浓郁的熊猫文化。游客可以近距离观赏人工圈养繁殖的大熊猫、熊猫幼崽,了解"国宝"的生活习性、饮食起居,观察其憨态可掬的形象,更有机会与"国宝"亲密互动,羡煞旁人。园区内售卖的各类卡通熊猫玩偶和小饰品丰富了游客的体验,俘获了不同年龄群体的心。虽然近两年突发的新冠肺炎疫情对成都大熊猫繁育研究基地的旅游行情产生一定程度的影响,但本质上并未改变园区主打"熊猫文化+旅游"的发展模式。一到周末和国家法定假日,成都大熊猫繁育研究基地总是人山人海,游人如织。

成都市文化广电旅游局发布的数据显示,2021年中秋节期间,成都大熊猫繁育研究基地接待游客5.7万人次,门票收入211.39万元。国庆期间,

图 6-9　成都大熊猫繁育研究基地

（摄影：陈科有）

成都全市共接待游客 1873.7 万人次，旅游总收入 232.2 亿元。其中成都大熊猫繁育研究基地持续升温，共接待游客 28.80 万人次，门票收入 1039.87 万元，分别恢复到 2019 年同期的 97.22% 和 97.83%，较 2020 年同期分别增长 64.10% 和 55.55%。在成都大熊猫繁育研究基地火热旅游景象背后，亲子游主题渐成主流。以"80 后""90 后"为主体的年轻父母利用休假时间陪伴孩子深度体验园区，寓教于乐，为孩子上了一堂堂生动有趣的熊猫科普展示课。成都大熊猫繁育研究基地还开设有旅游专线一日游，实现园区与周边自然人文景点的完美联动，催生出又一条精品旅游路线。

除成都大熊猫繁育研究基地外，乡村旅游在成都文旅产业发展中也是重要一环。乡村旅游市场需求旺盛，是新时代促进居民消费扩大升级以及实施乡村振兴战略的重要途径。近年来，成都市政府及有关部门陆续出台了《成都市人民政府关于促进旅游业发展若干政策的通知》《乡村旅游度假区建设管理标准（试行）》等制度法规。在政府的引导鼓励下，成都周边涌现了一大批乡村旅游精品项目，诸如战旗村、柒村、明月村、竹艺村等，其中战旗村以豆瓣文化、"非遗"文化、农耕文化等多种文化符号闻名遐迩。

二是乡村振兴典范的战旗村。战旗村位于郫都区、都江堰市、彭州市三市县交界处。2018 年初，习近平总书记在四川调研考察期间，曾到访过这个小村落，在参观之余和村民亲切交谈，对战旗村努力开拓优势资源、

图6-10 战旗村标志——乡村十八坊

（摄影：陈科有）

大胆尝试开发文旅产业给予很高的期望。后来，战旗村开办了研学拓展训练，建成四川战旗乡村振兴培训学院、天府农耕文化博物馆和特色街。在战旗村的展示墙面上，"耕读传家"四个大字清晰可见，体现着"耕以致富，读以致贵"的古老农耕文化精神。2018年8月，"乡村十八坊"正式建成开放，前店后坊，主要展销特色农副产品、"非遗"产品以及传统制作技艺，通过纯手工制作成的蜀锦、蜀绣、布鞋等"非遗"产品按照市场定价面向社会出售展示，既弘扬"非遗"文化，同时又带动乡村经济的快速发展。此外，民以食为天，享誉世界的郫县豆瓣生产制作流程及成品被完整保留，广场上堆满了装有大酱的坛子，一旁写有"翻晒露"三道制作工序，来往游人可以参观购买。仅2019年，战旗村旅游接待达110万人次，旅游收入增加了两三千万元。2020年保守估计也有60多万人次的游客量。经过不懈努力，战旗村成功脱离了原有的单一发展模式，注重以农业为基础，以"非遗"文化、豆瓣文化等为补充，大力推行文旅产业经济，掀起了一股乡村振兴的风暴。

三 运动健儿会蓉城：塑造赛事文化名片

体育发展是文化建设的重要体现，体育产业的普及体现体育与文化的互动演进过程。4500年以上的文明史和2300多年的建城史，是打造国际赛事名城的优势和胜势。近年来，成都高度重视体育产业发展和赛事培育，文化与体育的融合性IP资源逐渐丰富。《成都市体育赛事体系规划（2021—2035年）》显示，到2025年，每年举办国际和全国高级别赛事70项以上；[①]在世界体育名城建设阶段（2026—2030年），全面推动"赛事+"发展；在世界生活名城建设阶段（2031—2035年），充分实现体育赛事与文化等多业态融合获得联动发展效应。

（一）成都马拉松

每座城市都拥有其独特的文化内涵，举办的大型体育赛事必定融入自身的文化元素，马拉松赛事亦是如此。自2017年成都马拉松创办以来，作为马拉松的新兴力量，其赛事规模、参与人数、国内国际影响力迅速攀升，成都马拉松逐渐成为延续城市文脉、彰显文化印记的品牌赛事。

一是赛事产品的"文化元素"。第一，成都马拉松的赛事官方标识以"熊猫"作为主元素，整体风格偏向卡通化、简约化。设计元素包含熊猫、三色带、中英文字款、赛事举办年份。其中，"太阳神鸟"融于数字之间，彰显独特的成都之美；"熊猫拥抱"的标识形态，呈现展示成都的开放与包容；"成马蓝""川魂红""天府黄"的三条色带，不仅是赛道的象征，也是成都"创新之路"的展现。较之于大多数以跑步姿态为标识的马拉松赛事，成马标识的熊猫主元素有强烈的识别感，凸显天府文化魅力与成都城市特色。

[①] 《成都市体育赛事体系规划（2021—2035年）》，成都市体育局门户网站（http://cdsport.chengdu.gov.cn/cdstyj/c149410/2022-01/20/content_dc3f6c349d1a4e4eb29f6dd43e931b6d.shtml）。

第二，成都马拉松2021年的奖牌采用了简约的设计语言，在突出奖牌完整性的基础上蕴藏着文化神秘感。翻开奖牌，极简的成都文化地标、色彩鲜艳的抽象图案以中式折扇的方式徐徐打开，别具一格的构思与前后差异化的对比营造出精彩绝伦又令人称奇的效果。

第三，成都马拉松2021年赛事参赛服前胸设计以"CM"造型跑道搭建成马欢动之路，用汉字笔画勾勒水墨感的熊猫，二者产生的艺术融合，象征着跑者欢快奔跑在成马赛道之上；服装后背"成马"字体与毛笔书法的张力组合，和中国印章的赛事名称可谓相得益彰，塑造成马文化基因，传承成马精神标识。

第四，成都马拉松2021文创产品"夺笋"熊猫系列同样构思独特，它外表呆萌，不安现状，心怀豪侠之梦。在设计师写意而粗犷的绘画风格下，塑造出了一个既富有古风，又能与嘻哈、朋克等西方现代元素完美融合的熊猫形象。"夺笋"大侠颇受年轻人欢迎，为成马展现成都文化增添了"东方侠义色"与"时尚卡通范"。

二是赛道设计的"贯穿古今"。成马的赛道以天府文化为核心，凸显最厚重、最人文、最持久、最独特、最成都的天府文化特色，从灿烂的古文明跑向澎湃的新时代，更加充分体现了成都的历史底蕴和国际范儿。起点位于承载古蜀文明厚重历史的金沙遗址博物馆，参赛选手们将一路经过"文学圣地"的杜甫草堂、演绎才子佳人浪漫故事的琴台路、最能表达成都休闲文化的宽窄巷子、最显著地标的天府广场、花重锦城的天府绿道桂溪生态公园、国际会展之都重要标识的新国际会展中心。"贯穿古今"，让参赛选手们感受如同奔跑在跨越千年的历史卷轴中，用脚步丈量着成都这座美丽宜居的公园城市，充分感受历史名城蜀风雅韵和天府深秋大美风光。

（二）成都大运会

成都大运会是继2001年北京大运会、2011年深圳大运会之后，中国第三次举办世界大学生夏季运动会，也是中国西部第一次举办世界性综合运动会。成都大运会正在以传承发扬中国传统文化为目的，致敬历史，开启向世界展示成都魅力之旅。

一是官方标识的"成都范儿"。第一，成都大运会会徽和吉祥物都体现出"成都味儿"和"天府文化"。由翠绿、大红、明黄、湖蓝四个颜色构成的大运会会徽，对应绿色、智慧、活力、共享的大运会理念。会徽主体在大运会英文首字母"U"的基础上，增添了古蜀文明、天府文化等象征元素的太阳神鸟，寓意人们追求光明、自强不息、昂扬向上的精神面貌。大运会吉祥物"蓉宝"，以熊猫为原型，是最具成都个性、天府特色的传播名片。"蓉宝"的眼睛、耳朵、尾巴呈"火焰"状，其形态参考了川剧的脸谱样式，成为中华传统文化瑰宝与时俱进的文化标识。

第二，成都大运会官方网站启用的"成都大运会.网址""31届大运会.网址"等多个中文域名，旨在全面落实好"办好一次会、搞活一座城"的重要指示，诠释"绿色、智慧、活力、共享"办赛理念，展示巴蜀文化与风采的窗口。作为全球第一个启用多语种域名作为官方域名的世界级赛

图 6-11　成都大运会标识

（摄影：赵卫东）

图 6-12 "蓉火"火炬塔
（摄影：陈科有）

事，成都大运会以".网址"中文域名为媒，在互联网建立具有民族文化特色的品牌符号，将中华文化带向世界。通过讲好中国体育和中国人的故事，让世界了解中国悠久的体育历史和辉煌的文化成就，让世界听到真实的"中国好声音""成都好故事"。

二是场馆建筑的"巴蜀情"。第一，"一场三馆"。东安湖体育公园主体育场是东安湖体育公园"一场三馆"中的"一场"，"为一座可容纳4万人、建筑面积约32万平方米的大型甲级体育场"[1]，将是第31届世界大学生夏季运动会开幕式的举办场地。东安湖体育公园主体育场打造了独具科技感的"飞碟"造型，正圆形体育场屋顶的太阳神鸟图案融入了古蜀文化的特征，实现了传统与现代的有机结合。"三馆"为三座方形建筑，通过一个大平台将三者连接起来，"三馆"与正圆形体育场之间也相互贯通，通过室外展场、下沉广场、亲水平台等串联起来，融为一体，"天圆地方"与"和谐共生"传统文化理念相得益彰。

第二，"蓉火"。东安湖体育公园内正在建造一个扩大版的"蓉火"——火炬塔。火炬塔塔身造型由12条螺旋形空间曲线构成，象征12道太阳光芒，螺旋升腾汇聚于顶部，托举着象征古代取火器具"阳燧"的点火装置。塔冠为亮金色钛蜂窝板，亮金色取自金沙文物"阳燧"的颜色，彰显了巴蜀传统文化。火炬塔在大运会期间承载圣火，平时的夜间采用高空投射灯射向天空，在开阔的周边环境中，璀璨夺目。一时间，世界的目光将再次

---

[1] 《东安湖体育公园主体育场》，"爱成都 迎大运"官方网站（https://www.2021chengdu.com/activity/venue?lang=zh&cid=sscg）。

齐聚中国，见证巴蜀文化与大运精神的交汇融合。

三是音乐作品的"天府声"。成都大运会用歌声邀请全球听众听见大运、相约成都，用音乐作品带来关于这场盛会的一段段美妙天府记忆。成都大运会《千年之约》《锦城少年行》《年轻的模样》《乐在成都》《舞动成都》等9首主题推广歌曲在腾讯音娱集团旗下音乐、网易云音乐、咪咕等平台，以及海外音乐平台陆续上线。

其中，《千年之约》由成都文化工作者马薇、唐学深、刘党庆等共同创作。三位成都本土音乐家、艺术家以杜甫草堂、金沙遗址等成都特色为元素，用歌声向听众娓娓道出天府之国的文化魅力；《锦城少年行》巧妙地融入了"诗仙"李白、"诗圣"杜甫等诗人游历蜀地留下的经典篇章，传统乐器结合电子舞曲奏响的锦城乐章，将成都这座历史文化名城的风情和国际赛事举办地的活力娓娓道来；《舞动成都》由著名作词人方文山与韩国金牌制作团队强强联手打造，电子音乐的强劲节奏赋予整首歌曲灵动快感，向世界展示国际化、年轻化的天府之韵。

成都推进文化与产业融合发展，是以满足人民对幸福美好生活向往为初衷，弘扬中华文化、传承巴蜀文明、发展天府文化，形成了一批又一批在全国有实力、在国际有影响的"文化＋商业""文化＋旅游""文化＋体育"融合载体，构建了成都格调、中国雅韵、国际时尚的融合形态，为推动世界文化名城建设再上新台阶，也为加快建设新发展理念公园城市示范区汇聚新力量、给予新供给。

第七章

提振软实力的文化实践

"文化软实力"这一说法，与近年来方兴未艾的"软实力"理论有密切关联。党的十七大报告将"文化软实力"作为国家战略之后，文化软实力成为一个受众人关注的新发展理念。总体来讲，文化软实力概念从软实力概念中衍生出来，并且事实上成为软实力的构成要素，而且是其基础和动力要素。因为从广义角度看，对于城市而言，其城市的文化软实力，对经济、社会、生态、对外交流、公共政策、规划设计等城市各方面的发展都起着"土壤"和"培养皿"的重要作用，城市文化以润物无声的巨大力量推动着城市的高质量发展。所以，发展城市文化软实力，构成一个城市开发和建设的基础性重要工程。本章探讨的文化软实力聚焦于成都的世界文创名城、世界旅游名城、世界赛事名城和国际美食之都、国际音乐之都、国际会展之都的"三城三都"的生动实践及经验总结。

第一节
世界文创名城

世界文创名城，是指在世界范围内拥有强大的文化影响力、辐射力和集聚力，在文化保存或者创意产业发展等方面具有全球领先优势、深厚文化底蕴的城市。成都打造世界文创名城，就是要依托国家历史文化名城和中国十大古都的深厚底蕴，弘扬中华文明，发展天府文化，建设具有世界影响力的文化创意之城。

为切实推进世界文创名城建设，成都市着力于丰富文化供给，激发文化创造，创新文创产业经济组织方式和要素供给方式，以世界眼光、战略思维推动世界文创名城建设，发挥全国重要文创中心自身的辐射作用，为建设世界文化名城提供有力支撑。《成都市建设世界文创名城三年行动计划（2018—2020年）》提出了发展天府文化、落实规划布局、促进跨界融合、推进重点领域和载体建设、推进重大项目、壮大市场主体、加强文创开放合作等多条实施路径。成都重点着眼于推进127个以上重点项目，预计总投资3480亿元，①以创意设计业、现代时尚业、音乐艺术业、文体旅游业、信息服务业、会展广告业、教育和咨询业八大产业为重点，着眼于载体打造、附加值增加、原创性培育等方面，努力完善健全现代文创产业体系。

截至2020年，在加快建设世界文创名城的道路上，成都已经建成一批文创园区、街区、小镇、企业和品牌，形成一定的对区域的引领作用、对全国的辐射作用及对全球的影响作用。天府文化浸润到城市的每一个角落，人民群众在公共文化服务方面的获得感进一步加强，城市古老传统与

---

① 《成都市建设世界文创名城三年行动计划(2018—2020年)》。

当下城市潮流交相辉映的城市文态新格局初见端倪，世界文创名城城市品牌国内外影响力、竞争力显著提升。

一　大咖云集名都会：成都创意设计周

从2014年起，成都创意设计周由成都市人民政府主办，已连续举办八届，八届已有数千万人次参观，线上直播活动总观看量未来亦将超过一亿人次。成都创意设计周汇聚了德国、英国、美国、瑞典、法国、瑞士、波兰、芬兰、加拿大等全球数十个国家和地区；德国iF设计奖、宜家家居、芬兰乐普森集团、英国大英博物馆、加拿大四川文化交流中心等近千家全球创意设计机构，近千位海内外设计大师及新锐设计师，届均带来超过两万件优秀作品，实质性地彰显了成都创意设计周的国际影响力。原国家文化评估市场调查中心历时8个月针对成都创意设计周做了一个包括时间空间结构、企业参与度、宣传影响力等多个指标的评估报告，首届成都创意设计周获得了83分，处中等偏上水平。

近几届成都创意设计周还特别颁发了"金熊猫天府创意设计奖"，相关获奖作品在成都创意设计产业展览会上进行了展示。在2021年的第八届成都创意设计周上，中国人民大学文化创意产业研究所所长金元浦、著名艺术家许燎源、著名艺术家穆兰、四川省建筑设计研究院有限公司总建筑师柴铁锋及清华四川能源互联网研究院副院长刘婉华、国家艺术基金专家评委郑伯森等创意设计领域专家、大咖云集，现场为工业创意设计类、时尚创意设计类、文旅创意设计类、数字创意设计类、空间创意设计类五大类奖项及"时尚东方·国风雅韵""幸福天府·成都礼物""消费新场景设计"3个特别奖共计200个奖项颁发了奖杯及证书，并推荐获奖选手加入"金熊猫追梦造星人才库"。现场发布了机会清单，为创意设计人才聚合、孵化、培养及成果落地和转化提供了肥沃土壤。

总之，成都创意设计周取得了诸多成效。一是"金熊猫天府创意设计奖"获奖作品实现了文创产业意义上的价值转化，落地成都，如"2021金熊猫天府创意设计奖"的获奖系列作品已经收到多家单位合作意向。二是"来成都搞创意"成为越来越多年轻创意人的选择，如成都创意设计周上的"UNDER30青年创意人召集计划"把青年艺术家的创意作品植入了成都的绿道、书店、社区、咖啡馆和街巷。三是促进重大项目签约落地，近年来，每届成都创意设计周都能实现数十个重大文创项目签约。

二 小微文创盎生机：明堂创意工作区

青羊区于2013年打造的"明堂创意工作区"分为A、B区，位于成都市传统文化历史区域"少城"。前身是20世纪80年代旧楼，在政府和民盟的大力支持下，经过民营文化机构成都明堂创意企业管理有限公司重新投资打造，A区于2013年9月1日正式开园运营，目前已经打造完成文产生态链中"聚集孵化"的环节，2017年打造完成的奎星楼街9号的B区用于文产生态链的中间环节"创投出品"（加速器），建成后的B区除了常态化各类国际文化交流活动、文创艺术展览展示、知识分享、新媒体艺术馆、创意设计产品、艺术影像、音乐现场外，还为文创团队进行包括工商注册、财税代理、版权登记、政策对接等在内的创投服务。在影响力方面，"少城有明堂-NUART艺术节"每年举行，包括两大活动板块、三天的街区音乐节及十个跨界艺术展览，形成一个充分发挥国际文化交流功能的创意设计市集团队。

目前，明堂已入驻音乐、影像、设计、策划、动漫、画廊等实体企业数十家，参与合作小微文创团体及项目共计近千个。同时，明堂获批纳入国家级科技企业孵化器管理支持体系，先后有数十家省外政府和机构邀请其入驻。目前，明堂创意工作区在魁星楼9号拓展二期创意工作区，逐步成长为各类文产创业、文产创投、文产销售等高品质文创产业及各类高品质文创交流活动的群聚，进一步让少城整个片区形成文创的产业效应。同时，明堂每周都有演出和展览，社区居民可以免费参与和观看，让社区居民也满怀欢喜投入其中——群众看到了文化"润物细无声"的力量，也感受到了文化对于社区营造的巨大影响。

图 7-1　名堂创意工作区

（摄影：赵卫东）

三　文创集合辐成渝：梵木 Flying 国际文创园

梵木 Flying 国际文创园位于成都市武侯区太平寺西路 3 号，占地约 55 亩，可使用面积 4.6 万平方米，其前身为始建于 1966 年的"中体产业成都滑翔机制造厂"。2018 年 4 月园区正式签约立项进行改造，2020 年 3 月开始招商并同步运营，旨在以打造西南地区生态与规模并举的"文创集合体"为目标，竭力呈现一个集工业遗存与现代文创之美、文化与产业融合发展的成都文旅新地标。自启动以来，先后荣获天府文创设计示范基地、成都市规划建设 120 个特色街区重点打造 30 个特色街区、国家 2A 级景区等荣誉，有力推动了全市文创产业可持续发展，也跟上了多元化、多层次、特色化发展趋势。2020 年，梵木 Flying 国际文创园荣获国家级文化产业示范园区创建资格。

目前，梵木 Flying 国际文创园积极融入成渝双城经济圈战略，从成都着眼，积极开展梵木品牌向重庆的输出与合作。成渝不仅共同打造梵木文创系文化产业园项目，成都方面还积极引进重庆文化领域龙头企业入驻，共同挖掘成渝特色文化的创新与旅游融合。2020年，梵木文创携手四川美术学院、重庆贰厂文创公园等知名院校、企业成立成渝文化产业创意联盟，搭建巴蜀音乐与美术企业项目共建、人才共育、品牌共造的合作新平台，成为成渝双城经济圈中的文化艺术先行者以及文创活力引擎。

综观近几年成都世界文创名城实践，可以总结出如下经验。

一是促进文创与城市融合。把"文创"作为向城市注入"人文"的主要载体，大力提升工程技术层面城市规划的文化档次，把成都城市文化核心要素植入规划设计的方方面面，辅以创意会展业和生活业，把文化创意塑造的有深度的生命生活体验融入全市人民的日常起居。

二是发展国际文创交流。充分挖掘各类对外文创品牌活动等资源，积极开展对外文创交流。加强与国际的文创合作，共搭城市文创推广、传播和营销平台。打造对外文创交流品牌化活动和节庆，搭建国内外优秀创意艺术家高端交流平台，开展学术交流和文化外宣活动，形成多层次对外文创交流格局。

三是集聚发展。坚持高标准规划建设和融合式改造提升发展思路，形成一批集聚效应明显的文创示范园区，体现"特"在人文、在历史、在形态、在功能的特色文创小镇（村、社区），以及重现成都文化肌理的文创街区。以因地制宜、集聚发展为理念，规划建设以明堂创意工作区（少城国际文创硅谷）、梵木 Flying 国际文创园等为代表的 26 个文创产业功能集聚区。

第二节

世界旅游名城

成都以打造世界级旅游产品体系为基础，以提升旅游品质和产业能级为重点，以完善旅游公共服务和创新管理体制为保障，优化旅游空间布局，重塑旅游产业经济地理。2020年接待游客2.1亿人次，实现旅游总收入3100亿元；国庆"黄金周"期间，夜游热度排名全国第一。2021年，接待游客2.05亿人次，旅游总收入3085亿元，春节"黄金周"成都旅游人数和旅游收入均居全国第一。成都入选"全球最佳旅游目的地"，成为唯一入选美国CNN发布的"一生必去50个地方"的中国城市。

一　博观尽知千古事：大博物馆旅游综合体

作为博物馆总数全国第二、非国有博物馆数量全国第一的城市，成都倡导文旅产业经营与文博事业发展的融合、互推，着力增强博物馆旅游的核心竞争力和体验品质。以成都博物馆、武侯祠博物馆、杜甫草堂博物馆、金沙遗址博物馆安仁中国博物馆小镇等文博单位为主要载体，将旅游开发项目作为文博空间发展的先导，探索博物馆旅游综合开展模式，融入文化创意和新科技元素，推动博物馆主题、产品、市场的多元化，创新展陈和传播方式，使博物馆既是公共文化服务场所，又是表现亮眼的旅游目的地。2020年11月，成都武侯祠·锦里当选"成渝十大文旅新地标"；2022年10月，锦里入选首批国家级旅游度假区。

近年来，全市博物馆尤其是市属国有博物馆中国际文博艺术大展轮番举行，受到市民与游客热捧。成都博物馆、武侯祠博物馆等是旅游网红打卡点，在成博排队看展、武侯祠拍照打卡成为旅游时尚。博物馆文创出新出彩，推出"杜甫很忙""漫游三国""古蜀金沙"等文化IP、文创产品达3000余种，长期占据各大文旅榜单前列。2021年11月，支付宝平台上"古蜀金沙"题材的四款元宇宙概念的"数字文创产品"被一抢而空。

成都市还统筹串联主城区和周边区（市）县的文博资源，规划以博物馆为核心内容的旅游线路，促进博物馆资源与文创街区、名人故居、历史遗迹、文创空间联动开发，合力建构大博物馆旅游综合体。

二　来岁游人应解笑：成都融创文旅城

成都融创文旅城是成都构建世界级旅游休闲度假产品体系的重大项目之一。项目总占地约1600亩，总建筑面积约76万平方米，涵盖水雪综合体、室外主题乐园、星级酒店群、创新文旅商业广场、风情商业街五大业态。成都融创文旅城建成后，将极大地丰富青城山、都江堰的旅游内容，形成区域旅游体系和"大西南欢乐中心"，推动都江堰市成为集世遗观光、文化体验、康养度假、自驾露营为一体的世界旅游名城核心区。它的建成将全面升级四川全省旅游格局。

2020年，成都融创文旅城先后登榜"中国城市新地标"[1]"成渝十大文旅新地标""成渝潮流新地标"[2]。9月5日，作为融创文旅城八大业态之一

图7-2　成都融创乐园

（摄影：赵卫东）

---

[1] 2020年1月，第一财经推出的《2020中国房地产荣耀榜》正式发布，成都融创文旅城是西南区域唯一上榜项目。

[2] 由封面新闻、华西都市报主办，采用网络评选与专家评审相结合的方式评出。11月18日，颁奖仪式在成都盛大举行。

的成都融创乐园开始试营业。"冰雪运动平台及冰雪运动赛事场地""独具特色的川派乐园"两大消费新场景，被成都市作为首批发布的100个新场景重点推出。

成都融创乐园以蜀文化为主题，以顶级的游乐设备、大型的剧场演艺、全新的沉浸体验新模式，迅速成为新晋"网红打卡地"。乐园里设计了天府耍都、蜀汉风云、藏羌秘境、星际传奇、奇遇花园、萌宠小镇六大主题区，共有天路历险、飞行影院、星际俱乐部等31套大型游乐设备，多个高科技演艺剧场，如西南首台马术特技演艺《马秀三国》、冰上音乐剧《爱丽丝梦游仙境》等，还有1400余只萌宠动物和全年4400余场互动演出。它们带领游客入古出今，徜徉大美山水，体验天府文化。

三 百工技艺繁雄富：明月国际陶艺村

四川唯一"活着的邛窑"——明月国际陶艺村2014年正式开村，是当时国内第三个国际陶艺村。坚持"可感知、可欣赏、可参与、可消费"的新理念，明月国际陶艺村成为以创意手作、运动休闲、康养度假等为主题的"新旅游·潮成都"主题旅游目的地。50余个文创项目散布明月村的茶谷松林，100多位艺术家、设计师栖居田园，新村民与原住民互助融合，明月村获评"全国乡村旅游重点村"。

明月村以本土传统陶艺手工艺为核心，引进知名陶艺家、艺术家，培育本土手工艺人，形成以"陶艺"为特色的文创项目和文化创客集群，旨在将明月村打造为西部第一、国内外知名的陶艺文创特色村。规划布局"四区一中心"，其中，文化艺术中心与游客接待中心功能整合，设置接待大厅、"非遗"工作站、"非遗"临展厅、多功能厅、明月书馆、旅游合作社办公区等，被住建部评为第二批田园建筑优秀实例。

按照"景观化、景区化、可进入、可参与"思路，通过整田、护林、理水、改院，充分融合明月窑、瓦窑山、馒头窑等四口古窑的历史文化资源以及茶山、竹海、松林、水渠等生态资源，打造了竹驿站、农夫集市、荷塘月色、陶艺博物馆、篆刻艺术博物馆、凉山渠、明月渠、8公里绿道等景观节点。村中引进项目严格按照规划，重点考虑与要素资源的契合度，以及与本土手工艺的联结度，精准招引，科学培育。

一是搭建培训平台。成立明月讲堂、明月夜校、明月乡村研究社、明月旅游合作社，邀请国内外专业人士和新村民开展乡村建设、乡村美学、创意设计等培训，激发内生动力。二是推出体验产品。促进传统工艺的"旅游化"新生，增强"非遗"的"造血"功能，推动"传统文化"转化为"消费场景"。创新推出制陶、制茶、染布、篆刻、编织等"非遗"体验产品以及挖笋、采茶、摘果等农事体验产品。研发推出"明月造"系列文创旅游伴手礼，如明月杯、明月染、明月果、明月茶、明月酿等，深受游客和粉丝喜爱。三是打造"非遗"主题民宿。明月村已培育包括皮影艺术、陶艺展陈、草木染、禅茶艺术等"非遗"主题民宿22家，其中邂逅别苑、画月、晓得、明月素舍、明月轩、明月樱园等已成为网红民宿打卡点。四是打造文旅融合的节庆活动。举办陶艺节、采茶节、春笋艺术月、中秋诗歌音乐会等，常态开展摄影分享会、民谣音乐会、皮影戏等，有效聚集了人气与商机。

综观近几年成都旅游名城实践，产业和城市如何推动文旅融合，争创国家文化和旅游产业融合发展示范区呢？

一是文化导入成为旅游引擎。随着文化和旅游融合的场景化、体验旅游的产品化，旅游景区已经成为人们感受文化之美、增强文化自信的常态化生活新空间，成为主客共享的生活场景和品质体验。成都把文化的力量导入旅游规划运营全过程，从做强世界文化名城支撑的高度，以文旅（运动）产业生态圈为引领，规划建设15个文旅（运动）产业功能区，丰富博物馆游、书店茶肆游、艺术赏鉴游、运动康体游等都市游文旅融合业态，引导乡村旅游体验地逐渐向世界旅游目的地升级。

二是科技创新赋能旅游发展。开发旅游智慧化服务技术，"研究5G、大数据、人工智能、物联网、区块链等新技术在各类文化和旅游消费场景的应用"[1]。在技术决定赛道的小康旅游时代[2]，科技对增强游客的参与感、体验感和获得感，对提升游客的满意度越发重要。为此，在旅游产业演化过程中，要致力于打造科技支撑和研发驱动的数字化空间，增加旅游景区的科技投入，提升项目研发和产品迭代能力。

三是品牌活动拓展旅游市场。成功举办联合国世界旅游组织第 22 届全体大会（2017 年 9 月）[3]等具有行业带动力、影响力的旅游展会，参加美国"梅西感恩节大游行"、英国"切尔西花展"等具有世界影响力的节会活动，策划举办全球旅行买家聚成都等旅游宣传活动。成都利用文旅品牌活动，持续推出天府文化精品，提升"成都生活美学地图"美誉度，创新天府文化故事化、场景化表达，向全球宣传天府文化与城市魅力。

四是旅游新场景激发消费潜力。积极探索城市老城区"有机更新"模式，丰富旅游消费场景，继续打造系列网红打卡地和夜间文旅项目。突出市民需要，改造提升旅游设施，优化完善文旅集市电商板块，将旅游产品在场消费转变为在线消费。做强都市休闲游、近郊乡村游等周边游，使街巷、公园、绿道、古镇村落等贴近日常生活的景区景点日益成为居民首选，持续激发游客和居民消费潜力。

第三节

世界赛事名城

世界赛事名城，是适应经济全球化不断加速，推动经济结构转型升

---

[1] 文化和旅游部：《"十四五"文化和旅游科技创新规划》，2021 年 6 月 11 日，https://m.thepaper.cn。

[2] 大众旅游时代，旅游景区是旅游的核心载体；小康旅游时代，旅游景区则有可能是包含全部生活内容的吸引物。

[3] 世界旅游组织第 22 届全体大会吸引来自 137 个国家的 1800 余名境内外嘉宾参会，得到世界旅游组织和各国嘉宾高度评价。

级，完善城市功能，提升城市在世界城市体系中位阶和影响力，自主选择以体育为突破口的创新型城市，是宣示城市的崛起和融入国际社会的重要标志。目前，成都全面推进建设体现新发展理念的城市战略目标，创建具有一流体育场馆、顶级品牌赛事、发达体育产业、丰富全民健身活动和深厚体育文化底蕴的世界赛事名城。

经过多年的努力，世界赛事名城的体育场馆规划建设全面启动，品牌赛事培育初具规模，人才支撑、政策保障、发展环境等逐步健全完善，体育事业和体育产业不断发展壮大，体育引领城市经济结构转型升级的创新发展动能逐步加强，世界赛事名城建设取得阶段性成效。

一是推进大型场馆及配套基建建设。如开展天府奥体城城市规划编制和场馆策划，启动凤凰山体育中心、龙泉驿区东安湖体育中心等重大体育场馆群的规划建设，全面推进天府奥体城配套设施和成都体育学院建设，完成中国乒协西部国际培训中心、双流体育中心的改造升级，打造天府奥体城骨干路网等。

二是组织举办或申办多项国际重大赛事。如巩固"熊猫杯"国际青年足球锦标赛、国际网联青年大师赛、成都国际马拉松、中国马术节等品牌赛事，举办好中国·成都第十八届世界警察和消防员运动会、男女子乒乓球世界杯、铁人三项世界杯等国际性赛事，积极申办以2022年世界乒乓球锦标赛等为代表的网球、篮球、足球等国际体育组织的单项顶级赛事，以及世界综合性运动会。

未来，成都将着力打造"两都四中心一极"的世界赛事名城体系。到2025年建成世界赛事名城，成都将基本形成与世界赛事名城相匹配的赛事体系，体育赛事成为成都发展新名片，实现体育精神和体育文化对优雅时尚城市精神的塑造。

一 顶级赛事名远扬：金堂国际铁人三项赛

2011年9月，成都市金堂县委托专业规划设计机构，按照国际A级赛事的标准，规划设计了占地 1600 亩，集游泳、骑车、跑步专业赛道、下穿隧道和功能区于一体的国际铁人三项运动赛场，建成了迄今为止国际最专业、最漂亮的铁人三项赛场。2015 年，国际奥委会委员、国际铁联主席玛莉索·卡萨多亲赴成都，对金堂赛场和赛事给予高度评价："赛场氛围非常好""整个赛场的布置和赛场的设置完全有水平、有能力去接纳奥林匹克比赛"。目前，金堂赛场及周边成为成都重大国际国内赛事、文旅活动、教育培训的主要承接地。最初的国际 C 级赛事已升格国际 A 级赛事，成都也"蝶变"为国际知名的"铁人三项黄金主办城市"。

成都的金堂国际铁人三项赛取得了诸多成效：同步酝酿的"Hello，金堂"的广告登上纽约时代广场大屏，成都的城市国际美誉度随之提升；以铁人三项十周年为主题，融合成都独有的熊猫元素设计出雕塑、人偶、抱枕、纪念章等纪念产品；每届铁人赛，新华社、央视频、四川观察、中铁协、中经云端、"金堂发布"等权威媒体都会发布相关推文和新闻图片及直播，均为成都带来了巨大流量和关注度。

二 资源优化树典范：成都文轩体育文化中心

成都文轩体育文化中心前身为新华文轩彩印厂旧址，占地面积 75.21 亩，建筑面积约 3 万平方米，已建成亚洲唯一水下视窗游泳馆、国内最大的室内五人制足球馆、成都规模较大的空气工厂、冰面面积达 1800 平方米的真冰冰球馆、成都品质最高的篮球训练馆以及较有特色的室内滑雪冲浪馆、轮滑冰球馆、体操技巧馆等。

成都文轩体育文化中心已经成为助推成、德、眉、资体育赛事产业协同发展的重要引擎，它是成、德、眉、资体育同城化发展季度工作会议举办地。工作会议是明确以体育赛事合作联办和体育人才合作培养为核心，加强成、德、眉、资体育产业协同发展，筹划成、德、眉、资体育联赛，开展运动员、教练员、社体指导员、体育管理专业人才交流培养，加快落实"一干多支"发展战略。同时，成都文轩体育文化中心利用废旧厂房打造体育综合体、搞好平台服务、推动城市有机更新和功能完善的做法，成为成、德、眉、资体育发展的标杆和样板，实现利用一个点撬动体育同城化全面合作一整片的建设成效，其模式在全省乃至全国能够推广复制。

三　全民健身新风尚：家门口运动空间

近年来，成都大力打造家门口运动空间和社区综合运动设施，在天府绿道、城市绿地、广场、社会服务综合体、商业综合体、废旧厂房库房等闲置空间、乡村林盘院落等植入体育设施，汇聚多方资源着力打造"15分钟健身圈"，打造出府青运动空间、WePark 玩湃社区智慧足球公园、三瓦窑体育中心、高新江滩公园体育设施等数十个小微运动空间。

成都以家门口运动空间为基础，树立"天府绿道健康行"和"社区运动节"两大全民健身成都样本品牌，引领运动健康生活新风尚。

一是发挥天府绿道的独特载体作用，推广智能体育设施和"互联网+"智慧绿道系统，组织"运动成都·绿道健身"登山徒步、越野跑、自行车、健身嘉年华等大型绿道健身活动，并聘请川籍奥运冠军、世界冠军为绿道

图 7-3　府青体育运动空间

（摄影：赵卫东）

健身形象大使，组建外籍人士天府绿道健身跑团和骑行团队，扩大天府绿道影响，引领绿道健身时尚，打造体育消费新场景。

二是大力开展"社区运动节"，年均共组织各级各类全民健身活动近5000场次，形成精准服务社区、精准服务市民、精准满足需求，覆盖所有绿道、覆盖所有人群、覆盖应有项目的"三精准""三覆盖"良好局面。创新发布"成都体育锻炼适宜指数"和"运动成都·体育生活地图"，指导市民科学健身，便捷参与运动。

综观近几年成都世界赛事名城实践，可以总结出以下经验。

一是贯彻"以赛促建"和"以建促赛"相结合的思路。重点突出体育新城区的规划建设在全市场馆空间布局中的核心引领作用，开展体育新城区城市规划编制和场馆策划，开展体育产业发展研究，启动配套基础设施项目、成都体育学院建设和赛事引进前期工作。持续深化"体育+"产业策划研究，加快推进健身步道、滨湖赛道、体育学院等体育项目建设，引进和培育文、商、旅、体、教综合配套产业。根据赛事安排适时启动主体育场馆建设，引入国际体育赛事，全面推进复合型"体育+"产业生态圈建设。

二是以具有重大影响力的高级别品牌赛事培育为核心，筑牢世界赛事名城的主体支撑。重点打造足球、篮球、网球、乒乓球、马拉松、中国马术节、自行车和山地户外运动品牌赛事，办好棋类、羽毛球、体育舞蹈等群众喜闻乐见的高水平赛事活动。围绕打造世界赛事名城目标，委托专业机构对国际综合运动会及高级别单项赛事进行系统研究和综合策划，并按照国际组织重大赛事安排，保持与国家体育总局、全国单项协会的良好沟通，获取支持、积极申办。

三是以打造体育赛事运营管理核心团队为重点，培育专业化、复合型的市场主体。建立和培育本土专业赛事执行机构，通过赋予职能、完善机制、充实队伍等手段，提升市属国有平台公司的赛事运营管理能力，打造专业化体育赛事运营管理团队。提升市属国有公司在体育领域的核心竞争力，形成分工明确、职能清晰，既相互竞争又协同合作的良好格局，为成都市申办国际综合性运动会和顶级国际单项体育赛事打下牢固团队基础。

第四节
国际"美食之都"

作为川菜的发源地和发展中心的成都,历来是百味川菜的主阵地,更是全球最重要的美食中心之一。2010年,成都荣获联合国教科文组织"美食之都"称号,成为亚洲首个世界"美食之都"。[①]2017年,成都又被国际慢食协会授予亚洲首个国际"慢食之都"称号。2018年2月,成都市发布了《建设国际美食之都三年行动计划(2018—2020)》,在国际美食企业引育、载体建设、产业发展等方面持续发力。2020年,"川菜做媒,促进美食产业双向开放"举措入选国务院服务贸易发展部际联席会议办公室第二批最佳实践案例。2021年,川菜烹饪技艺入选第五批国家级非物质文化遗产代表性项目名录,被网民誉为"史上最香国家级非遗项目"。2022年1月6日,首版(2022年)成都米其林指南[②]正式发布。

一 百馐百味百盘馔:川菜博物馆

成都川菜博物馆位于成都西郊古城镇[③],是世界唯一以菜系文化为陈列内容的活态主题博物馆、国家3A级旅游景区、国家三级博物馆、2013年财富全球论坛郫县唯一的分会场。

---

① 截至2021年11月,全球有9座城市获得该称号,其中中国有5座:成都、顺德、澳门、扬州、淮安。

② 首版(2022年)成都米其林指南完整榜单包括1家二星餐厅(玉芝兰)、8家一星餐厅和13家必比登推介餐厅,以及特别奖项——米其林服务奖。

③ 古城镇古称马镇,又称马街,传说三国名将魏延曾在此地屯兵牧马,后商贾往来,行旅聚居,成为集镇。古城遗址是成都平原多处史前城址中保存最为完好的一处,1996年与成都平原其他史前城址被列入"全国十大考古发现"。

博物馆占地约 40 亩，采用川西民居建筑风格、新派古典园林风光，景区内分为典藏馆、互动演示馆、品茗休闲馆等，是一座可以做美食、吃美食的博物馆，是成都独创旅游名片。

川菜博物馆以继承川菜文化传统、弘扬四川美食为宗旨，秉承"美食面前有食无类"的理念，为美食王国的无国界公民打造川菜文化传播平台。馆内拥有价值 400 万元人民币的泡菜坛、全国最大的灶王祠、世界上最好的氨氮含量超过国家出品 26 倍的手工豆瓣。在美食体验师的专业带领下，游客能感受穿越时空的川菜文化之旅。

图 7-4　川菜博物馆

（摄影：赵卫东）

在互动演示馆，游客将由体验师指导，亲手制作几道经典川菜菜品。该馆首席烹饪师作为《川菜》杂志的封面人物，曾为世界 500 强董事长等多位贵宾讲授川菜文化、传授烹饪技艺。游客在此全方位感受川菜刀功、火候及成菜过程，感受川菜"炒菜不过油、不换锅，芡汁现炒现兑，急火短炒、一锅成菜"的特点，并通过鼻闻口尝，体验川菜的色香味形器以及"一菜一格，百菜百味""五味调和，百味生香"的丰富内涵。

二　美景美食美名传：天府沸腾小镇

2019 年建成营业的天府沸腾小镇将"中国味道·天府文化·成都生活·沸腾小镇"作为特色定位，把"熊猫、火锅"两大天府特色 IP 植入绿道建设，重点引入美食品鉴、音乐文创、农业观光、文化博览等新业态，给天府文化撒了一把热腾腾、香喷喷、美滋滋的"佐料"。目前，规划的 8 个项目已有 6 个建成运营，形成成都国际级火锅美食街区。2020 年共接待游客 600 万人次，创造营收 5.5 亿元以上，[①] 成为美景美食交相辉映的网红特色小镇。

玛歌庄园是天府沸腾小镇的重要节点，绿道从庄园穿插而过，各式火锅散布水陆之间，在亭台间、水面上，甚至是树梢上星罗棋布，诠释成都火锅文化、休闲文化的浪漫与创意。

漫花庄园，北距成都熊猫繁育研究基地仅 3 公里，已连续三年游客数量保持百万左右，跻身"中国四大花海"，先后被授予"成都 50 佳休闲农业乡村旅游目的地""成都最美观花基地""潮成都人气打卡地"等荣誉。精致的玫瑰小园香甜扑鼻，造型各异，徜徉在花间小径，就如同来到一个色、香、味俱佳的童话世界。

占地千亩的沸腾都火，在遵循火锅本味的基础上，力求为食客营造集休闲、娱乐、亲子为一体的餐饮文化。公园内拥有百亩的游园湖，绿草茵茵中依湖而坐，眼前是音乐喷泉带来的愉悦，身旁是亲人朋友环绕，口中是极品美味蔓延。

音乐·百花谷是集旅游观光、摄影取材、宴会餐饮、科普教育、萌宠亲子于一体的城市山地音乐主题花海项目。五龙外滩为配合天府沸腾小镇的建设，特意打造了环湖音乐—河鲜鱼火锅长廊。在这里，人们近听歌曲，远观高铁，眼前美食美景，身边高铁和远方！

---

① 红星新闻：《如果地标会说话 天府沸腾小镇给天府文化撒了一把火热的"佐料"》，https://baijiahao.baidu.com/s?id=1708248471427041391&wfr=spider&for=pc。

图 7-5　五龙外滩的环湖音乐—河鲜鱼火锅长廊

（摄影：赵卫东）

正在建设的沸腾里作为天府沸腾小镇的核心功能组团，建成之后将以丰富的地方特色美食与休闲游逛体验，呈现更多火锅主题与熊猫文化的跨界组合，打造具有天府文化特色和全国影响力的城市级 IP 活动，承接成都熊猫繁育研究基地与音乐·百花谷的客流消费，以点连线，成为集美食娱乐、音乐展演、田园体验、运动休闲、乡间文创为一体的绿道中的"太古里"。

当生态价值融入产业发展，文化创意嫁接乡村振兴，未来将有更多高品质业态以"产业植入+场景营造"模式在天府沸腾小镇中持续"沸腾"，助其成为感悟天府文化、品味烟火成都的又一美食地标。

三　一年一度一胜会：中国（成都）美食节

积极策划和举办各类国际性美食节会活动，创新办节模式，提升办节水平，引导节会活动差异化、持续化、常态化。重点打造一年一度的"成都美食文化节"，远赴五大洲 30 余个国家和地区开展"海外·成都美食文化节""世界厨房·成都味道"等系列海外美食文化推广活动。立足全球视野，连续举办十七届"中国（成都）国际美食旅游节"，成功举办国际慢食大会、成都熊猫亚洲美食节等节会，打造海内外美食文化互动交流平台。

作为成都市政府主办的唯一以"节"命名的品牌节会，成都国际美食节通过美食展销、高峰论坛、烹饪比赛、商务考察、美食路演、跨界沙龙等多种形式，展示成都深厚的美食文化。

2021成都国际美食节于10月22日正式开幕，主会场设立在成都万象城。本届美食节以"食在成都 幸福美好"为主题，举办开幕式、成德眉资和乐山名菜品鉴、首届川菜成都擂台赛、成都美食新菜品发布秀四大重点活动以及一系列新潮好玩的互动打卡。

此次美食节首次联合德阳、眉山、资阳、乐山，实现五城联动。美食品鉴囊括了来自成都、德阳、眉山、资阳和乐山的名菜以及成都"非遗"手作美食和醉美招牌菜；首次从23个区（市）县选拔出名厨组成代表队，开展川菜擂台赛的比拼。①

美食节主会场还为市民赠送了《醉美招牌菜美食地图》。它由300多家商户组成，历时5个月，经过市民推荐、媒体暗访、网络投票，从"夜间经济"和"特色小店"的角度精心选出。

从10月中旬至11月底，美食节采用全新办会模式，通过政府搭台、行业共创内容的方式，呈现一道"可视可尝可玩可传播"的大餐。第四届川菜大会暨第十八届成都国际美食节郫都区分会场活动于10月17日启动，锦江区、邛崃市、大邑县等地的美食节分会场活动随即陆续启动。华熙LIVE.528、城南优品道、望蜀里、凤凰湖、汉唐街、天籁村、崇州唐人街、珠江广场、SM广场、鹿溪汇、升平街十大特色商业街区举办了"一街一特色·美食尚为媒"美食节分会场系列活动。除了现场品鉴参与，市民还

---

① 比拼分初赛、决赛两轮。初赛考验宫保鸡丁等三道指定名菜和一道创新名菜。决赛在初赛团体排名前六的团队之间展开，考验三道指定菜品和三道创新菜品，最大化地挑战团队的合作与创新能力。

通过VR"云逛美食节",实景还原特色商业街和著名楼宇商圈,在线收看直播,参与到美食节线上线下的互动中。

那么,舌尖美食如何飘香世界,从"品味川菜"到"爱上成都"?

一是推进美食载体建设。加大招商引资力度,实施"双店计划",2020年吸引67个特色美食中国首店和西南首店落户。[①]围绕43个重点美食载体,加快推进川菜国际小镇、西部智慧美食科技园、沸腾小镇等综合美食载体建设。支持美食与旅游、文创结合,加快改造提升小通巷、枣子巷、香香巷等"有颜值、有文化、有烟火气"的特色街区50条,打造"美食+"互动体验场景,多维度展现美食风情。落实公园城市建设理念,依托龙泉山森林公园、天府绿道等生态项目,打造地标美食等消费新载体。

二是培育美食产业体系。着眼全球美食产业链,建设川菜现代化生产体系、餐饮原辅材料质量溯源体系、餐饮原辅材料品牌体系,放大美食产业体系,深度延伸川菜产业链,挖掘美食多层面附加值,聚集创意智慧,激活美食文化,推动成都美食创意化、精品化可持续发展,实现跨界联动,构建世界级的餐饮产业生态圈。开展梯度培育计划,大力培育有内涵、有品质、高成长性的本土餐饮企业。

三是引育国际美食企业。推动餐饮品牌化、连锁化、特色化、国际化发展,着力引进国际知名餐饮品牌、风味菜系领军企业来蓉发展,鼓励与知名餐饮企业达成战略合作,形成全球餐饮品牌聚集高地。建立标准化测评体系,筹建全球川菜标准权威制定和发布中心、全球川菜人才培养和输出中心。

四是成就国际"美食之都"位阶晋升。借势中国签署RCEP、中欧投资协定契机,强化海内外文化交流合作,加快建设全球美食供应服务体系。加强"非遗"饮食文化传承与保护发展,实施"老字号+"工程,大力推动成、德、眉、资老字号同城共兴。发掘川菜美食文化底蕴,创新川菜之魂、川居之宜和川旅之美,构建名菜、名店、名师、名节、名街、名

---

① 数据来自成都市"三城三都"办公室。

城的成都美食品牌体系。

第五节
国际"音乐之都"

国际"音乐之都"是城市音乐生活具有广泛国际影响力和吸引力的现代都市。音乐既是一种艺术，也应成为一种生活，提升城市的文化品质，改变市民的艺术气质。成都自古就是中国的"音乐之都""演艺之都"，有"蜀戏冠天下"之美誉。杜甫在《成都府》中称"喧然名都会，吹箫间笙簧"。永陵出土的二十四伎乐，是迄今发现的唯一完整反映唐代及前蜀宫廷乐队组合的文物遗存，可见成都音乐文化的深厚底蕴。近年来，在建设国际"音乐之都"的过程中也涌现出众多优秀案例。

一　洞箫笙瑟鸣雅乐：成都露天音乐公园

成都露天音乐公园于2019年投入使用，是中国唯一以露天音乐广场为主题的地标性城市公园，坐落于城北凤凰立交旁。公园主要由主舞台观演核心区"银贝壳"、副舞台小型室内观演区"金海螺"，以及古琴台观景区、音艺长廊等景观节点构成。[①]

图7-6　主舞台"银贝壳"
（摄影：赵卫东）

作为音乐公园的核心，主舞

---

① 澎湃新闻，https://www.thepaper.cn/newsDetail_forward_2484907。

台"银贝壳"是一处半露天、拥有穹顶天幕的大型音乐表演场地。当举办大型演唱会或音乐节时，面向主舞台的自然坡地将成为观众的大看台，可容纳4万余人一起观看。主舞台内还可举办5000人的室内音乐会。主舞台与投在水中的倒影共同构成一个银白色的贝壳，"银贝壳"因此得名，体现了设计师的艺术巧思。

露天音乐公园的另一处地标，是室内演奏厅（成都乐团驻场）项目——"金海螺"。整个建筑呈螺旋向上的造型，斜坡向上的屋面与层叠的建筑曲线，宛若一只立在沙滩上的海螺。与"银贝壳"相呼应，项目被取名为"金海螺"。从内部三层进入演奏厅，便能通览整个场馆。演奏厅的最大特色无疑在于其吊顶，整个天花板如同巨大的"留声机"的喇叭，透着音乐的美好。"金海螺"未来将成为成都乐团的驻地，用于成都乐团的演奏、日常排练、办公等。

图 7-7　室内演奏厅"金海螺"
（摄影：赵卫东）

两处场馆之外，公园还分布着水、森、风、石、琴五个主题剧场。水之剧场每晚会有音乐喷泉表演，还建有数个浅水池供小孩玩耍。森之剧场周围植被茂密，又有宽阔的草坪，游客可在此休憩并观赏表演。风之剧场以运动为主题，适合嘻哈、摇滚、街舞等艺术形式表演，并设有极限运动场与儿童游乐区，是公园中青少年最喜爱的去处。石之剧场环布石梯，并设有石头回音壁，在这里观看演奏，不禁令人有"余音绕梁，三日不绝"之感。琴之剧场则是古风主题，建有"镜水琴台"，在这里演奏古筝、古琴，仿佛让人穿越时空，体会到中国传统文化的厚重。

二　中法风情融锦城：白鹿音乐小镇

白鹿音乐小镇位于成都彭州白鹿镇，于2016年启动建设。小镇充分挖掘当地历史底蕴与地方特色资源，走出了一条与国际合作、以"旅游+音乐"为核心发展主线的现代音乐小镇建设之路，经过数年建设，已具有较高的国内外知名度。

白鹿音乐小镇的成功，首先离不开白鹿镇的国际交往历史与传统。《白鹿乡志》和《彭县志》记载，1860年法国传教士洪广化便来到白鹿镇传教。1884年，法国主教杜昂派谷布兰到白鹿重修备修院，至1908年竣工，定名"领报修院"。汶川地震后，原修院损毁，2009年修复重建后成为当地重要的地标建筑。当地还有一座中法友谊桥，始建于1893年，由法国人鱼霞松设计修建，桥面由青石板铺成，横跨在清澈见底的白鹿河上，为当地居民出行提供便利。汶川地震后，拱桥损毁，仅余单孔桥身屹立在河面上，诉说着白鹿镇悠久的历史与中法人民的友谊。

新时期，白鹿镇作为中法友谊的见证，仍在继续发挥对外交往的优势。2015年，白鹿镇与法国莫雷市建立了友好合作关系。2017年，"莫雷之家"开幕仪式在白鹿举行，并配套有"莫雷街"项目。法方还多次组织学生团队前来白鹿进行包括音乐及钢琴方面的学习交流。如今的白鹿音乐小镇，重点突出"中法风情、中西文化"等特色旅游元素，实现中欧建筑元素的自然相融。

白鹿音乐小镇的成功，同样离不开"音乐"这一要素。音乐小镇如果只有漂亮的建筑，而缺乏音乐文化、音乐产业的加入，便会名不副实，最终难免失败。有鉴于此，白鹿音乐小镇大力发展音乐活动和音乐项目，打造出白鹿镇独有的音乐名片，包括策划设计"白鹿音乐榜"，打造极具影响力、专业性和权威性的原创音乐榜单品牌；筹建"白鹿国际音乐夏令营"，进一步增进国际文化交流与合作；加快"白鹿星工厂"建设步伐，为童星、原创音乐人提供一体化音乐艺人孵化服务。下一步，白鹿音乐小镇还将重点打造音乐消费、音乐教育、音乐赛事等核心产业，同时发展音乐信息、餐饮等基础服务业，版权、票务等音乐辅助产业，使音乐小镇得到全面多元的发展。

三　锦城丝管日纷纷：仙人掌音乐节

仙人掌音乐节于2018年在成都龙泉驿区的蔚然花海音乐小镇初办，到2021年，已经连续举办四届，成为著名的音乐节IP，与草莓音乐节、迷笛音乐节等并列全国顶尖音乐节。作为成都本土诞生的音乐节，仙人掌音乐节立足龙泉驿区的蔚然花海音乐小镇，四届活动均在此举办，吸引到全国大批粉丝前来观看。

仙人掌音乐节能够在全国众多音乐节中取得一席之地，与其高标准、高规格密不可分。2018年首届仙人掌音乐节请到了崔健、黑豹、唐朝、张楚、许巍、朴树等共17位横跨中国独立音乐30年发展的艺术家组成的罕见阵容，完成了中国流行音乐史上"不可完成的任务"，令音乐发烧友们纷纷用"有生之年""史无前例"等语言形容。主办方则表示，仙人掌音乐节的定位是"注定要被人们在很多年后记起，注定要重复在很多人的口述里"。也因为其规模宏大，许多人担心仙人掌音乐节是否会昙花一现，如流星般消逝。

不过，事实证明人们的担心是多虑了。此后仙人掌音乐节继续在成都龙泉驿举行，阵容依然星光璀璨，2019年请到了汪峰、赵雷等著名音乐人，2020年则请到了郑钧、朴树、刺猬乐队，2021年10月的第四届仙人掌音乐节上，周震南、马思唯、黑豹乐队、刺猬乐队等悉数登场，为乐迷们送上了一场音乐视听盛宴。4年下来，仙人掌音乐节已经用实力证明它绝非中国音乐节中的过客，而将继续扮演重要角色。

除此以外，仙人掌音乐节的主办方晓峰演者文化产业集团长期深耕于成都，从2017年开始每年举办线下音乐人选拔，2018年为优秀的年轻音乐人颁发"金芙蓉"奖，并提供仙人掌音乐节演出机会。它与所在地蔚然花海音乐小镇一起，打造集原创音乐孵化、音乐培训教育、演艺演出、音乐娱乐体验等核心功能于一体的音乐产业全生态链，实现了音乐 IP 与音乐小镇的成功融合。

建设"音乐之都"实践的经验总结如下。

一是秉承"人民至上"发展理念，做老百姓能够参与、接触的音乐活动，加强音乐载体建设。"音乐之都"应由全市市民共同参与，使音乐在城市中有广泛影响，在市民生活中有重要地位。因此，要做全民人人能够参与、喜爱参与的音乐活动，不能走上"曲高和寡""阳春白雪"的路子，既要保留音乐的艺术性，又要注重音乐的感染力。

二是完善音乐产业体系，增加内生发展动力。在"音乐之都"的建设中，如何保持生命力是核心课题。以往类似项目的突出症结是缺乏"造血"能力，投资与产出无法匹配，风潮过后迅速衰败，难以为继。因此，要使"音乐之都"长期维持活力，产业建设是重中之重。从上游的音乐创作、艺人培养，到中游的音乐教育培训，最后是下游的演艺演出、音乐娱乐消费，唯有各个环节通力配合，打造全产业链，方能实现"造血"功能与可持续发展，助力"音乐之都"建设。

三是立足本土文化底蕴，打造"天府"国际"音乐之都"。建设"音乐之都"切忌生搬硬套。例如维也纳是世界知名的"音乐之都"，但是照搬照抄，显然无法建设好"第二个维也纳"，只会落入"画虎不成反类犬"的境地。其原因就在于维也纳今天的辉煌建立在自身深厚的历史底蕴之上。因此，新时代成都建设"音乐之都"，显然不能也不应去复制维也纳的成功，而应该立足本土音乐文化，走出一条有中国特色、有成都特色的新路径。

第六节

国际"会展之都"

成都市高度重视会展业发展，既明确提出了到 2030 年基本建成国际

"会展之都"的奋斗目标，更出台发布了鼓励技术创新、加强企业扶持、提供金融服务、激发人才活力的鼓励政策促进会展业发展。随着新发展格局加快构建，高质量发展深入实施，国际"会展之都"建设在成都计日程功，西博会、糖酒会、天府论坛……一个个项目、一场场活动，都是成都会展快速发展的生动写照。全球商务旅行管理公司嘉信力（CWT）研究成果显示，"成都连续两年跻身亚太十大会展城市。中国会展经济研究会发布的中国城市会展业竞争力指数排行中连续四年排名，全国第四，中西部第一"[①]。站在"两个一百年"奋斗目标的历史交汇点，成都会展将立足新发展阶段，贯彻新发展理念，构建新发展格局，砥砺奋进再出发。

一 齐聚天府享盛会：西博会

中国西部国际博览会（简称"西博会"）是成都的一张亮丽名片，彰显着成都致力于打造"会展之都"的不懈追求。最早一届创办于2000年，以坐拥"天府之国"美誉的成都为固定性会址。西博会始终坚持"共办、共享、共赢"的理念，是四川省人民政府主持下的国家级综合博览会。经过长期发展，西博会已成为西部地区对外开放的重要窗口和最佳平台。2015年，西博会被纳入国家"一带一路"倡议政府白皮书，成为推动"一带一路"建设的全国十大重点展会之一。时至今日，西博会正一步一个脚印书写着属于成都的传奇故事。

目前，成都最具话题度的盛大展会是2021年举办的第十八届西博会。本届西博会主题为"中国新时代，西部新机遇"，主宾国为新加坡，轮值主席单位为西藏自治区，主题市为四川省乐山市。经过多年的耕耘，西博会在成都市民阶层甚至国内多地已具有较为深厚的群众基础，深受广大市民喜爱。本届西博会展会期间，西博城共接待访客126711人。[②]"投资""成渝地区""双循环""高质量发展""西部大开发""对外开放""美食"等

[①] 《成都：贯彻新发展理念 推动"会展之都"建设》，《中国会展》2021年第18期。
[②] 联通（四川）产业互联网公司：《大数据里的西博会》，《四川省情》2021年第10期。

成为本次展会的搜索热词。不管是从数据还是口碑方面看，西博会的举办无疑是出彩的。

图 7-8　2021 年西博会现场

（摄影：陈科有）

此次西博会强调信息化水平的提升，突出线上线下融合发展，形成以现代数字技术为支撑的会展服务平台，打造线上展会平台和线上西博嗨购节，体现"云展示""云签约""直播带货"等。主题展区在"一带一路"国际合作馆、西部产业新动能馆、长江经济带合作馆等基础上，新设成渝地区双城经济圈合作馆、公共防疫及健康馆、乡村振兴馆。专业展区围绕数字经济、时尚等产业，展示前沿科技和发展趋势。多元的展会主题推动着疫情影响下成都及毗邻地区的经济复苏，提升了成都建设"三城三都"的战略水平。

二　满目琳琅锦城春：糖酒会

民以食为天，糖酒会自带强大的市场吸引力，加上成都绵延数千载的饮食文化，为糖酒会的举办提供了坚实的平台。每年春季的全国糖酒会固定在成都举行，秋季的在其他城市接替。成都糖酒会按照酒类、食品及饮料等产品类别进行展区规划，此外还将规划进口食品、国际食品机械、茶叶、黄酒等小型专区。

从 1987 年成都首次与糖酒会"牵手"，到 2010 年成都获得春季糖酒会的永久落地举办资格，已有 34 年。[1] 成都糖酒会在几十年的发展历程中取得了不俗的成绩，留下诸多闪光点。其中在 2019 年举办的第 100 届糖酒会上，成都服务业增收约 27.5 亿元，再创历史新高。[2] 在 2021 年举办的糖酒会上，又涌现了不少技术创新型产品，吸引 42 个国家和地区的 4106 家行业厂商踊跃参展，现场 5 万种产品同台斗艳。同时，线上线下相结合的方式也给消费者带来了全新的体验。

图 7-9　第 104 届糖酒会

［图片来源：红星新闻（http://news.chengdu.cn/2021/0407/2189866.shtml）］

成都糖酒会一次次的突破与创新引发社会各界的无限遐想与期待。据悉，第 106 届全国糖酒会预计于 2022 年在成都盛大开幕，届时将启用"一城双馆"（西博城＋世纪城），将糖酒会的规模及展位数量推到新的高度。

---

[1] 展会报道：《从糖酒会新纪录看成都会展新趋势》，《产城》2021 年第 4 期。
[2] 《第 100 届糖酒会拉动成都服务业增收约 27.5 亿元》，中国会展经济研究会（http://www.cces2006.org/index.php/Home/Index/detail/id/12826）。

2022年，成都糖酒会展出面积将达到32万平方米，规模更是创历届之最。西博城将设立八大展区，世纪城主要设酒类专区。这样一场"舌尖上的盛宴"成为成都晋升为国际性大都市的加分项，为成都的全新发展注入源源不竭的动力。

三 万国共话此盛时：世界文化名城论坛·天府论坛

世界文化名城论坛可追溯至2012年，由国际性大都市伦敦发起，囊括伦敦、纽约、巴黎、悉尼、罗马、香港、上海、东京等38个会员城市。该论坛在城市文化延续传承与创新等方面独具慧眼。

成都是中国十大古都之一，拥有4500年文明史、2300余年建城史，文化根基深厚，因此通过发展天府文化、努力建设世界文化名城，不仅推动自身繁荣发展，也将给全球文化交流创造提供新的机遇和启示。2017年，成都正式加入世界文化名城论坛。自2018年起，成都市政府与世界文化名城论坛共同举办"世界文化名城论坛·天府论坛"，旨在推动全球文化交流互鉴以及多领域的开放合作。

图 7-10 2020 天府论坛

（图片来源：新浪网，https://news.sina.com.cn/c/2020-10-30/doc-iiznezxr8895852.shtml）

综观近几年的天府论坛，它邀请了来自全球多家顶级文化智库进行智慧对话和思维碰撞，主要围绕城市文化的赓续传承、文化与经济的交互式发展、不同地域文化的开放交流等方面展开探讨，把城市文化放在中心地位。诸如"文化创意促进城市发展""文化遗产传承与创新"等主题，成为专家学者关注的热点。随着论坛的不断举办，总会产生新的主题与创意性理念。在办会形式方面，天府论坛也有亮眼之处。譬如2020年举办的天府论坛便成功采取了"线下+线上"结合的方式，从举办时间和形式上无缝衔接世界文化名城论坛年度峰会。天府论坛正在以肉眼可见的速度成长，成都依托该平台助力天府文化走出国门，同时借机吸收域外优秀文化，将成都文化的包容性发挥得淋漓尽致。

新时期，成都会展带动城市发展能级和综合竞争力提升，打造具有全球影响力的国际"会展之都"，从高速发展转入提质增效为目标的高质量发展新阶段。

一是国际名展聚蓉城，国际认证塑品牌。成都努力提升国际"会展之都"的话语权，积极打造具有国际影响力的品牌展会。一方面，提升展会国际化、专业化水平，从活动组织到项目策划，从招展布展到设施配套，采用国际标准，增加科技含量，提升展会质量，开展精细化增值服务，积极推进展会的国际认证；另一方面，成都着力引导糖酒会、西博会、成都车展等本土品牌积极通过UFI、ICCA认证，以提升成都会展的国际品牌化和影响力。值得一提的是，在全国防疫抗疫的特殊期，成都市勇于作为、主动担当，成功举办"共享展会优质资源云端培训动能再造"专题培训周，为全球会展业贡献疫情防控、会展发展的中国模式和中国方案，呈现了国际会展新秩序构建、全球经济治理的成都表达和成都样本。

二是产业布局创集群，展产融合谋发展。成都持续创新经济组织方式，培育会展场馆产业生态，引领会展产业功能区发展，协力打造成都会展产业生态共同体。一方面，打造场馆载体，错位布局特色发展。构建"一区引领、八区支撑、多点协同"的产业生态空间布局，创新新经济业态。成都拥有西部博览城、世纪城新会展中心、天府国际会议中心等8个专业性会展场馆，组成西部最大的集会议、展览、餐饮、酒店、商务配套为一体的会展综合体，为成都中长期会展经济提供了充足的承载能力。另一方面，展产融合，促进会展市场发展。成都以生态圈引领产业功能区发展，培育开放型现代化产业体系，目前，已打造完成 8 个千亿元级产业集群，优化提升 12 个产业生态圈和 66 个产业功能区，①形成"一产一展会""一区一品牌"的特色发展格局，扎实推动以产业功能区为载体的"会展+投资贸易"的一体化发展体系，加快迈向全球产业价值链中高端。

三是海纳百川引人才，多措并举育主体。成都加快推进会展人才引进与人才培养，在扩大会展行业人才规模的基础上提高创新人才质量。一方面，"真金白银"留住人才。明确遴选出的人才除每人可获得资金资助之外，其子女入学、职称申报、交流培训、体检疗养等各个方面均有对应指标与服务，以全方位保障人才的工作与生活之需。另一方面，多措并举培养人才。设立中国贸促会（中国国际商会）成都培训基地，邀请国际知名会展组织、国内外知名会展企业专家来蓉授课，开展注册会展经理（CEM）、会展数字营销（DMT）、会展场馆管理（VMT）等专业会展培训，②成立全球首个 ICCA 国际会议研究及培训中心（CIMERT），编制首部国际会议专业教材《国际会议产业前沿与实务》。积极引进与培养具有国际视野的复合型管理人才、具有无限创意的创新型策划人才和具有高端审美的专业型设计人才，全方位探索会展主体培育的新模式、新场景，全面助力国际"会展之都"的建设。

① 《成都会展业：为创新服务打造新样板》，中国贸易新闻网（https://www.chinatradenews.com.cn/content/202111/17/c140790.html）。
② 《成都会展：正全力推进人才引进和培养》，中国经济网（http://news.10jqka.com.cn/20210818/c631943693.shtml）。

结　语

　　文化兴，则国运兴；文化兴，则城市兴。历经 4500 年，成都文化始终支撑着这座古老而充满活力的城市蓬勃向上，也激励着这座城市的人民发奋展布。

　　纵观汹涌澎湃的世界历史，仅有中华文明历经数千年而从未中断。如今，世界与中国面临机遇与危机并存的全新局面，中华民族已然屹立于世界民族之林。遵循国际城市文化发展的规律和趋势，契合中国特色社会主义文化发展要求，成都站高谋远地为世界文化名城建设确定了"三步走"的奋斗目标。[①]

　　随着中国特色社会主义建设进入新时代，成都更应勠力同心建设全面体现新发展理念的城市，深学细悟习近平总书记强调的"学古不泥古，破法不悖法"文化建设智慧，创造性、创新性地实现天府文化的价值转化，持续增添新时代的文化底蕴，以求实现中华文化哺育国际民族之功。成都的城市文化作为中华文化的精神硕果在成都人中间持续传承，未来将厚植中华文化之文脉与人文，在城市的文化建设中按照"以文化人"的理念，打造"文化之城"的新境界，让世界文化名城的成效浸润到城市居民的日常生活中，同时让成都这座"文化之城"成为人人憧憬的"诗和远方"。

　　按照马克思主义的经典理论，文化应该是"人所特有的自由的、有意识的活动"，有利于彰显"人的本质力量"。城市的文化建设，必须建设"以

---

① 《中共成都市委关于弘扬中华文明　发展天府文化　加快建设世界文化名城的决定》，2022 年 1 月 25 日，http://cd.wenming.cn/wmbb/201901/t20190116_5651875.shtml。

文化人"的文化，更是要聚焦"以人为本"的核心要素。党的十七届六中全会决定强调了"坚持以人为本"这一建设文化强国的重要遵循，并强调文化的发展需要为了人民，依靠人民，由人民共享，并"促进人的全面发展"。

当前，为了在世界文化名城的建设中实现将深厚的城市历史文化资源向文化软实力的有效提升和转化，成都的文博、文旅、文创各领域形成的高品质公共文化服务成效展现，正逐步走向普惠全市人民的道路。无论是传承历史文化记忆、留住文化风貌、发扬城市文化精神，还是营建城市文化氛围、打造文化创意、促进文化融合，其目标一言以蔽之都是"以文化人""以人为本"，即以高质量的文化供给增强人民群众的获得感、幸福感。

未来成都的城市文化建设，将继续秉持"以人为本"，注重引导"人"在文化建设中的自我表现、自我教育、自我服务，营造有利于高素质文化人才大量涌现、健康成长的良好环境。具体而言，就是要从习近平总书记提出的"人类命运共同体"与"人类生命共同体"意识对人类个体鲜活生命的高度价值关怀基础出发，通过文化领域各种不同的业态、创新创造来激发城市生命感和活力感，即让城市文脉真正焕发生命力，充分地与"百姓日用"的生活之"道"融会贯通——就是成都的城市文化在城市规划和城市发展的宏伟进程中，深切地关怀和照顾每一个城市居民的需求。城市文化如空气和阳光一般无处不在，让城市居民时刻浸润在文化里，如是这般，来源于城市文化的创新创造灵感才能持续不断地喷涌而出，进而哺育和滋养着城市经济、社会、生态等诸多方面，全面推动成都公园城市示范区的高质量发展，也为世界的城市文化发展贡献出来自成都独具魅力的方案和模式。

从"列备五都""扬一益二"再到"首领西南"的大都会，成都以4500年的历史文化积淀和历代成都人的智慧结晶，创造了连续13届蝉联"中国最具幸福感城市"美誉的卓越成绩。兼具"创意"与"人本"的成都，是一座全龄宜居的幸福之所，一座开放宜业的创新之城，一座怡悦心灵的诗意之都！

参考文献

包建华、张志和、高华康、李翔：《大熊猫为什么偏爱四川》，《生态文明世界》2019 年第 4 期。

包伟民：《试论北宋纸币的性质及其历史地位》，《中国经济史研究》1995 年第 3 期。

常璩：《华阳国志·蜀志》，巴蜀书社 1984 年版。

陈静：《四川博物院馆藏古琴略说》，《文物鉴定与鉴赏》2019 年第 14 期。

陈岚、丁传欣：《街区文化要素对街道公共空间微更新影响研究》，2020 年中国城市规划年会论文集。

陈能军、WONG，Mark，Y.：《城市创意文化生态社区：创意街区升级转型的资本路径》，《深圳大学学报》（人文社会科学版）2017 年第 6 期。

陈伶、吴雅婷：《"浓园模式"及其对成都文创产业聚集区的启示》，《传播力研究》2019 年第 3 期。

陈平平：《中国西南牡丹研究的先驱者陆游及其成就》，《南京晓庄学院学报》2010 年第 3 期。

陈平平：《我国宋代的牡丹谱录及其科学成就》，《自然科学史研究》1998 年第 3 期。

陈彬藩：《世界最早茶叶市场的考证》，《福建茶叶》1980 年第 Z1 期。

陈冬梅、康宏樟、刘春江：《中国大陆第四纪冰期潜在植物避难所研究进展》，《植物研究》2011 年第 5 期。

陈世松、李映发：《成都通史·元明时期》，四川人民出版社 2011 年版。

成都市文物考古研究所:《成都市商业街船棺、独木棺墓葬发掘简报》,《文物》2002年第11期。

成都市建设委员会、成都市城市科学研究会编:《成都城市特色塑造》,四川人民出版社2006年版。

成都市植物园:《一朵花一座城:芙蓉·成都》,湖北科技出版社2020年版。

曹学佺撰:《蜀中广记》,杨世文点校,上海古籍出版社2020年版。

戴德源:《川扇史话》,《四川大学学报》(哲社版)1982年第2期。

丁永祥:《河南固始商代墓内发现花椒》,《农业考古》1991年第1期。

杜莉:《古蜀佳酿郫筒酒》,《四川烹饪》1997年第2期。

杜莉、张茜:《川菜的历史演变与非物质文化遗产保护发展》,《农业考古》2014年第4期。

段渝等:《成都通史》[古蜀时期、秦汉三国(蜀汉)时期、两晋南北朝隋唐时期、五代(前、后蜀)两宋时期、元明时期、清时期],四川人民出版社2011年版。

E.H.威尔逊:《中国——园林之母》,广东科技出版社2015年版。

方孝孺撰:《逊志斋集》,许光大校点,宁波出版社1996年版。

何一民、王毅:《成都简史》,四川人民出版社2018年版。

冯婵:《杜甫诗歌创作与成都地域文化的影响》,《西南民族大学学报》(人文社科版)2019年第5期。

付宝华:《主题文化:城市的"灵魂"》,《魅力中国》2008年第5期。

付宝华:《主题文化——经营城市的金钥匙》,《魅力中国》2008年第6期。

傅崇矩:《成都通览上册》,巴蜀书社1987年版。

傅才武:《文化空间营造:突破城市主题文化与多元文化生态环境的"悖论"》,《山东社会科学》2021年第2期。

胡开全主编:《明蜀王文集(五种):献园睿制集》,巴蜀书社2018年版。

龚昊婷:《城市文化生态的建设发展研究》,《美与时代》(城市版)

2021年第10期。

国家统计局：《中国统计年鉴》，中国统计出版社2020年版。

黄天其、黄瑶：《历史街区建筑遗产的美学解读》，《城市地理》2012年第S1期。

何崝：《柏灌考》，《四川文物》2008年第3期。

慧绘：《三星堆酒器和郫筒酒》，《文史杂志》2008年第2期。

黄德民、赵国华、陈宗道等：《我国花椒的饮食文化探源》，《中国调味品》2006年第1期。

黄康：《蜀派古琴发展历程研究》，《艺术教育》2016年第7期。

郝建民：《揭开北纬30°的神秘面纱》，《科技潮》2003年第12期。

韩俊伟：《新兴文化产业的未来趋势》，《人民论坛》2006年第21期。

［美］科特金：《全球城市史》，社会科学文献出版社2014年版。

李埏：《北宋楮币史述论》，《思想战线》1983年第2期。

李建盛：《北京公共艺术与首都城市文化建设》，《北京联合大学学报》（人文社会科学版）2014年第2期。

李娟：《四川盆地夜雨的时空变化特征及形成机理研究》，博士学位论文，南京信息工程大学，2021年。

李忠东、谭祎波：《天下四川中国的避难所》，《资源与人居环境》2014年第11期。

刘术：《宋代成都士庶的"游山玩水"》，《地方文化研究辑刊》2016年第2期。

刘亚云、陈桂珠：《桃花水母及其生态学研究进展》，《生态科学》2004年第1期。

刘士林：《都市化与中国美学的当代发展》，《中国社会科学报》2010年第2期。

联通（四川）产业互联网公司：《大数据里的西博会》，《四川省情》2021年第10期。

罗开玉、谢辉：《成都通史·秦汉三国时期》，四川人民出版社2011

年版。

罗念生：《从芙蓉城到希腊》，上海人民出版社2016年版。

吕颖、张健平、唐淼等：《植硅体分析揭示成都平原先秦农业发展及其环境背景分析——以宝墩和三星村遗址为例》，《第四纪研究》2021年第5期。

马爽：《韦尔施日常生活美学对当代中国生活美学的启示》，《广西社会科学》2021年第9期。

［美］芒福德：《城市文化》，中国建筑工业出版社2009年版。

马端临：《文献通考》，杭州古籍出版社1988年版。

牛冬梅：《建筑艺术文化的经纬评析》，《华南理工大学学报》（社会科学版）2006年第3期。

［美］奈斯比特：《2000年大趋势：九十年代的十个新趋向》，中国人民大学出版社1991年版。

彭邦本：《古代都江堰岁修制度》，《西华大学学报》（哲社版）2018年第4期。

钱小萍：《蜀锦、宋锦和云锦的特点剖析》，《丝绸》2011年第5期。

钱关泽：《苹果属（Malus Mill）分类学研究》，博士学位论文，南京林业大学，2005年。

齐艳：《当代西方文学地理学批评研究》，博士学位论文，山东师范大学，2020年。

让·博丹：《论国家》第五册，商务印书馆1982年版。

芮逸夫：《云五社会科学大辞典：第10册》，台北商务印书馆1971年版。

单霁翔：《从功能城市到文化城市》，天津大学出版社2007年版。

沈德符：《万历野获编》，中华书局1959年版。

宋道雷：《城市文化治理的空间谱系：以街区、社区和楼道为考察对象》，《福建论坛》（人文社会科学版）2021年第8期。

沈浪、陈小勇、李媛媛：《生物冰期避难所与冰期后的重新扩散》，《生态学报》2002年第11期。

司马光：《资治通鉴》，中华书局 1956 年版。

苏洪：《"双循环"下成都国际会展之都建设新格局》，《中国会展》2021 年第 21 期。

孙思旺：《〈关雎〉禽鸟喻义问题浅谈》，《湖南大学学报》（社会科学版）2008 年第 1 期。

谭元隆、乔彦松、赵志中等：《成都平原风尘堆积的化学风化特征及其古气候意义》，《地质力学学报》2013 年第 19 期。

谭绿英：《民国时期基督教在华慈善事业——以中西组合慈善会为例（1921—1940）》，《宗教学研究》2003 年第 1 期。

王笛：《茶馆：成都的公共生活与微观世界（1900—1950）》，社会科学文献出版社 2015 年版。

王川、吴艾坪：《成都寻古录：从文物读成都》，四川大学出版社 2021 年版。

王操：《文化创意产业比较研究：内涵、范围界定、发展现状和趋势》，《国外社会科学前沿》2019 年第 10 期。

闻丞、宋晔、张代富等：《猛禽：鸟中王者》，《森林与人类》2013 年第 11 期。

王岚：《生态美学视域下公共雕塑的生态美表达》，《文艺争鸣》2021 年第 10 期。

王胡林：《打造成都乡村旅游升级版——以龙泉山城市森林公园为例》，《四川农业科技》2018 年第 2 期。

王雪梅：《四川会馆》，巴蜀书社 2009 年版。

王樵：《方麓集 // 影印文渊阁四库全书》第 1285 册，北京出版社 2012 年版。

王士性：《广志绎》，中华书局 1981 年版。

熊良智：《扬雄〈蜀都赋〉释疑》，《文献》2010 年第 1 期。

熊德成：《论古蜀农耕文化起源于双流》，《中华文化论坛》2009 年第 S2 期。

许蓉生：《水与成都》，四川人民出版社2006年版。

徐亮工：《古蜀治水传统与华夏文明——从大禹治水到李冰治水 // 蜀学：第十一辑》，巴蜀书社2016年版。

［加］雅各布斯：《美国大城市的死与生》，译林出版社2020年版。

阎星主编：《70年成都发展之路》，四川人民出版社2019年版。

杨慎：《升庵集》，上海古籍出版社2020年版。

叶俊伟、袁永革、蔡荔等：《中国东北温带针阔混交林植物物种的谱系地理研究进展》，《生物多样性》2017年第12期。

应俊生：《中国种子植物物种多样性及其分布格局》，《生物多样性》2001年第9期。

袁月：《清代成都会馆与成都社会发展》，《成都大学学报》2018年第5期。

张莉红、张学君：《成都城市史》，四川人民出版社2020年版。

张丽平：《空间转向与生活美学：契合地方属性的城市形象影像再造》，《当代电视》2021年第12期。

张健：《水系对成都城市景观格局的影响研究》，博士学位论文，西南交通大学，2016年。

张禄英、毛文书、庞波：《成都平原气候变化特征》，《成都信息工程大学学报》2020年第2期。

张桥英、何兴金：《四川省珍稀濒危植物及其保护》，《武汉植物学研究》2002年第5期。

张学君：《蜀中戏曲源流与"五腔共和"的川剧》，《天府文化研究：友善公益卷》，四川大学出版社2019年版。

张远：《文学视域下的宋代花谱研究》，硕士学位论文，华中师范大学，2019年。

张媛、梁霞：《川菜烹饪方法英译原则及其应用》，《上海翻译》2013年第3期。

张威、刘蓓蓓、崔之久等：《中国第四纪冰川作用与深海氧同位素阶段的对比和厘定》,《地理研究》2013 年第 4 期。

张明、袁施彬、张泽钧:《大熊猫地史分布变迁初步研究》,《西华师范大学学报》(自然科学版)2013 年第 4 期。

曾京京:《我国花椒的栽培起源和地理分布》,《中国农史》2000 年第 4 期。

曾伟:《现代城市的文化发展与品质提升》,《湖北大学学报》(哲学社会科学版)2021 年第 6 期。

曾九利:《成都市城市空间结构研究》,硕士学位论文,重庆大学,2006 年。

曾蒙秀:《四川西部晚冰期以来植被和气候变化及其对人类活动的影响》,博士学位论文,南京大学,2017 年。

章超:《审美化作为理解空间进程和空间经验的一个框架》,《现代城市研究》2021 年第 9 期。

赵海凤、徐明:《四川省森林生态系统对野生珍稀濒危动物的保护价值计量研究》,《自然资源学报》2016 年第 5 期。

赵雪然:《关于〈青少年应该知道的地理百科知识〉的汉朝翻译实践报告》,硕士学位论文,延边大学,2018 年。

郑光路:《被遗忘的抗战史——四川大抗战》,四川人民出版社 2015 年版。

左大康主编:《现代地理学辞典》,商务印书馆 1990 年版。

钟平:《社会与救济——成都慈惠堂研究(1924—1949)》,硕士学位论文,四川师范大学,2007 年。

周开庆:《民国四川人物传记》,台北商务印书馆 1966 年版。

后　记

本书作为"新发展理念的成都实践丛书"之一，得到了成都市委、市政府的高度重视和大力支持。在中共成都市委宣传部的领导下，由成都市社会科学院负责该书的主要研究和撰写，中共成都市委党校、《读城》杂志社等相关单位也积极参与了书稿编撰工作。

在中共成都市委宣传部文化传承发展处的直接指导下，由北京师范大学副校长康震教授作为本项目首席专家，成都市社会科学院历史与文化研究所所长冯婵具体统筹组织全书的各项工作。书稿的具体撰写情况如下：总论、结语由冯婵、张羽军撰写；第一章由李单晶撰写；第二章由胡越英撰写；第三章由李思成撰写；第四章第一节由谭阳撰写，第二节由郑妍撰写，第三节、第四节由张蓝兮撰写；第五章第一节由孙艳撰写，第二节、第三节由余梦秋撰写；第六章由张冀、陈科有撰写；第七章第一节、第三节由张羽军撰写，第二节、第四节由孙艳撰写，第五节由李思成撰写；第六节由张冀、陈科有撰写。全书由冯婵负责统稿。

本书的撰写和修改过程得到了四川省社会科学院谭继和研究员、陈世松研究员、苏宁研究员，四川大学何一民教授、陈廷湘教授、蔡尚伟教授，西南民族大学刘兴全教授，四川师范大学王川教授，中共成都市委党校王苹研究员，成都传媒集团诸葛丹高级编辑等多位前辈专家的悉心指点。在出版阶段，得到了中国社会科学出版社喻苗副编审及各位校对同志的支持与帮助，在此，一并致以最诚挚的感谢！

本书贯穿4500年的成都文化发展历程，由于学力和水平有限，难免存在疏漏和讹误，恳请读者不吝赐教，在后续研究中我们将努力完善。